中研院叢書

政策・對策：宋代政治史探索

Policies and Strategies: New Perspectives on Song Political History

黃寬重　著

中央研究院
聯經出版公司

序

在國際宋史研究領域中，尤其在南宋史方面，黃寬重教授無疑居於領導地位。

從學士到碩士的求學時期，寬重就以南宋末年與金、蒙關係的論文嶄露頭角；博士論文探討南宋時代的義軍，奠定他在南宋史學界的名聲。其後從宋金關係、宋蒙關係、金朝到宋的歸正人、地方武力，轉而專注於南宋地方社會與士人家族的研究，他都發表了重要的論文和專著。

寬重的學術成就，一方面來自孜孜不倦地讀書和參考前人之作，從而發現新的研究課題與途徑，因此能夠發人所未發，如探究官員、地方勢力和胥吏等推動基層社會運作的主要力量；另一方面，源於窮盡現存文集及廣泛發覺新資料，因此能夠知人所不知，如發現宋代印刷術的確實證據。這本《政策‧對策：宋代政治史探索》，則是這兩方面達到高峰的作品，也是他多年來研究工作的精華。書中開啓了討論地方與中央信息溝通和互動的新途徑，呈現出南宋社會組織與發展成為宋以後基層社會的模式，可以說是研究南宋地方社會和家族的典範。

回顧從寬重進入台灣大學歷史研究所起，就和我有共同的研究興趣。四十餘年來，在我教學相長的漫長生涯中，目睹優秀學者的成長和光大，是最值得驕傲和慶幸的事。在此我還要提及他曾協助先父與我出版《食貨月刊》，由衷感激他任事細心負責、任勞任怨。謹以這篇序文，作為與寬重最深最久、誼兼師友的紀念。

陶晉生謹識於民國100年12月

目　次

Table of Contents

導言

從活的制度史邁向新的政治史——宋代政治史研究趨向

　　20世紀初以來，政治史長居中國史研究的主流地位。早期政治史研究著重上層政治結構與政治發展，諸如典章制度、政治事件、變法、黨爭、政局變動、政治人物與集團等面向都是常見的主題。後因史料刊布及歐美社會科學理論引進，新的研究議題與領域日漸拓展，學者的研究眼光開始從中央、上層、典章制度，轉向地方、基層、庶民生活。社會、經濟、文化等歷史研究議題成為學界新寵，發展日益蓬勃，反觀政治史研究卻漸形萎縮。

　　在政治史初逢挑戰之際，宋史學界已有學者嘗試透過各種視角，分析政治過程與空間，動態闡述決策的形成與落實，以發掘具有新意與啟發性的政治史議題。2001年，中國大陸宋史學界提出「活的制度史」，進一步指出制度史研究應把握制度變遷與背後複雜的人事權力關係，而非視制度為孤立於政治運作與人事之外的靜態產物。在政治史研究的新視野下，已有幾部成功的著作問世，並在宋史學界引發廣泛迴響。繼此以降，在研究視野、方法推陳出新的學術環境裡，宋代政治史未來的研究趨向為何，有哪些具體的研究觀點、範疇與成果，又如何能保持競爭力，值得研究者關注。

一、宋代政治史研究的興盛階段

　　20世紀初，符合現代學術意義的中國史研究方才展開，政治史研究已廣受學界重視並位居主流，是為政治史研究的興起階段。歷史研究在此階段因出版典籍

不多，重要圖書不易使用，加上討論上層政治結構、人物與政治發展等問題，僅需結合重要經典及二十五史等正史典籍，即能提出新見，成一家之言，故投身研究者眾多，成果輝煌。在偏愛研究盛世典制的學術氛圍與史料局限下，學界研究雖有重漢唐輕宋明的現象，然而第一代宋史學者仍為宋代政治史研究奠定了扎實的基礎。如聶崇岐〈宋代府州軍監之分析〉與〈論宋太祖收兵權〉、張蔭麟〈北宋的外患與變法〉、錢穆〈論宋代相權〉，以及鄧廣銘〈宋史職官志考正〉與〈宋史刑法志考正〉等著作，透過文獻考索的實證方法，對史志與制度翔實地考訂與探究，是早期研究宋代政治制度具有代表性的作品[1]。此外，變法、黨爭、政局變動、集團與政治鬥爭，以及政治人物的作為與歷史定位等議題，也都是早期政治史研究的熱點，宋代的皇權與相權、強幹弱枝、重文輕武等，更是討論中國歷史轉型的重要課題。

　　不過，此階段的宋史也如同其他斷代研究，明顯獨重開國立制階段與變法黨爭，對北宋晚期以降，特別是南宋一百五十三年的歷史，多所忽視。所以如此，一來是研究者多認為開國時期的規劃與作為，決定了一朝格局，後繼者多是祖述舊章，無關宏旨，故疏於論述。二來，研究資料也限制了討論的開展。北宋一朝除《宋史》之外，尚有編年體的《續資治通鑑長編》，該書保留北宋中晚期以前的詳細史料，裨於學者掌握興革變化；南宋除《宋史》與記錄高宗一朝歷史的《建炎以來繫年要錄》外，缺乏完備的編年史料，其他文獻又殊為零散，不易蒐集整理，一時難以掌握梳理。再者，在追求盛世宏規的國情下，南宋往往被視為偏安小朝廷，除了悲劇性英雄岳飛、文天祥，與朱熹等理學大儒等歷史人物外，其他課題鮮受學者青睞。

1　　鄧廣銘，〈宋史職官志考正〉，《中央研究院歷史語言研究所集刊》10本（1948出版，1971・6再版），頁433-593；〈宋史刑法志考正〉，《中央研究院歷史語言研究所集刊》20本（1948出版，1971・6再版），頁123-173。錢穆，〈論宋代相權〉，《中國文化研究彙刊》2卷（1942・9），頁135-150。聶崇岐，〈宋代府州軍監之分析〉，《燕京學報》29期（1941・6），頁1-56；〈論宋太祖收兵權〉，《燕京學報》34期（1948・6），頁85-106。張蔭麟，〈北宋的外患與變法〉，《思想與時代》5期（1941・12），後收入《張蔭麟文集》（台北：中華叢書委員會，1956），頁418-429。

　　台灣的宋史研究開展於1949年國民政府播遷之後。當時大量典籍文獻隨國民
政府來台，典藏於中央研究院歷史語言研究所、中央圖書館(現國家圖書館)、故
宮博物院與台灣大學四個機構。許多避秦抵台的歷史學者就在艱苦的環境中，爲
台灣的中國史研究揭開序幕。惟此時期受限於庋藏條件，一般學者難有機會利用
這些典籍，故而整體研究環境和風氣仍與在中國大陸時期無異。影響歷史學研究
甚深的馬克思社會經濟史觀，也因台灣政治環境敏感而禁絕，學界多遵循傳統的
考證分析，此即被批評爲缺乏理論的史料學派。此時，各大學歷史學系的課程講
授及研究仍以政治史爲主，焦點也偏重北宋史。不過，相較於眾多大學歷史系所
的政治史研究，政治大學的政治研究所的成果最爲豐碩。該所以政治制度及其運
用爲主要探討方向，有較強的政治學訓練，並能參用政治與社會科學理論及方
法，雖然研究取徑及史料運用與歷史學界不盡相同，史料爬梳與考訂亦不如歷史
學界，但卻是跨領域研究的先行者。

二、台灣政治史研究的消退

　　台灣的宋代政治史研究歷經了研究焦點集中北宋，討論議題偏重政治事件與
歷史人物探究的興起階段，至20世紀70年代起轉入消退階段。這與典籍大量出版
與社會科學理論引進，關係密切。

　　1949年中共建政後，世界各國認識、了解中國的需求急切，積極開展中國學
研究。國際學界視台灣所藏的豐富典籍爲重要研究資源，台灣遂成爲傳統中國文
化最重要的對外窗口，大規模的史料編輯、翻印等出版工作於1970年代前後陸續
展開。以宋史研究材料而言，除正史外，像《續資治通鑑長編》、《宋會要輯
稿》、名家文集、筆記小說，以及由趙鐵寒教授主編的《宋史資料萃編》，均大
大豐富了研究資源，連帶開拓了新的研究領域與議題[2]。

　　同時，受到歐美學界的影響，社會科學理論也浸漸主導台灣的中國史研究取

2　李燾，《續資治通鑑長編》(台北：世界書局，1961)。徐松輯，《宋會要輯稿》
　　(台北：世界書局，1976)。趙鐵寒主編，《宋史資料萃編》(台北：文海出版
　　社，1967)。

向。歐美學者關心中國的歷史發展與現代化，或源於其對自身社會歷史發展的觀察，或擷取自相關的社會科學理論，社會學、人類學、經濟學、文化學等觀點，都是觸發其靈感的來源。透過旅美學者的轉介，各時期流行的理論和方法先後引進，如計量統計、社會流動，都曾或深或淺地影響台灣的史學研究，使歷史學研究取徑多樣化，觀察詮釋也趨於多元。不同學科間的激盪刺激，使新的議題不斷出現，帶動了新的研究方法，也擴展了新的研究方向。1970年代以降，史學研究重點不斷改變，如以個別人物為中心的學術思想史、強調量化統計與理論的社會經濟史，著眼於庶民生活的文化史與後現代研究等，都曾在史學界引領過一代風騷。

研究材料的開拓、數位資料庫的出現，加上一波波不同領域社會科學理論的影響，歷史研究議題不斷擴大、分殊，研究範疇也由原本的中央、上層，向地方、下層、庶民推展，面向漸廣。史學研究的熱點日益被思想史、社會史、經濟史、文化史等形形色色的課題取代。在此背景下，政治史論著數量雖未減少，但相較於各類新生議題，卻顯得多欠缺新意，因而傳統的典章制度考訂或政治事件探究為主的政治性議題，不再受到學界關注，政治史的重要性漸漸被沖淡、稀釋，甚至有消退之勢。這種現象從近十年來台灣史學界所發表的論文，以及各大學相關系所開設的課程內容，可以清楚顯現。

研究取徑和書寫技術的改變，與政治史研究熱潮消退相繫。傳統歷史研究側重對史料的蒐集整理與考訂解讀，留心對時空背景的整體掌握，著重變與常之間的關係，在數據分析之外，更看重敘述。這樣的治學方式強調文史不分家的涵養，研究者必須具備扎實的閱讀與文字掌握能力，善於參照各種不同性質的史料，同時廣泛涉獵各類知識，充實歷史地理、年代、職官、版本目錄等基本素養，才能深透。也就是說，傳統中國的歷史學被視為人文學樞紐，是一門綜合性的學問，學科邊界並不明顯。

然而，傳統的「學問」在現代學科劃分的影響下，各學門間分際凜然，非但訓練與取徑各有不同，更紛紛強調創新、注重理論，學術專業性日益強化，尤其仰賴大型資料庫查索資料，用大量數據說明立論的完備性與嚴謹度，藉以建立具學術說服力的觀點，人文學科遂日漸趨近自然科學。強調專業，即使各學科間的

疏離感加遽，造成歷史學與其他學科的隔閡，歷史學傳統的討論方式也因難以迎合現代學術標準，研究成果受到其他學科的貶抑，漸漸退居學術邊緣。甚者，歷史學者借助社會科學理論的同時，無形中也放棄了傳統史學思考、分析、敘述與整體關照，將歷史學拆解成社會史、經濟史、思想史等不同研究類型，以致各類型研究間隔行如隔山，許多課題若不曾涉足，幾乎無法深入評論。

　　鑑於政治史研究的消退、傳統歷史書寫技術後繼無人，中央研究院歷史語言研究所於2009年春天所舉辦的歷史研習營，就特別強調政治史研究，及傳統歷史書寫技術與訓練的重要。這個例子結合上述歷史系缺乏政治史課程的現象，可以反映政治史研究在台灣面臨的人才斷層與研究發展的困境。

三、中國大陸宋史學界「活的制度史」之提出

　　中國大陸歷史學界度過了1960-70年代政治掛帥的幽暗期之後，到1980年代，配合改革開放的步伐，歷史研究大幅躍進，面向拓展，質量俱增。其中，宋代政治史研究繼承了中國史典章制度堅實的考訂傳統，成果尤為顯著。如王曾瑜《宋朝兵制初探》、龔延明的《宋史職官志補正》、何忠禮《宋史選舉志補正》、李昌憲《宋代安撫使考》，與朱瑞熙《中國政治制度通史‧宋代卷》；香港方面則有梁天錫《宋代祠祿制度考實》、《宋樞密院制度》、《宋宰輔制度研究論集‧第一輯‧宋宰輔兼攝制度》以及《宋宰相表新編》等四部力作，都是考訂與增補宋代政治制度史研究的代表性著作[3]。鄧小南《宋代文官選任制度諸層面》、虞云國《宋代臺諫制度研究》及前述《中國政治制度通史‧宋代卷》，則

3　龔延明，《宋史職官志補正》（杭州：浙江古籍出版社，1991）。何忠禮，《宋史選舉志補正》（杭州：浙江古籍出版社，1992）。王曾瑜，《宋朝兵制初探》（北京：中華書局，1983）。李昌憲，《宋代安撫使考》（濟南：齊魯書社，1997）。白綱主編、朱瑞熙著，《中國政治制度通史‧宋代卷》（北京：人民出版社，1996）。梁天錫，《宋代祠祿制度考實》（香港，1978）；《宋樞密院制度》（台北：黎明文化出版公司，1981）；《宋宰相表新編》（台北：國立編譯館，1996）；《宋宰輔制度研究論集‧第一輯‧宋宰輔兼攝制度》（香港：中國佛教文化出版有限公司，1996）。

在制度考訂之外，兼及其運行機制與特點[4]。

此一榮景，反映中國大陸學術重建的勁道與成就，與同一時期台灣宋代政治史研究消退的情況，呈現明顯對比。然而，1990年代以後，中國大陸隨著研究資源日增，對外交流日盛，加上各類社會科學理論的觸發，新的研究議題擴展迅速，政治史再難獨重。復以中國大陸政治史研究取徑受限於既有框架及訓練方式，或一再重複相同的史料及議題，或無法跳脫靜態的制度梳理，就數量而言，研究成果雖有明顯成長，但往往缺乏新見，品質難以提升。到世紀交替之際，政治史研究較之於其他領域的興盛，更是窘態日見。

為了重振宋代政治史研究，並調整發展方向，中國大陸青壯輩宋史研究者於2001年邀集海內外學者，在杭州召開「近百年宋史研究的回顧與展望」學術研討會。會議針對制度研究發表17篇論文，除部分以宋史為例，討論制度史研究中具有普遍意義的問題外，其餘12篇論文分由不同側面，回顧與反思百年來的制度研究。這些論文在2004年，由浙江大學包偉民教授集結成《宋代制度史研究百年(1990-2000)》一書出版[5]。

該書各篇論文詳細檢視不同議題的宋代制度研究，既總結了百年來制度史的研究成果，也深切地反省了過去的缺失與不足，希望藉以改變政治史既有的研究型態，重新出發。該書呼籲學者應跳脫制度闡釋的藩籬，由以往強調宏觀、靜態、脫離歷史實際的文本主義制度史，轉而重視制度的動態發展與運作過程，嘗試把握制度變遷與背後複雜的人事權力關係，以更貼近歷史實情，總名之為「活的制度史」[6]。制度不外乎人事，政治體制的運行並非僅由人單純地遵行、符合制度規範，更是制度與人事之間的相互為用。當制度建立之後，仍須透過人事從中解釋、運作，乃至創造新制度的發展空間；倘若太過單一、靜態地看待制度，未能與政治、社會的發展相結合，制度史將淪為孤立的考證，而非具有歷史意義

4　鄧小南，《宋代文官選任制度諸層面》(石家莊：河北教育出版社，1993)。虞云國，《宋代臺諫制度研究》(上海：上海社會科學院出版社，2001)。

5　包偉民主編，《宋代制度史研究百年(1990-2000)》(北京：商務印書館，2004)。

6　包偉民，〈走向自覺：關於深入拓展中國古代制度史研究的幾個問題(代前言)〉，收入包偉民主編，《宋代制度史研究百年(1990-2000)》，頁7。

的學術問題。

2001年會議的與會者多是中國大陸宋史學界具有代表性的學者，經過反省、檢討並調整研究取徑後，宋代政治制度研究的整體情況已有所改變，其中以鄧小南教授指導的博士生論文最為具體。這些作品著重闡述制度形成、推動與執行過程中，外在環境變動與人事權力關係所造成的影響，不再將制度視為客觀獨立且凝止不變的存在。論述也多能兼顧動態發展過程與人事運作的角色，將研究範疇擴及參與政治運作的各類社會組織與力量，以及文化發展與政治情勢之間的互動關係等，使政治史研究不再偏於上層、中央政治結構，轉而注意下層、地方性，乃至上下溝通等議題。

此一發展趨向可以說明，推動活的制度史研究，實有助於中國大陸宋史界走出舊有研究框架，對宋代政治有更整體的了解。不過，活的制度史只是活絡政治史研究的途徑之一，若期待政治史研究能改換新貌，仍需有新的思考，並結合其他學科的研究成果，形成跨越不同領域、不同層面的整合性觀察，使其內涵更為豐富多元，才能讓政治史研究得以在眾多學術領域的競爭下，開展新猷。

四、邁向新的政治史研究

早在政治史初逢挑戰的1970年代，個別海外宋史研究前輩嘗試透過不同視角，發掘具新意的政治史議題，為政治史研究開展新的發展方向。

首先對政治史提出反省的，是已故美國普林斯頓大學東亞系劉子健教授。劉教授早年修習政治學，專攻宋史，並教授中國現代史，其以政治史為研究主軸，提倡新視野、新方法，對宋代政治人物如范仲淹、歐陽修的討論，都有別於傳統對歷史人物的研究[7]。劉教授曾在1960-70年代，分別於港台發表如〈背海立國與半壁山河的長期穩定〉、〈包容政治的特點〉、〈王安石、曾布與北宋晚期官僚的類型〉、〈南宋君主與言官〉，與〈略論宋代武官群在統治階級中的地位〉等多篇論文，從宏觀角度討論南宋立國環境及政權特色，論點雖仍待深化充實，但

7　劉子健，《歐陽修的治學與從政》（香港：新亞研究所，1963）。

明顯擺脫傳統政治史的論述方式，重視解釋與新觀點的提出，頗具啟發性[8]。惟當時台灣與中國大陸歷史學界，缺乏這樣重視思辯的訓練，復以劉教授在美執教，其研究方法只能對個別學者產生影響，未能帶動整體華人學界政治史研究的新風[9]。

1980年代末，日本廣島大學寺地遵教授所提出的「政治過程論」，也可視為開展政治史研究新視角的先驅。日本學界的宋史研究，長期受內藤虎次郎、宮崎市定等學者的宏觀政治學、唐宋變革論影響，多以中央政治為討論中心，關注君主獨裁政治論，且過於偏重北宋時期。有感於此，寺地遵教授特別以南宋為研究對象，提出政治過程論的觀點，以微觀視角考察南宋官僚機構中，由皇帝到最下層的連線間所存在的勢力集團，及圍繞國家決策所發生的衝突、抗爭，也就是將中央與地方聯繫起來，以分析政治過程[10]。其代表著作就是《南宋初期政治史研究》(1988)一書，該書於1995年譯成中文[11]。

該書的出版對日本宋代政治史研究的影響頗為顯著，後繼者對此觀點的闡述，也時有新見。如大阪市立大學平田茂樹教授，便曾以政治空間(場)的文書傳遞，以及議與對策等議題，來闡述宋代政治決策的過程[12]。不過，直到近年，寺地教授的論點才因平田教授與余英時教授在著作中的引介，而廣受華人學界重視。此一強調過程的動態研究，也表現在鄧小南教授發其端、個人繼其後的文書傳遞與政令運作的研究項目中。這一系列的相關研究，不僅注意政治制度的功能與運作過程，也關注到資訊取得對帝國統治、士人溝通的關係，讓制度既與人事

8　上述多篇論文收錄於劉子健，《兩宋史研究彙編》（台北：聯經出版公司，1987）。

9　中央研究院歷史語言研究所研究員柳立言先生是劉教授的高足，其所著〈高宗陰影下的孝宗〉即體現了劉教授所揭示的研究觀點與風格。柳立言，〈高宗陰影下的孝宗〉，《中央研究院歷史語言研究所集刊》57本3分(1986・9)，頁533-584。

10　平田茂樹，〈日本宋代政治史研究述評〉，收入包偉民主編，《宋代制度史研究百年(1990-2000)》，頁43。

11　寺地遵著，劉靜貞、李今芸譯，《南宋初期政治史》（台北：稻禾出版社，1995）。

12　平田茂樹，〈日本宋代政治史研究述評〉，收入包偉民主編，《宋代制度史研究百年(1990-2000)》，頁48-58。

相結，形成動態發展，且能從政治運作的角度，賦予原屬各專門領域的學術議題新的內涵。具體成果見於鄧小南教授主編的《政績考察與信息渠道──以宋代爲重心》一書[13]，及《漢學研究》「宋代的信息傳遞與政令運行」專輯[14]。

　　繼中國大陸宋史學界提出活的制度史論點，以活絡政治史研究之後，近年出版的兩本宋代政治文化史專著：余英時教授《朱熹的歷史世界──宋代士大夫政治文化的研究》及鄧小南教授《祖宗之法──北宋前期政治述略》，在宋史學界中引發了廣泛的迴響，更直接觸發了政治史研究的新發展方向。余教授研究涵攝經濟、學術、思想等諸多領域，並長期以思想文化、宋明理學及個別思想家哲學內涵爲主要探討課題。《朱熹的歷史世界》一書以思想史內容的政治解讀爲主要取徑，關注孝宗朝著名思想家所形成的道學集團，及其因關切國是所展開的活動，強調綜合文化史與政治史研究，注重兩者的互動關係[15]。鄧教授大作則在探索宋代官僚制度之外，進一步闡發宋史學者所熟知的祖宗之法如何爲北宋歷朝君臣所利用，又如何影響當時政局，細緻勾勒出政治過程、制度運作與人事互動間的連動關係[16]。上述兩本專書幾乎同時以不同取徑，重新詮釋了宋代政治史的文化意涵，在學界紛紛檢討如何在傳統的典章制度之外，尋求政治史研究新出路之際，遂成爲宋史學界重啓政治史研究最直接的觸發力。

五、宋代政治史探索──本書主題説明

　　在學術風潮的轉折起落外，個人的成長經驗與學史歷程也讓我對宋代政治史研究有不同的體會與想法。

13　鄧小南主編，《政績考察與信息渠道──以宋代爲重心》（北京：北京大學出版社，2008）。

14　黃寬重主編，《漢學研究》27卷2期「宋代的信息傳遞與政令運行」專輯（台北：漢學研究中心，2009‧6）。

15　余英時，《朱熹的歷史世界──宋代士大夫政治文化的研究》（台北：允晨文化出版公司，2003），〈自序〉，頁1。

16　鄧小南，《祖宗之法──北宋前期政治述略》（北京：生活‧讀書‧新知三聯書店，2006），序引〈問題的提出〉。

　　我成長於台灣的艱苦發展階段，當時國民政府甫退遷台灣，政治、社會均受到巨大的衝擊與挑戰。在國際形勢變幻莫測、兩岸緊繃對峙的備戰情境下，台灣政局風雨飄搖。少時的我身處其間，對內外情勢變化非常敏感，甚至有個人生命與國家安危相繫、家國一體的強烈感受。另方面，當時的台灣社會正是新舊傳承與轉變的階段。傳統文化仍主導著社會運作，家族活動、鄉里互助是日常生活的基石；國家則透過行政體系與法律制度，深入百姓的生活，展現其政治力量。兩股勢力在基層社會交會，身處其中的個人無時不感受到兩者的力量互動、消長與變化。這種經驗讓我一生至今都關心台灣的前途、關切現實環境的整體發展，也成為我學習歷史的啟蒙力量。

　　古今相證的史學訓練更讓我對經由現在觀照過去、透過過去了解現在的觀史、治史法則，另有一番體悟。大學時期，西方社會科學理論雖相繼引入台灣，但校內可資閱讀的西方圖書不多，亦欠缺適當引導，我所接受的訓練仍較著重傳統的深度研讀。時適蒙東海大學中文學系孫克寬教授指引，我開始研讀南宋文集。從史料閱讀中，我既了解到歷史現象無法以特定社會科學理論一以概之，也體認到歷史人物或事件發展，與大時代變化間關係多重而綿密。

　　本著這樣的認識，我總嘗試將歷史經驗與現實環境結合，從中尋求靈感，並透過現實事務理解過去，分析影響歷史發展的多重因素；研究過程中，也特別關注政治、社會環境發生變化時，個人與群體的適應、出路與最後的命運。我注意到宋、金、蒙三勢力興替之際，其政治環境與當時兩岸情勢多有可扣合之處[17]，進一步引發我探討南宋歷史的動力。我曾討論過的理宗時代和戰、邊防與流民三項重要國是爭論，以及南宋義軍、和戰與南北人、歸正人、「害韓殺岳」等收兵權與文字獄問題，乃至李全父子和馬擴等亂世英雄人物等課題，都是受現實環境經驗觸發，進而探尋其歷史脈絡所發展出的研究議題[18]。這種古今對話、相證的

17　孫克寬教授的研究著重在元代史、宋元道教、詩學三個範疇，同時投入古典詩詞創作與新式散文寫作。詳見許建崑，〈孫克寬先生行誼考述〉，《東海中文學報》18期(2006‧7)，頁79。

18　黃寬重，《晚宋朝臣對國是的爭議——理宗時代的和戰、邊防與流民》(台北：國立台灣大學文學院，1978)；《南宋時代抗金的義軍》(台北：聯經出版公司，1988)。〈從和戰到南北人：南宋時代的政治難題〉，《中國歷史上的分與合學術

作法，在中外前輩史家的經驗中，所在多有[19]。

閱讀清末民初人物傳記及名家回憶錄，則是我課餘最大的嗜好之一，研究宋代地方武力與地方軍的靈感便得之於此。我在其中觀察到，從清末到抗戰期間不少地區仍存在中央政府不能有效控制的地方勢力，並由此聯想七、八百年前的南宋時代，表面上朝廷承繼北宋強榦弱枝政策，實際上應仍有地方武力的存在。此後，我便特別留意史料中的南宋地方軍、地方武力，先後撰寫了多篇論文，最後集結成書[20]。該書討論重心雖是區域武裝力量，但中心關懷則是從整體性看南宋中央與地方的互動，以及其中所反映南宋具包容性的政權性格。沒有這樣的機緣，很難想像在史料上偶然出現的飛虎軍、摧鋒軍、左翼軍、茶商軍、兩淮山水寨等名詞，有何歷史意義與研究價值，足以成為具有時代特色的研究議題。

我因從事地方家族、地方軍與地方武力等研究，常被視為宋代社會史或軍事史工作者。然而，我卻對政治議題較富敏感度，習於將歷史現象與政治問題連結思考，研究內容也因此帶有較強的政治觀察，同時注重整體現實環境的長期發展。我從自身的治史經驗，體會到研究者如能留心觀察，進而思考現實社會中各種現象的歷史背景，並透過閱讀培養史料敏感度，蒐集篩瀝有意義的材料，往往就能逐步串聯出具有歷史意義的研究課題。本書討論的中央集權與基層權力結

（續）─────────────────
　　　研討會論文集》（台北：聯合報系文化基金會，1995），頁169-189；〈略論南宋時代的歸正人〉（上）（下），《食貨月刊》7卷3期（1977·6），頁15-24；7卷4期（1977·7），頁22-33；〈從害韓到殺岳：南宋收兵權的變奏〉，《國際宋史研討會論文集》（台北：中國文化大學史學研究所史學系，1988），頁517-534；〈秦檜與文字獄〉，收入岳飛研究會編，《岳飛研究·第四輯·岳飛暨宋史國際學術研討會論文集》（北京：中華書局，1996），頁152-172；〈割據勢力、經濟利益與政治抉擇──宋、金、蒙政局變動下的李全、李壇父子〉，《第一屆全國歷史學學術討論會論文集》（台北：台灣大學歷史系，1996），頁87-106；〈馬擴與兩宋之際的政局變動〉，《中央研究院歷史語言研究所集刊》61本4分（1990·12），頁789-808。

19　陳寅恪的著作有不少對現實的關懷，是學界熟知的。法國年鑑學派第三代代表人物雅各·勒高夫（Jacque Le Goff）研究歐洲中世紀歷史，也多運用這種「時代錯倒法」。見鄭智鴻，《雅各·勒高夫的法式新史學》（台北：唐山出版社，2007），頁43-44。

20　黃寬重，《南宋地方武力：地方軍與民間自衛武力的探討》（台北：東大圖書公司，2002）。

構、地方勢力與政治適應、政局變動與訊息流動等三個主題，都呈現此一特質。

本書題爲《政策・對策：宋代政治史探索》，意在結合現有成果，回應學界近年對政治史研究的討論，也呈現個人歷史研究的政治觀察視角。以往的宋代政治史研究多著眼於該朝中央集權政體，以朝廷作爲授令者，視政策、制度乃至政令爲整體的靜態架構，其間縱有階段性差異，但研究者對多數時期的制度描述仍平板而一貫。然而，研究者若能跳脫傳統偏重典章制度的討論方式，以兼顧基層的角度考察宋代政治與社會秩序的形成過程，往往能描繪出更爲生動、深刻的政治史圖像。以「政策・對策」爲題，就是希望點出政治發展或制度形成，或許不宜再以中央主動授令、地方被動而回應的劃分方式，將中央政權象徵的政治力與地方所呈現的社會力，視爲彼此對立的兩種力量，也不宜再視政治發展爲施令—受令—結果的單向式關係。

政策與對策之間，存在多種互動交融的動態過程。首先，授令者因應內外情勢變異，也存在尋求應對之策的必要，不論政策、制度與政令，從制訂到執行都顯現其機動性。就有宋一朝而論，其所面對的外在政權強弱有別，國內的政治角力消長不一，宋廷所制訂、推行的各項政策，必須持續回應國內外情勢變化，有所調整。以廣西經營爲例，北宋時期四鄰勢力介入廣西尚淺，情勢單純，宋廷得以強勢經略此西南邊陲之地，日後卻因國內新舊黨爭難平，由經略趨於保守；南宋晚期蒙軍經由大理、安南進犯廣西，戰況危急，宋廷對廣西雖由放任轉爲積極布防，然宋蒙之間戰線過多，宋廷只能選擇集中資源確保荊湖防線安全。兩宋的戰略差異，反映政權因應外在情勢的因時制宜。

其次，中央與地方的政令授受關係是雙向互動，亦即政令、政策，乃至國家發展走向，實際上也因受令者不同階段的反饋而持續調整。如晚唐五代具私人武力性質的弓手，到宋代改隸縣尉，並有明確的組織與職能規範，代表朝廷在地方執行公權力。然而，隨著時局環境變化，弓手成爲地方職役，且轉由當地人士充任，其在執行政策時，便不再單純是中央朝廷政治力的展現，也有代表在地利益與公權力周旋拉鋸的現象。弓手制度從制訂到推動落實，反映地方社會服膺中央政令的同時，也因爲直接參與制度的運作，而逐漸影響轉化其內涵。

再者，受令者對政權遞嬗與政策制度的因應，除了及時而有形的行動之外，

也可能化爲心態或意識的轉變，從而影響政治利益關係與政治抉擇。如兩宋之際洛陽永安豪強孟邦雄，原是宋金亂局中效忠趙宋、守護皇陵的義師，及至女眞在洛陽地區扶植劉豫政權後，孟邦雄爲求生存，只有改事劉齊，並爲之盜掘宋陵以輸誠。身處新舊政權交替之際，孟邦雄叛宋雖有違傳統忠義概念，卻是基於維護自身及當地的社會秩序所作的抉擇，對劉齊政權具穩定作用，也重新詮釋了忠誠的意義。

　　探討政治與社會秩序的連結和互動關係，需要在制度、規範之外，同時關注不同權力在面對不同時空的政治情境下，其制度轉變、結構調整與政治立場抉擇等種種過程，乃至其因應之策如何呈現當代的政治內涵，是本書的一項嘗試，而這三個討論的主題正是本人希冀藉由政治視角，重新整合個人軍事史、社會史、家族史研究，形成跨時段、跨議題的觀察，試圖開啓探索宋代政治史的另一扇門。

六、結語

　　當因新方法或論點的出現，帶動學界新的研究風潮時，舊的議題與討論方式相對遭到忽視，影響力消退。政治史研究的起落轉折正是學術風潮移轉所致，這種情況也可以在西方歷史學發展演變看到端倪。歐洲以政治、軍事事件敘述爲中心，呈現大人物、大事蹟的歷史寫作方式，經過啓蒙時代的衝擊，到19世紀逐漸出現民眾史、馬克思社會經濟史觀，以及魯賓遜(James Harry Robinson)提倡結合人類學等治史的新史學(New History)，長期獨霸的政治史面臨挑戰而明顯式微[21]。然而，政治史研究的價值雖一時受到挑戰，卻不代表政治不再是歷史研究的重要議題。姑以貶抑政治史尤熾的年鑑學派言之，該學派前輩史家雖將政治事件史貶至一文不值，但到第三代年鑑學派，學者在反對形式決定論的同時，也藉區域研究，重新關注政治史，甚至發展政治文化史。回歸政治史的轉變，乃至敘

21　彼得‧柏克著，江政寬譯，《法國史學革命——年鑑學派1929-1989》(台北：麥田出版社，1997)，頁9-15。

述事件及歷史傳記的復興，說明在持續的衝擊挑戰下，研究者經過反省檢討，而將政治史視角拉廣，結合各領域研究成果，重新調整並催生出新的發展方向。

歷史研究是一門綜合性的學科，不該爲學科領域界線所切割。討論歷史問題，特別是涉及政治時，尤應廣泛關照全局，兼顧社會、經濟與文化及各種時空因素，才能切近歷史的全貌。歷史研究若爲迎合社會科學各專業領域而過度切割，非但將自外於歷史時空，更會因過度傾向社會學科，反而淪爲其他學科的註解，卻又不易得到認同。政治史若要重新出發，實應整合不同學科的研究觀點，將過去被割裂爲交通史、社會史、經濟史、思想史等類別的諸多成果，從政治運作的角度加以統合，重新賦予學術意義，才能豐富研究內涵，這也是個人撰寫本書的信念。

新的政治史研究是歷史學界面對挑戰與衝擊後所作出的反思、呼籲與調整，是一種由約返博的工夫。學術研究雖不斷推陳出新，但研究品質的高下優劣與新舊關係不大。推動新的政治史研究所揭示的「新」，用意在擴大視野之外，更關注回歸政治思維爲主體，吸納其他領域的成果，以豐厚其內涵。從動態發展的觀點與政治運作的角度，觀察政治決策與人事關係的互動，賦予原屬各專門領域的學術議題新的內涵，對於開發政治史研究的視角有其助益。

若期待新的政治史研究能有不同於過去的成果，研究者必須加強意見交流，尋找可以探討的議題，結合興趣相近的學者，透過集體研究，形成研究團隊，才能發揮較大的研究效益。人文社會學科的研究，個人才學與創見固然重要，如果能進一步借重群體討論或集體合作的方式，對大型議題進行長期研究，不僅可以突破點狀的研究成果，創造局部優勢，影響層面也較爲寬廣。這一點，法國年鑑學派推動的群體研究經驗，值得取法。當學界以篤實的治學態度，透過新思維與新取徑，重新揭示政治史的發展方向，圓滿不足之處，相信讓政治史研究既有新意又能求全，再度展現活躍的生命力。

第壹編

中央集權下的基層權力結構

　　自宋太祖趙匡胤加黃袍於陳橋伊始，如何收攏軍事、財稅與民政權力，杜絕割據勢力再興，走出五代頻繁易姓的陰影，始終是趙宋王朝持續努力的課題。是以，有宋一朝以「強幹弱枝」為基本國策，集權中央，將武力與財賦兩項重要資源納歸國家，以達成控制地方社會的目的。本編以趙宋王朝對內外政治情境變化的因應出發，分別由基層武力的發展沿革與基層社會的權力結構入手，勾勒趙宋如何透過制度設計，回應五代以來的統治難題。藉著探討巡檢、弓手的推行，與縣政的運作，本編也將進一步闡明，當中央統治力經由制度設計滲透地方社會的同時，地方也因服膺中央政策、實際參與制度執行，致使各項政策、制度逐漸因應地方需要，而有所調整，甚或質變。

　　〈五代巡檢的轉型與特色〉、〈宋代弓手體系的沿革考察〉兩文，乃至唐宋政治情境與基層社會轉變切入，探究基層武力制度之變。兩文說明，當代表朝廷執行公權力的武裝力量在地化後，不免與個人乃至地方利益結合，成為同時兼具國家統治力與社會勢力的群體，擺盪在政治力與社會力之間。〈基層社會的權力結構與運作〉則以「縣」為觀察場域，討論基層政治結構中，縣衙、胥吏、基層武力、地方家族與士人群體間的有機聯繫。在趙宋王朝實踐中央集權的過程中，官員受限於制度結構與現實環境，必須仰賴地方權勢之家協助，才能有效伸張統治權，反在無形中創造了社會力得以發揮的空間，形成政治力與社會力之間相互包容制衡的互動關係。此一互動關係的形成，不僅是了解傳統中國社會的基礎，也是掌握基層社會變動的關鍵，從中體現了從唐到宋政治與社會型態，乃至運作機制的轉變。

第一章

沿唐變制——五代巡檢的轉型與特色

在唐宋社會變遷的研究中，制度的轉型與變遷尤為重要議題。然而，一項制度從初創到定制，過程往往極為細緻而複雜，尤其制度初始萌芽階段常因資料隱晦不足，難以爬梳明確清楚的脈絡。面對這種情況，不同專業的研究者或從問題出發，或由梳理史料著手，從不同的角度就有限的資料提出詮釋，企圖尋覓制度形成的緣由。最常見的討論方式，便是從一項制度發展成熟期向前追溯，只是這種方式常需跨越朝代與突破資料的限制，十分費力，最終也常因史料不足而眾說紛紜，雖每有新見，卻難有定論。本章所擬探究的巡檢就是一個例子。

自宋迄明，巡檢都是維持地方治安的重要職務，是皇朝統治基層社會的主要武職。巡檢制度的形成歷經複雜、曲折的過程，特別是自唐末到北宋前期之間，其職能與角色的變化較多，不但可用以觀察制度從初創到定型的轉變，也可藉此掌握政治、社會環境變化的重要線索，是探討唐宋社會變遷的重要課題。學界有關巡檢的專題研究不在少數，卻仍待開拓。其中，黃清連的〈圓仁與唐代巡檢〉[1]、劉琴麗的〈五代巡檢研究〉[2]和苗書梅的〈宋代巡檢初探〉[3]三篇，分別討論唐、五代和宋代的巡檢制度。三篇論文研究取向和討論重點各異，卻都指出了巡檢一職發展的重要方向：在唐代，巡檢尚非一項職稱，而是有巡迴檢查、巡行視察之意；到了五代至北宋時期，其職能才有多方面的發展。北宋中期以後，尤其到南宋，巡檢已成為維護基層治安的要角之一。就歷史發展而言，這項觀察是正

---

1 黃清連，〈圓仁與唐代巡檢〉，《中央研究院歷史語言研究所集刊》68本4分（1997），頁899-942。

2 劉琴麗，〈五代巡檢研究〉，《史學月刊》2003年6期，頁34-41。

3 苗書梅，〈宋代巡檢初探〉，《中國史研究》1989年3期，頁41-54。

確的，不過從唐到五代的發展過程卻還有許多討論空間。

一、制度的萌芽：唐末的巡檢

　　黃清連以日本僧人圓仁《入唐求法巡禮行記》爲例，藉由圓仁入唐所歷時期和紀錄中使用的詞彙，說明「巡檢」一詞在唐末尙非命官職稱，而是動詞。此一說法就唐末一般情況而言，並無疑義。不過，倘若因此判定唐末尙未以巡檢爲命官，待後梁、後唐才出現巡檢使、都巡檢使等官職，則或須斟酌。關於唐代巡檢是否已作爲官職，清末民初收藏家端方最早提出討論。在其所編《匋齋臧石志》的〈歸義縣魏惟儼等題名〉中，端方考證「四縣巡檢副將」張君爽、韓定、王全慶、吳倉等人時，就明白指出一般以爲巡檢始於宋代的說法有待商榷，進而提出題名所載「四縣巡檢副將」與《通考》所載「宋朝巡檢或一州縣而一置，或數州數縣而一置」的設置相符，因此巡檢「不獨不始於宋，其設官疏密，亦皆沿唐舊制」[4]。端方的看法可以從下文所引資料得到進一步印證。

　　巡檢在唐代已具官職名稱之實，有四件唐末人物的墓誌銘可爲佐證。最早的一件是張敬祐撰〈唐故雄武軍捉生將太中大夫試殿中監黃公墓誌銘並序〉，文中提到黃直是匯夏人，其父黃暉曾任巡檢馬步都將[5]；這件資料的時間不詳，但可確定在咸通(860)以前。一件是溫景中撰〈唐故幽州節度衙前討擊副使太中大夫試殿中監溫府君合祔墓誌並序〉，墓主河東并州人溫令綏因識略果敢，被張公任爲燕樂鎮巡檢將，任職時間約在咸通年間[6]。一件是〈太原王公夫人清河張氏墓誌〉，墓主王宏泰曾任雄武軍平地柵巡檢烽鋪大將游擊將軍，時間約在咸通四年

4　李錦綉，《唐代財政史稿》下卷(北京：北京大學出版社，2001年6月1版)，第一分冊，頁589。端方，〈歸義縣魏惟儼等題名〉，《匋齋臧石志》(香港：香港明石文化國際出版有限公司，2004)卷34，頁15-16。

5　吳剛主編，《全唐文補遺》(西安：三秦出版社，1994)第四輯，頁257。或見周紹良、趙超主編，《唐代墓誌彙編續集》(上海：上海古籍出版社，2001)，頁1120。

6　吳剛主編，《全唐文補遺》第四輯，頁253。或見周紹良、趙超主編，《唐代墓誌彙編續集》，頁1114。

(863)[7]。一件是余渥撰〈故銀青光祿大夫檢校右散騎常侍右內率府同正兼御史大夫上柱國郭府君墓誌銘〉，墓主郭彥瓊於昭宗光化二年(899)任度支巡檢官、銀清光錄大夫、檢校國子祭酒兼監察御史[8]。

前述四位曾任巡檢的唐人除了是武職軍將之外，職務尚與財政有關，這一點和李錦綉的說法一致。李錦綉在其《唐代財政史稿》中提出，唐末有武將掌理財務的趨勢。她在探討唐代後期直屬朝廷財政機關的巡院時，將巡檢列爲巡院吏職，並以貞元十三年(797)同州部陽縣尉楊薩興充兩池都巡檢官爲例，指出唐廷爲了防止鹽場地私鹽盜竊等事件，在安邑、解縣兩池鹽專置保衛鹽地的巡檢。她引《冊府元龜》卷494〈邦計部・山澤門〉大中元年(847)閏三月兩池榷鹽司空輿奏略所稱：「又弓射所由等，晝夜只於池內巡檢。其壕籬外面，山林掩映，竹柵相次。」認爲巡檢官即爲統領弓射所由之官，兩池置有巡檢官員額[9]。可知負責產鹽地安全防護的巡檢與販鹽流通的交通要路上的檢閱官，是唐代爲取締私鹽所設雙重防範檢查的官員。咸通年間，嶺南東道的南道十州設有巡檢務，吳太楚即曾擔任此職，這是晚唐巡院分務化的體現。

除鹽場外，晚唐也設置維護河塘安全的河塘巡檢官。這些巡檢官似先由文職官員充任；到了唐代後期，朝廷爲確保財政無虞，實施鹽法運輸、營田、茶酒專賣等法，需要以武力維護利益，或協助財務管理，促成了巡檢系統官吏的出現。他們的主要任務爲出巡、緝私、巡查等等，協助財務行政管理。同時，由於晚唐政局混亂，藩鎮對立形勢日趨嚴峻，不但使巡檢官的設置更爲普遍，而且出現武職軍將侵奪原由文職僚佐執掌事務的現象。這種現象在財務行政領域尤爲明顯，形成武將掌理財務的情況。因此，李錦綉認爲巡檢官豐富了唐後期財務系統的官吏構成，也體現了唐宋官制的變革[10]。

若將圓仁《入唐求法巡禮行記》以及唐末墓誌與石刻資料涉及巡檢文字聯繫起來，這些史料透露出制度萌芽的訊息：巡檢原是官員的職務之一，到晚唐逐漸

7　王言，《金石萃編補略》（南京：江蘇古籍出版社，1998），頁40-42。

8　吳剛主編，《全唐文補遺》第五輯，頁73-74。

9　李錦綉，《唐代財政史稿》下卷，第一分冊，頁422。

10　同上註，頁589。

成爲專職。巡檢原是由中央或地方按時派吏員到各地進行的巡檢、檢查工作，如維護治安等，屬於臨時性任務或是官員眾多職務之一。到了唐後期，因地方不靖，巡檢逐漸成爲維持治安的專職；復以朝廷實施鹽酒茶等專賣制度，爲防止盜掘盜賣，影響朝廷或地方財政收入，便出現隸屬巡院吏職而專司檢查的巡檢，在各鹽鐵產地出巡、緝私、巡查等，巡檢乃成爲協助執政者處理財政稅收與行政管理的職務。此後朝政崩解，中央缺乏統一指揮的樞紐力量，藩鎮及朝廷爲應付多變的環境，不斷有任務多樣、名目繁多的臨時性差遣出現，一方面出現許多與巡檢名稱相近如巡官、巡判、巡覆的官職，彼此之間任務相近或相互通同，另方面也在軍政形勢變化下，而有武職者侵奪原由文官職掌的巡檢一職的現象，巡檢遂逐漸由派遣性的職務演變爲差遣性的職稱。不過，在唐末擔任巡檢的官吏其職位均較低。這是從文獻上看到巡檢從萌芽到創置時變化的現象，也反映了唐末軍政社會的狀況。

二、承襲與轉變：五代巡檢職能的發展

　　五代十國延續唐末藩鎮割據的局面，政治社會現象與唐末無異，且政權更迭更爲頻繁，諸國並立，大小割據勢力互相傾軋。在這個變動頻繁的時代，有許多制度與事務都有新發展、變化或隱然形成的過程，例如樞密使和都部署等宋代官制就源於此時[11]。同樣的，唐末萌芽的巡檢此時也隨著軍政環境的變化，逐漸出現制度化的雛形。

　　巡檢作爲動詞自古迄今不變，在五代時期仍然如此。如《舊五代史・食貨志》和《冊府元龜》均有「所在官吏節級所由，常須巡檢，村坊鄰保，遞相覺察」[12]，及「委州府差公幹職員與巡鹽節級、村保、地主、鄰人，共同巡檢」[13]，

11　參見蘇基朗，〈中國經濟史的空間與制度：宋元閩南個案的啓示〉，《歷史研究》2003年1期，頁35-43。趙冬梅，《文武之間：北宋武選官研究》（北京：北京大學出版社，2010）。李全德，《唐宋變革期樞密院研究》（北京：國家圖書館出版社，2009）。

12　薛居正，《舊五代史・食貨志》卷146，頁1952；王欽若等編，《冊府元龜》卷494，頁24上。

又如《冊府元龜》卷494記白進福「曾於沿淮巡檢」[14]。在部分情況下，動詞性的巡檢說明其官職是巡檢或巡檢使，如安從進因任京城巡檢，而有巡檢京城之舉[15]；馬鐸因任許州巡檢而領軍赴州巡檢[16]。不過，巡檢作爲職官名稱，已是五代的普遍現象。如周世宗繼位後，於顯德元年肆赦文中詔「草賊避法隱藏者，所有巡檢人諭以恩赦，招呼令歸農養，如願在軍亦聽」[17]；三月的大赦文中則有「諸處有草寇團集，仰所在州府及巡檢使臣曉諭恩赦，招喚各令歸農」[18]。可知巡檢官的任務之一，即是代皇帝赴各地執行曉諭恩赦。

五代巡檢職級和唐代有很大的不同。巡檢在唐代尚處萌芽階段，除了動詞性的巡檢之外，很難在新舊《唐書》與《通鑑》等記錄朝政發展的典籍中，找到高等職級的巡檢職稱與有確切生平事蹟的人物，只有《唐會要》中才有關於巡檢的制度性的記載。較具體的資料主要見於墓誌和石刻史料中，人物階層與職位較低，多屬基層角色或地方屬性的任務。五代情況則與唐代迥異，巡檢記載見於墓誌或石刻史料較少，反多在《舊五代史》、《新五代史》、《冊府元龜》和《資治通鑑》等重要史籍，所記載的史事則與政局變動、戰爭密切相關，被記錄的人物或職位都較高，其活動較具政治意義。

不過，基層性巡檢仍散見於《五代會要》或《冊府元龜》等史籍。其中，有負責鹽鐵管制者，如後唐長興二年(929)十二月的敕令中，允許百姓自鑄軍器外之鐵器，「巡檢、節級、勾當賣鐵場官，並鋪戶一切並廢」[19]。四年(931)五月七日，由於私販嚴重妨害政府利益，朝廷訂定了嚴懲私販的辦法，「其犯鹽人經過處，地分門司、廂界巡檢、節級所由，並諸色關連人等，不專覺察，委本州臨

(續)

13　陳尚君，《舊五代史新輯會證·食貨志》（上海：復旦大學出版社，2005），頁4501；王欽若等編，《冊府元龜》卷494，頁28上。

14　王欽若等編，《冊府元龜》卷494，頁24下，及陳尚君，《舊五代史新輯會證》，頁3411。另如歐陽修，《新五代史》卷51，〈安從進傳〉，頁586記從進曾巡檢京城。

15　陳尚君，《舊五代史新輯會證》，頁1508、2847、3011。

16　陳尚君，《舊五代史新輯會證》卷279，頁3191、3202。

17　王欽若等編，《冊府元龜》卷96，頁12上。

18　同上註，頁15下。

19　王溥，《五代會要》卷26，〈鐵〉，頁14下。

時斷訖報省。……若是巡檢弓射池場門子，自不專切巡察，致有透漏到棘園外，被別人捉獲，及有糾告，兼同行反告，官中更不坐罪」[20]。顯德三年(956)八月二十四日，後周改立鹽法，對邢、洺州鹽務所屬貯鹽地、產鹽地及煎鹽場灶嚴加修護管理，以防偷盜夾帶，並訂定嚴懲條款禁止，若有犯者，「其刮鹹處地分，并刮鹹人住處巡檢、節級、所由、村保等各徒二年半」[21]。顯德二年(955)八月，進一步規定有偷盜官鹽者，「其刮鹹處地分，共刮鹹人住處巡檢、節級、所由、村保等各決脊杖十八」[22]。

基層巡檢也有承繼唐末維護京城或地方治安職務者。如後唐天成五年(928)，京城有幼童嬉戲，巡檢軍使渾公兒誤為平民以竹竿習戰鬥，殺害無辜小兒，被明宗下令懲處，決脊杖二十[23]。京城也常有外來商旅途中非理歿故，引發無處申雪或官司擾人情事，臺司擔心「兩巡驅使官與諸司同巡檢、節級等，於有事人家妄有所求」，規定「除百司外，臺中不更差人」；此處巡檢當是負責京城治安的低階巡檢[24]。此外，如馬彥勛曾於周太祖廣順元年(951)任考城縣巡檢供奉官[25]；竹奉璘於顯德元年(954)任宋州巡檢供奉官，因不能槍殺搶掠客船的盜賊而被論斬[26]；郝光庭在任葉縣巡檢時，挾私怨斷殺平民，為周世宗杖死[27]；這些都是負責京城或州縣治安的巡檢。從以上所記的巡檢職務和角色看來，他們都是專業或維護地方治安的官員，職級較低。

五代時期，巡檢角色和職能也明顯擴大。五代各王朝為求生存與發展，在京城內外、重要州軍及邊防要地增設巡檢、巡檢使等武職官員，甚至在欲進行併吞、攻擊的敵境，預先設置巡檢使。如後周世宗以司超任廬、壽、光、黃巡檢使、何超任光、舒、黃招安巡檢使，荊罕儒為舒、蘄二州招安巡檢等(詳見本文

20　王溥，《五代會要》卷26，〈鹽鐵雜條上〉，頁15下-18上。

21　王溥，《五代會要》卷27，〈鹽鐵雜條下〉，頁3下-4上。

22　王欽若等編，《冊府元龜》卷494，頁28下。

23　薛居正，《舊五代史》卷39，〈唐書‧明宗本紀〉，頁533。

24　王溥，《五代會要》卷8，〈喪葬上〉，頁8。

25　薛居正，《舊五代史》卷111，〈周書‧太祖本紀〉，頁1473。

26　王欽若等編，《冊府元龜》卷154，頁20上；又見薛居正，《舊五代史》卷114，〈周書‧世宗本紀〉，頁1520上。

27　王欽若等編，《冊府元龜》卷154，頁20上。

附表二)，都是爲攻南唐而在淮河南境所設。這種偏重戰時措置的作法，與五代政局關係密切。五代時期，除了梁、唐、晉、漢、周政權頻繁遞嬗，同一時期內也是諸國並立，相互對峙，篡奪爭戰不已，中央與地方關係複雜。在政治崩壞、社會紛亂的情況下，臨時派遣性質的巡檢所負擔的軍事角色與職能不斷增強，成爲五代時期的重要特色。

關於這方面的討論，劉琴麗在〈五代巡檢研究〉一文中透過檢索漢籍電子資料庫，找到爲數可觀的數據，並分別就州、縣巡檢的設置、京師和留都巡檢的設置、軍鎮巡檢的設置，以及經濟領域巡檢的設置等四類，加以分析說明，對了解五代巡檢的角色與職能助益甚大。她認爲五代在州級配置巡檢，以河南道爲最多，另外爲了適應戰爭體制的需要，後周也在南唐境內的淮南道，設置招安巡檢使。五代中央政府的京城，都設有巡檢，而且呈現巡檢地域縮小，官員卻增多的現象。爲應付邊境局勢及境內安全，在重要軍鎮要地、緣邊山河重地，也大量設置巡檢，以加強對河道及邊防的守護[28]。

從目前的資料看來，該文所利用的數據雖尚有許多待增補之處(詳見本文附表二)，但從她分析所舉州級、京城留都、軍鎮，乃至沿河緣邊的巡檢使觀察，五代巡檢不論是角色和職能都較唐末更爲擴大，職位也更爲重要，是不爭的事實。此外，五代巡檢逐漸出現官職結構化的現象。此時的巡檢職稱有巡檢供奉官、巡檢判官、巡檢、都巡檢、巡檢使、都巡檢使等，彼此雖未必有明顯行政隸屬關係或職權大小之分，但由供奉官、判官之類的職級較低，都巡檢、巡檢使的職級較高，則可以看出其職能與組織較唐末有更進一步的發展，且有結構化的趨勢。

三、綿延擴大：十國巡檢的設置

五代時期可謂唐末藩鎮割據的延續。唐朝滅亡後，中央朝廷形式上雖由後梁等五個朝代所繼承，但割據自守的藩鎮或據地稱王，或不奉朝命，使得中央政令

28　劉麗琴，〈五代巡檢研究〉，頁34-41。

實質上難及於全國，甚至不出所轄領地。甚者，由後梁、後晉同時並立之勢論之，若說五代是另一個群雄並起，相互爭戰，軍事、政治與社會秩序崩解混亂的時期，也毫不爲過。在政權遞嬗頻繁、局勢變動無常的時代裡，各執政者爲了發展茁壯或防止滅亡，不僅發動戰爭，更發展許多臨時性的軍事體制，且不斷擴大其職能。巡檢一職便是在這樣的背景下，獲得進一步的發展，除了中原政權外，十國乃至契丹，都有設置巡檢使的紀錄，反映當時設置巡檢繼承晚唐且區域不斷擴大的事實，以及各國割據的軍事性和戰時體制的時代特性。

遠在西陲的後蜀就是顯例。趙廷隱於長興三年(930)任東川巡檢[29]；李廷珪於廣政十七年(954)，由成都巡檢使改爲遂州武信軍節度，領本鎮及保寧軍都巡檢使以抗周[30]；廣政十九年(956)戎瀘州獠賊羅駐雍反，左街都巡檢使趙季文討降之[31]；廣政二十一年(958)昌州獠反，殺巡檢使趙漢瓊等，由左界巡檢使申彥瑭平討平亂事[32]；羅濟於廣政二十二年(959)任寧江軍都巡檢判官[33]；同年，蜀將高彥儔由峽路巡檢制置使改任招討使[34]；次年，宋軍來攻時，高彥儔任夔州寧江軍都巡檢置制招討使，加宣徽北院事、利州昭武軍節度[35]；孟知祥之子仁贄降宋後，宋廷任之爲西京都巡檢使[36]。可見後蜀爲了維護政權與國家安全，在東西邊境及成都設有巡檢使，負責討亂、防邊等任務。

南唐方面，巡檢一職首見昇元三年(939)任命姚嗣駢爲上淮巡檢都部署，克修邊備[37]；當時黃梅縣有妖人諸佑挾左道誣眾，縣令陳起上報巡檢使周鄩，出兵捕佑[38]；及至後周謀攻淮南，朱匡業曾任內外巡檢使，都是以安輯境內爲主[39]。

29　司馬光，《資治通鑑》卷277，頁9072。

30　脫脫，《宋史》(台北：鼎文書局，1980)卷499，〈世家・西蜀孟氏〉，頁13890。

31　勾延慶，《錦里耆舊傳》卷3，頁524。

32　同上註。

33　吳任臣，《十國春秋》卷55，頁808。

34　司馬光，《資治通鑑》卷294，頁9590。

35　脫脫，《宋史》卷457，〈世家・西蜀孟氏・高彥儔傳〉，頁13887。

36　吳任臣，《十國春秋》卷50，頁748。

37　吳剛主編，《全唐文補遺》第七輯，〈姚嗣駢墓誌〉，頁192。

38　吳任臣，《十國春秋》卷23，頁328；陸游，《南唐書》卷14，頁10-11。

39　陸游，《南唐書》卷8，頁4。

許光大曾任沿海都巡檢[40]；後漢隱帝乾祐元年(948)，李守貞以河中叛漢，向南唐乞師，查文徽議出師，唐欲藉由從後晉南降的李金全，以宿將威望，解河中之圍，任之爲北面行營招討使，而以魏岑爲沿淮巡檢[41]；顯德三年(956)，南唐主任命柴克宏爲宣州巡檢使，修城墻、整器械，以備吳越[42]；次年，命郭廷謂任上淮巡檢應援兵馬都監，以防後周的進犯，但廷謂旋於十二月降後周[43]；盧絳被唐樞密使擢爲沿江巡檢，募亡命習水戰，要吳越兵於海門[44]；建隆二年(961)南唐後主李煜即位，任命南郊巡檢使黃延謙爲武清軍節度使留後[45]。可見南唐既有職司境內治安的巡檢使，也有防備中原王朝以及吳越而設的上淮巡檢與沿江巡檢等，均是以防禦爲重。

更南方的吳越、楚和閩等國也設有巡檢。吳越錢鏐曾於開平四年(910)三月，任沈行思爲湖州巡檢使[46]。楚國劉賓於乾祐三年(950)任內外巡檢侍衛指揮使[47]，不過次年由於楚國馬希廣、馬希萼兄弟相爭，南漢主任吳懷恩爲西北招討使，圖謀攻楚，希廣遣指揮使彭彥暉，在桂州龍峒，以備南漢軍。希萼更任命彥暉爲桂州都監、在城內外巡檢使、判軍府事。此舉引起知桂州馬希隱的不滿，乃引蒙州刺史許可瓊率兵到桂州，擊敗彭彥暉。楚國內部的爭戰反而讓南漢得以順利攻下蒙州，進兵侵犯桂管，危及楚政權[48]。閩王則曾任命陳文顯爲四州都巡檢使[49]。這些巡檢的職務偏重於軍防，有的防區包括城內和城外，權力甚大。

北方契丹也有許多關於巡檢使的記載。姚內斌本爲契丹關西巡檢、瓦橋關

40　吳任臣，《十國春秋》卷29，頁423。

41　司馬光，《資治通鑑》卷288，頁9404。

42　司馬光，《資治通鑑》卷293，頁9551；馬令，《南唐書》卷11，頁7；陸游，《南唐書》卷6，頁4。

43　王欽若等編，《冊府元龜》卷118，頁26下；吳任臣，《十國春秋》卷30，頁428。

44　吳任臣，《十國春秋》卷30，頁431；陸游，《南唐書》卷14，頁6；龍袞，《江南野史》卷10，頁3。

45　馬令，《南唐書》卷5，頁3。

46　司馬光，《資治通鑑》卷267，頁8726。

47　吳任臣，《十國春秋》卷69，頁968。

48　司馬光，《資治通鑑》卷290，頁9468。

49　吳任臣，《十國春秋》卷93，頁1353。

使，周顯德六年(959)，趙匡胤從世宗北征，至瓦橋關，內斌率部卒五百人降[50]。保寧初(969)契丹以宋師屢梗南邊，任耶律合住爲涿州刺史西南兵馬督監招安巡檢等使[51]。天福八年(943)晉叛，契丹出師南伐，以高模翰爲副使，入汴，任他爲汴州巡檢使[52]。晉將方太於開運三年(946)十二月降契丹，被任爲洛京巡檢使，其後武行德叛，據洛陽，契丹留守劉晞棄城奔許州，方太爲叛軍所挾，入府行留守事，與洛京巡檢使潘環擊卻群盜，不久又遭武行德、高模翰殺害[53]。周顯德六年(959)建雄軍節度使楊廷璋率所部入河東界，下堡砦十三，招降北漢巡檢使靳漢晁等三人[54]。這些巡檢多半負責要地軍備或邊防任務，軍事性質甚強。

終五代之時，除了中原的五代政權，北至契丹、北漢，南至十國中的後蜀、南唐、吳越、楚、閩等國，均設有巡檢使，可稽考者達三十人，且帶有很強的軍事性質。上述例子說明，在紛擾不安的五代時期，眾政權獨立運作，各自面臨諸多防邊和安境的需求，因此多承襲晚唐之制設置巡檢，負責軍防任務，有巡檢使、內外巡檢侍衛指揮使、巡官、供軍巡官、統軍使、沿淮巡檢使、諸衛巡官、都巡檢制置招討使等，其職能較之中原政權更爲多樣與複雜。(詳見本文附表三)

四、權位與權勢：巡檢與帝王的關係

從劉琴麗的研究與本文附表二中可看到，五代時期巡檢地位有高低之分，其中固有如唐末的低階軍職人員，但更多則是帝王的親信及擁有實權的軍事將領。他們或拱衛京師，或任方面之寄，權力相當大，有時甚至威福自任，連帝王都不敢過問。如天福三年(938)七月，晉安州威和指揮使王暉得知范延光倡亂，乃與安遠節度使周環，自領軍府，企圖觀察形勢的變化，以遂首鼠兩端之意。晉帝石敬瑭乃派李金全到安州巡檢，並赦王暉，以防止叛亂擴大。安從進也派將會復州

50　脫脫，《宋史》卷273，頁9341。

51　脫脫，《遼史》卷86，〈耶律合住傳〉，頁1321。

52　脫脫，《遼史》卷76，〈高模翰傳〉，頁1249-1250。

53　司馬光，《資治通鑑》卷286，頁9353-9354；薛居正，《舊五代史》卷99，〈漢書‧高祖本紀〉，頁1238-1329；卷94，〈晉書‧潘環傳〉，頁1243。

54　脫脫，《宋史》卷255，〈楊廷璋傳〉，頁8904。

兵邀擊之。王暉眼見情勢窘迫，大掠安州，意圖奔吳，遭部將殺害。巡檢使李金全抵安州後，說諭從叛黨徒，而殺指揮使等人，晉帝雖知情，不敢過問，反任命李金全爲安遠節度使[55]。

　　巡檢既負責治安，奉命禦敵平亂或征伐，且屬臨時性差遣職務，必然多爲帝王的親信人物。此類例子很多，如袁建豐在後唐莊宗時，曾隨莊宗解上黨之圍，破柏鄉之陣，討劉守光，身先士伍，莊宗視之爲心腹，而選爲魏府都巡檢使[56]。段凝因妹妹爲朱溫寵侍，稍委心腹，而任之爲左軍巡使兼水北巡檢使[57]。張廷蘊從唐莊宗救上黨，攻薊門、下邢魏，得寵信，莊宗令他統御營黃甲軍；他從明宗收汶陽，充魏博三城巡檢使[58]。鄭仁誨在後漢時從郭威西征，密贊軍機，及後周建政，以仁誨爲大內都巡檢[59]。李彥頵與周世宗柴榮有舊，柴榮即位後，歷任內客省使、知相州軍府事、延州兵馬留後，但彥頵窺圖小利，侵漁番漢部人，引起番部不滿，結聚圍城。世宗雖不喜其爲人，仍委曲庇護，改任他爲西京水南巡檢使[60]。楊廷璋爲人純謹，因其姊爲郭威寵妃，而被任命爲皇城使、澶州巡檢使，遷客省使、河陽巡檢、知州事等，所戰多捷，世宗讚：「吾舅眞能禦寇。」[61]宋廷浩爲後唐莊宗女婿，歷石、原、房三州刺史，石敬瑭曾事莊宗，對廷浩母甚爲尊重，建晉後，任廷浩爲氾水關巡檢使。天福二年(937)六月曾任東都巡檢使的張從賓叛晉，攻氾水，殺廷浩[62]。其子宋偓爲漢高祖劉知遠的女婿，其女爲宋太祖之后。郭威稱帝，偓開門迎謁，周祖深德之。世宗南征，任偓爲壽州四面巡檢，顯示宋氏父子歷唐、晉、漢、周四代，寵信不衰[63]。韓通爲人謹厚，郭威伐河中鎮大名時，命他自隨，並委以心腹，廣順初，充孟州巡檢；郭威征袞州，任之爲在京右都巡檢。周世宗征淮南，命通爲京城都巡檢，及京城內外都巡檢等

55　司馬光，《資治通鑑》卷281，頁9180-9181。

56　歐陽修，《新五代史》卷61，〈唐書・袁建豐傳〉，頁822。

57　歐陽修，《新五代史》卷73，〈唐書・段凝傳〉，頁962。

58　薛居正，《舊五代史》卷94，〈晉書・張廷蘊傳〉，頁1246。

59　薛居正，《舊五代史》卷123，〈周書・鄭仁誨傳〉，頁1620。

60　薛居正，《舊五代史》卷129，〈周書・李彥頵傳〉，頁1700。

61　脫脫，《宋史》卷255，〈楊廷璋傳〉，頁8903-8904。

62　陳尚君，《舊五代史新輯會證》卷76，〈晉書〉，頁2328。

63　脫脫，《宋史》卷255，〈宋偓傳〉，頁8905-8906。

官，淮南平，被命爲歸德軍節度[64]。李筠在後晉、後漢交替之際，以控鶴一軍擊契丹兵，送款漢祖，漢祖深賞之。郭威鎮大名，表之爲先鋒指揮使與北面緣邊巡檢，是後周創業功臣之一，自稱「吾周朝宿將，與世宗義同兄弟」[65]。上述這些例子，說明五代時期的高階巡檢多爲帝王的寵信或心腹，因此被委任臨時性重要軍務，擁有較大的移防、布防等兵權，或與其他職銜配合，擴大或增強其人的軍政權力。

五代巡檢一職爲武人仕途的重要歷練，上述楊廷璋、宋偓、韓通、李筠等人都成爲五代晚期乃至宋初的重要將領，其中以建立後漢的劉知遠尤爲顯例。他在後唐時由於護衛石敬瑭，並勸敬瑭起兵，被任爲北京馬步軍都指揮使、軍城都巡檢使等職[66]。經過指揮使與巡檢使的職務歷練，到石敬瑭稱帝，即任劉知遠爲更加親信的侍衛馬軍都指揮使[67]；後又歷官鄴都、北京留守、河東節度使，封太原王、北平王等。契丹入犯，虜晉少帝北去，河東行軍司馬張彥威及文武將吏，以中原無主，上牋勸進；知遠以聲望不足服眾，未受旗。不久，陝州兵馬留後趙暉與巡檢侯章、王晏殺契丹監軍，遣使臣至晉陽奉表，劉知遠大喜，乃於太原宮受冊，即帝位，建立後漢[68]。此外，也有皇子被任命爲巡檢，更彰顯此職的重要性。劉承訓是後漢高祖劉知遠的長子，深爲知遠所鍾愛。《冊府元龜》稱他：「少弘厚、美姿儀，輯睦宗親，接下僚友，有士君子之風，高祖器之。……及義旗南向，贊開創之業，人皆服其規略。」[69]乾祐初，授左衛上將軍，高祖赴洛，命承訓爲北京大內巡檢、開封尹、東都留守，天福十二年(947)十二月死，年二十六，知遠哭之大慟，以至於不豫[70]。

從本節所討論的例子可以看出，巡檢制度在五代時期並非十分穩定，有的是

64　脫脫，《宋史》卷454，〈韓通傳〉，頁13968-13969。

65　脫脫，《宋史》卷484，〈李筠傳〉，頁13970。

66　陳尚君，《舊五代史新輯會證》卷99，〈漢書・高祖本紀〉，頁3043。

67　陳尚君，《舊五代史新輯會證》卷76，〈晉書・高祖本紀〉，頁2282；卷99，〈漢書・高祖本紀〉則作：「充侍衛馬步都指揮使・權點檢隨駕六軍諸衛事」，頁3044。

68　陳尚君，《舊五代史新輯會證》卷99，〈漢書・高祖本紀〉，頁3045-3053。

69　王欽若等編，《冊府元龜》卷272，頁20。

70　陳尚君，《舊五代史新輯會證》卷105，〈漢書・宗室列傳・魏王承訓〉，頁3199-3200。

因應突發事件的邊防任務，有的屬於常態性的城防；有的是臨時指派的單一職銜，任務完成或即卸任；有的卻為多項職銜中的一項，與受命者其他職務一同執行。此現象的出現固然出於五代政局紛亂，制度難以確立，但也可視為在五代特殊的軍政環境中，帝王視情況所需，任命巡檢、靈活調度的結果。由於高階巡檢擁有較多移防與布防的權力，通常由帝王親信擔任此一重要職位，因此也成為五代武人仕途的重要歷練。武人歷經巡檢職務的歷練，也較易累積軍政實力，作為日後繼續效忠或叛逆的資本。

五、臣服與叛逆：巡檢的政治認同

　　政權並立、爭戰侵奪不休和王朝更迭頻繁，是五代時期的特徵。在爭戰不斷的時空環境下，五代時期有許多制度都難以確立，帝王授與親信的臨時性措置往往無法兼顧權力制衡，因此五代巡檢職能的擴大，與權力、地位的取得可說是非常時期制度變形的結果。這些武職人員因一時戰績或寵信，被拔擢為坐擁重權的巡檢使，由於權力與地位來自君王，當然有為君王效死者，如天福二年(937)七月，東都巡檢張從賓叛晉，進犯汜水關，殺害汜水關巡檢宋廷浩[71]；後蜀廣政二十二年(959)，夔州寧江軍都巡檢、制置招討使高彥儔在夔州抵抗宋軍，宋師乘城而入，彥儔不願降，登樓縱火自焚；兩人都是因忠君而死的例子[72]。

　　然而，在政局變化迅速、社會秩序解體、人倫關係淡薄的五代時期，武人擁軍自立，以下脅上成為社會常態。如馮道轉事多主的例子，史不絕書，甚至連背叛舊主、自立旗幟、投降敵國，乃至順逆無常、挾持兩端的現象，也所在多見。五代巡檢中，固然有效忠君王、以死報國的例子，但更多的是囂張跋扈，甚至叛國或降敵的巡檢，反映叛服無常的時代特質。就附表一百二十八位曾任巡檢的人物中，就有三十人有過叛變或投降敵國的紀錄，比例雖不高，卻遠多於忠君死節的巡檢人數。若加上雖沒有明顯的叛逆行動，但在易代之際，自然轉事新主的巡

71　歐陽修，《新五代史》卷8，〈晉本紀・高祖〉，頁81。
72　脫脫，《宋史》卷479，〈世家・西蜀孟氏・高彥儔傳〉，頁13887-13888。

檢，如《宋史》所列的二十五位(詳見本文附表二)，則總數當有一半之數。這一
現象和五代其他類型的人物、事例相印證，可以體現當時政治社會風氣所在。

　　這種叛服無常或不斷轉事新主的巡檢，有明顯事蹟者不少，茲舉數例說明：
一是王景。王景是後梁大將王檀的部下，先降後唐莊宗，清泰末，歸石敬瑭，被
授爲相州刺史。晉高祖幸鄴，留爲京城巡檢使。少帝時曾任晉州巡檢使、知州
事。後歷事後漢、後周及宋，共六朝[73]。二是朱守殷。朱守殷少事唐莊宗，同光
二年(924)，任巡檢校京師，恃恩驕恣，與伶人景進相爲表裡。莊宗疑忌大臣，
遣守殷伺唐明宗動靜，守殷卻陰使人告知明宗「宜自圖歸藩，無與禍會」。及明
宗與郭從謙相繼作亂，莊宗召守殷等率軍護衛，守殷按軍不動。莊宗崩，守殷馳
入宮中，縱軍士劫掠，並遣人催促明宗入洛。明宗即位，任命他爲同中書門下平
章事、河南尹、判六軍諸衛事，集大權於一身。不久，守殷殺指揮使馬彥超，閉
門反。明宗遣范延光攻城，殺之[74]。

　　最足以彰顯關係轉變的，莫過於晉漢開國者石敬瑭與劉知遠兩人。劉知遠與
石敬瑭都是後唐明宗的部將，明宗與梁人對戰於德勝時，石敬瑭爲梁人所襲，馬
甲連革斷裂，知遠以自己的馬讓敬瑭，自己騎斷革的馬殿後，石敬瑭十分感動。
因此，當敬瑭被明宗授爲北京留守時，以知遠有護援之功，奏移於麾下。後來唐
閔帝的左右謀害石敬瑭，知遠即密遣御士石敢，袖鎚立於敬瑭後，以爲護衛。變
亂起時，石敢力當敵鋒，戰死。知遠與李洪信入內，護石敬瑭倖免於難。劉知遠
力勸敬瑭起事，建立政權。敬瑭任知遠爲河北軍城都巡檢使、北京馬步軍都指揮
使，後充侍衛馬步都指揮使、權點檢隨駕六軍諸衛事、陝州節度使、許州節度
使、宋州節度使等職。天福四年(939)三月，加同平章事，但劉知遠不滿與功勳
不及他的杜重威同制加恩，懇讓不受，杜門不出，石敬瑭大怒，兩人關係遂由密
轉疏。

　　敬瑭崩，少帝即位，加檢校太師，進位中書令。及晉與契丹反目，耶律德光
率兵進犯晉地，知遠曾破契丹兵於忻口。但晉少帝與知遠相互猜忌，知遠雖於開

73　脫脫，《宋史》卷252，〈王景傳〉，頁8845-8846。
74　歐陽修，《新五代史》卷51，〈朱守殷傳〉，頁573-574。

運元年(944)三月，被封爲太原王、北面行營都統等職，只是尊以虛名，並不實際預聞諸軍指揮之事。反之，知遠知晉主與契丹結怨，國勢危，並未論諫，亦無邀遮契丹兵，入援晉帝之意，反而廣募士卒，蒐財物，步騎達五萬，爲諸鎮之冠，意圖自立局面。契丹入汴京，知遠一面分兵守四境，一面遣使奉表詣契丹主送款，以緩和壓力。契丹挾晉主北遷，河東諸將以中原無主，上牋勸進，知遠乃於太原即位，改國號爲漢[75]。從劉知遠爲石敬瑭效命，到與晉帝相互猜忌，及至自立的過程，可以看出五代人際關係的複雜、政治倫理的淡薄和政局變遷之間互動的因素。

這種複雜多變的政局與人際關係，在朝代遞嬗之初最爲明顯。對曾擔任巡檢使的武將而言，後晉政權初建的天福二年(937)，是五代巡檢對君王叛服最頻繁的一年，實具有相當的指標意義。

先是，唐明宗死後，三子從厚即位，養子從珂自太原擄閔帝奪得皇位，自立爲帝。在帝位爭奪的同時，後唐內部已是紛擾不已，驕兵悍將，勢不可制，法紀蕩然。復末帝所用宰相皆貪濁之輩，朝政混亂，擁兵鎮守各地的藩鎮不服朝命，契丹又乘機入犯。此時，明帝之婿石敬瑭在晉陽舉兵叛，但他自度實力不足，乃聽幕僚桑維翰之議，遣使向契丹乞師，契丹主耶律德光率五萬騎由雁門入援石敬瑭。在契丹支持下，天福二年(937)一月，石敬瑭得天下，建立晉朝。

石敬瑭雖獲契丹支持，但藩鎮多未服從，或一時屈從，終謀自立，因此亂象相繼不斷。如唐將范延光聞趙德鈞敗，雖奉表請降，卻在魏州聚卒擅兵作亂，石敬瑭以洛陽漕運有關，東巡汴州，留前朔方節度使張從嚴爲東都巡檢使，進延光爲臨清郡王，以安其心；延光卻從孫銳之勸，據魏州叛。石敬瑭爲穩定情勢，命白奉進、張從賓、楊光遠、杜重威等人以兵防備延光。范延光使人誘從賓一同叛晉，引兵入洛陽，殺權東京留守石重義，任都巡檢張延播知河南府事；從賓進而引兵扼汜水關(虎牢關)殺巡檢使宋廷浩。晉廷命奉國都指揮使侯益率禁兵五千，會杜重威討張從賓。不久，符彥饒殺白奉進，與范延光、張從賓同擁兵叛晉，人

75　參見薛居正，《舊五代史》卷99，〈漢書・高祖本紀〉，頁1321-1325；司馬光，《資治通鑑》卷282，頁9199-9200；《資治通鑑》卷286，頁9335-9337、9339-9341；王欽若等編，《冊府元龜》卷8，開運四年正月，頁91下-92上。

情大震。敬瑭問計於右廂都指揮使盧順密與奉國都虞侯方太共執彥饒。杜重威、侯益則引兵攻氾水，張從賓溺水死，擒獲其黨張延播等人。此時知安州威和指揮使王暉聞范延光作亂，也殺了安遠節度使周瓌，自領軍府，以待延光，企圖勝則附之，敗則渡江奔吳。石敬瑭遣李金全率千騎至安州巡檢，安從進則殺死王暉奔吳，派部將率兵會復州兵於要路邀擊，暉為部將胡進所殺。李金全至安州，斬殺脅從之指揮使武彥和。晉高祖以李金全為安遠節度使。金全親吏胡漢筠勸其自立新局，金全遂叛晉，奔南唐[76]。

面對軍將叛順不常的局面，劉知遠勸石敬瑭「撫將相以恩」，而自己則「戢士卒以威」，以恩威並濟的手法，穩住政局[77]。在這一年的亂局中，先後出現了八位曾任巡檢的武將，有據地叛晉的張從賓、張延播，或先率兵討叛的侯益、方太、李金全、安從進、劉知遠等人，這些人後來也先後叛晉，只有宋廷浩是效忠石敬瑭，在氾水關被殺的。在這八位叛服不常的巡檢中，具有代表性的是侯益。侯益原為唐莊宗的愛將。明宗立，則面縛請罪。及李從珂在鳳翔舉兵，閔帝任命他為西面行營都虞侯，侯益知軍情必變，稱疾不奉詔，遷商州刺史；因擊退蜀軍，加西面行營都巡檢使。當初張從賓叛晉，益受命率兵攻之，敬瑭大喜，拜河陽三城節度，充鄴都行營都虞侯，及鎮秦州，充西面都部署。偕州義軍率數千眾投蜀，益一面向朝廷請援，一面遣人遺書蜀王，以達誠意。晉少帝疑之，徙鎮內地。及契丹率兵入汴，益率僚屬歸開封，詣契丹主，被授為鳳翔節度。劉知遠建立後漢王朝，益以嘗受契丹命，深以為憂，適蜀王孟昶招之，乃與其子謀歸蜀。知遠得知，遣王景崇召益入朝，益厚賂史弘肇輩，言景崇橫恣，漢隱帝乃任益為開封尹兼中書令，封魯國公。景崇聞訊，殺益親屬七十餘人，據城叛。及郭威起兵，益奉命守澶州，臨陣見士卒無鬥志，乃與焦繼勳夜謁郭威。周初封楚國公，改齊國公，到宋太祖乾德三年死，享年八十歲[78]。

由本節探討例證可以觀察，五代武將行忠君死節之事少，叛離君國之實多。此係因時代環境所導致的武人擁軍自立風氣，與曾否擔任巡檢並無直接關聯，但

76　司馬光，《資治通鑑》卷281，〈後晉‧天福二年〉，頁9180-9185。

77　同上註，頁9178-9179。

78　脫脫，《宋史》卷254，〈侯益傳〉，頁8879-8882。

必須注意，巡檢一職提供五代武將重要的起點與運作空間，高階巡檢係武人軍政生涯的重要經歷，藉由帝王的親信與授權，而能獲得統掌軍權的機會，也因此得到較多的政治資源，以累積其後臣服或叛逆的基礎，這是不可忽視的事實。因此，五代武將叛服的表現雖未必都發生在其擔任巡檢之時，但是巡檢一職所賦予武將的軍政資本意義，卻對五代政局的變化具有一定的影響力。

六、結語

五代是巡檢制度由唐末萌芽至制度初創的階段，仍存在許多過渡時期的特徵。一方面，巡檢在官制上職能多樣，既有維持地方治安的低階官員，也有統有軍隊、鎮守境內重要區域，乃至肩負軍事任務、駐置於境外欲征服地區的軍事將領，且又以後者爲多。各類巡檢雖有官階高低之別，但官階、層級、任期和隸屬關係等，仍未見比較確定的制度。另方面，設置巡檢的地域更爲廣泛，不僅存在於政權相續的中原王朝，也出現於遍及江南的十國，甚至契丹；惟臨時差派性的軍事任務顯然較多。

這些領軍的巡檢使或爲帝王寵信，或因擁有實力而被任命。他們擁有實權，其中固有效忠於帝王，爲之死節者，但多數曾任巡檢使的高階將領則叛服無常，充分顯示五代政治敗壞、倫常失序的社會現象。巡檢自唐末創置之後，本應逐步進入穩定的制度化階段，但由於繼之而來的五代政局混亂、政權短暫，復以人際關係詭譎多變，反使巡檢一職產生職能、角色多樣發展的現象。其權位轉化也因此摻雜了更多人爲的因素，顯現此時期特殊的政治風貌，與制度發展時的過渡性質；此一現象一直延續到北宋初期。

趙宋建政是五代政局的延續，政權背景的類似性使趙宋王朝對舊制度仍多所沿襲。當時，對握有重權、曾任巡檢使的眾多軍事將領而言，依循五代的舊習，轉事新主趙氏並非難事；宋太祖、太宗爲穩定政局，在南征北討、戰事頻仍的時刻，也正需要這些臣服的宿將爲之禦敵或平亂。因此，除韓通等少數幾人之外，這些曾任巡檢的人，皆順理成章地成爲了新王朝的權貴，但他們所被任命的任務，通常多是在邊境上負擔維護國家安全之責，而較少在國境內握有軍事重權。

其後，隨著宋與遼、夏的緊張對峙局面緩和，此類巡檢也逐漸消失[79]。在中央集權與一統中土的政局下，像五代時期擁有叛逆實力的巡檢已不復見。相對地，維持治安的低階巡檢卻逐漸成為王朝統治地方的要角。仁宗時期，宋朝外部壓力稍緩，內部變亂卻漸增，宋廷為了鞏固政局，逐步將巡檢職能制度化。此後，巡檢便成為與縣尉共同維持縣級地方治安的角色，並在宋代成為定制，逐漸發展至清。

附表一　唐代巡檢表

編號	姓名	年代	朝代	資料出處	劉琴麗《五代巡檢研究》引用
1	溫令綬	咸通年間（860-873）	唐	領燕樂鎮巡檢將……領威戍欄捉生將……。出自《唐代墓誌彙編續集》，溫景中〈唐故幽州節度衙前討擊副使太中大夫試殿中監溫府君合祔墓誌并序〉，頁1114。另見《全唐文補遺》第四輯，〈唐故幽州節度衙前討擊副使太中大夫試殿中監溫府君(令綬)合祔墓誌并序〉，頁253。	領燕樂鎮巡檢將，出《唐代墓誌彙編續集》。
2	黃暉	咸通以前（860年以前）	唐	巡檢馬步都將。出自《唐代墓誌彙編續集》，〈唐故雄武軍捉生將太中大夫試殿中監黃公(直)墓誌銘并序〉，頁1120。另見《全唐文補遺》張敬祐〈唐故雄武軍捉生將太中大夫試殿中監黃公(直)墓誌銘并序〉，頁257。	巡檢馬步都將，出《唐代墓誌彙編續集》。
3	郭彥瓊	光化二年（899）	唐	光化二年，任度支巡檢官‧銀青光祿大夫‧檢校國子祭酒‧兼監察御史。《全唐文補遺》第五輯，余渥〈故銀青光祿大夫檢校右散騎常侍右內率府同正兼御史大夫上柱國郭府君(彥瓊)墓誌銘并序〉，頁73-74。	
4	王宏泰	咸通四年（863）	唐	雄武軍平地柵巡檢烽鋪大將游擊將軍。出自《金石萃編補略》未題朝代〈太原王公夫人清河張氏墓誌(咸	「任宏泰」不知是否為同一人，雄武軍平

79　苗書梅，〈宋代巡檢初探〉，《中國史研究》1989年3期，頁41-54。

			通四年)〉			地柵巡檢烽鋪大將游擊將軍，出《唐代墓誌彙編》。按：任宏泰應為王宏泰之誤。
5	楊薩興	貞元十三年(797)	唐	兩池都巡檢官宣德郎前行同州部陽縣尉楊薩興。出自《金石萃編(二編)》唐六十三〈鹽池靈慶公碑(貞元十三年)〉。		
6	吳太楚		唐	皇嶺南東道鹽鐵院都巡覆官・並南道十州巡檢務・試左武衛兵曹參軍。出自《全唐文補遺》第四輯，何松〈梁故嶺南東道青海軍隨使元從都押衙金紫光祿大夫檢校司空前使持節瀧州諸軍事守瀧州刺史御史大夫上柱國吳公(存鍔)墓誌銘並序〉，頁275。		嶺南東道中南道十州巡檢，引李錦綉文。

附表二　五代十國巡檢表

編號	姓名	朝代	資料出處	叛降狀況	劉琴麗《五代巡檢研究》曾引用(引用資料不同加註◎)	附註
1	方太	後晉契丹	1.天福四年(939)，京洛巡檢使。《舊五代史》卷99，〈漢書・高祖本紀〉，頁1329。《舊五代史新輯會證》，頁3062，正文。2.方太晉將，晉開運三年(946)十二月降契丹。《資治通鑑》卷281，頁9197、9318。3.後漢天福十二年(947)，契丹遣太洛陽巡檢，至鄭州被推叛契丹，至河陽為武行德所殺。	晉將降契丹	天福四年(939)，京洛巡檢使。引《舊五代史》，〈漢書・高祖本紀〉。	

			《資治通鑑》卷286，頁9353-9354。			
2	王仁贍	宋	荊南都巡檢使，《十國春秋》卷101，頁1452，正文。	X		原任樞密承旨
3	王守恩	後晉後漢	開運末(947)，(潞州)巡檢使(權任)。《舊五代史》卷125，〈周書・王守恩傳〉，頁1641。《宋史》卷254，〈張從恩傳〉，頁8886。《宋史》卷270，〈高防傳〉，頁9326。《資治通鑑》卷286，〈後漢・天福十二年〉，頁9337。《新五代史》卷46，〈雜傳・王建立〉，頁513。《舊五代史新輯會證》，頁3829，正文。	天福十二年，由晉投漢。(舊五代史書晉書高祖本紀記爲「留後」，本傳記爲「巡檢使」。)	(權)潞州巡檢使，《山西通志》卷75。	
4	王保義	後晉	天福二年(937)，充荊南行軍司馬兼沿淮巡檢使。《舊五代史》卷76，〈晉書・高祖本紀〉，頁1003。《舊五代史新輯會證》，頁2326，正文。	X	天福二年(937)，兼沿淮巡檢使。引《舊五代史》，〈晉書・高祖本紀〉。	
5	王建立	後唐	明宗鎮眞定，詔入朝，以建立巡檢知留守事《冊府元龜》卷172，頁2084下。	X		
6	王重胤(王重裔)	後周	後周(948)，又令於徐州巡檢。《舊五代史》卷129，〈周書・王重裔傳〉，頁1703。《舊五代史新輯會證》，《周書》二十，頁3961，正文。	X		
7	王晏	後晉	《洛陽縉紳舊聞記》卷1，〈陶副車求薦見忌〉，頁11：「令上馬，推趙暉爲首，侯章、王晏爲都巡檢，差陶公與趙暉之子延進同齎表奏，漢祖(劉知	開運末戍陝州，時陝州爲契丹據，殺契丹將，投後漢。		

			遠)勸進焉。」			
8	王殷	後周	後周廣順三年(953),詔留殷充京城內外巡檢。《冊府元龜》卷8,頁3335。《資治通鑑》卷291,〈後周‧廣順三年〉,頁9497。	X	後周廣順三年(953),充京城內外巡檢。引《資治通鑑》卷291。	
9	王景	後晉	天福六年(941)(937-943),留爲京城巡檢使。開運二年(945),晉州巡檢使。《宋史》卷252,〈王景傳〉,頁8845。	原爲梁將,先降後唐莊宗,再降後晉。(不確定叛降時職位)	1.開運二年(945),晉州巡檢使。引《宋史》,〈王景傳〉。2.天福六年(941)(937-943),留爲京城巡檢使。引《宋史》,〈王景傳〉。	高祖時
10	王景崇	後漢	乾祐元年(948)二月,鳳翔巡檢使。《舊五代史》卷101,〈漢書‧隱帝本紀〉,頁1344。《冊府元龜》卷360,頁27下。《新五代史》卷10,〈漢書‧隱帝本紀〉,頁103。《新五代史》卷53,〈雜傳‧王景崇〉,頁604。《資治通鑑》卷287,〈後漢‧乾祐元年〉,頁9383。《十國春秋》卷49,頁716。《舊五代史新輯會證》,頁3308。	任鳳翔巡檢使,叛後漢附李守貞。	1.天福十二年(947),兼鳳翔巡檢使。引《新五代史》,〈王景崇傳〉。2.後漢高祖時,兼鳳翔巡檢使。引《資治通鑑》卷287。	
11	王萬敢	後周	1.廣順元年(951)十月,晉州巡檢。《舊五代史》卷112,〈周書‧太祖本紀〉,頁1478。	X	廣順元年(951)十月,晉州巡檢。引《舊五代	

			《資治通鑑》卷290，〈後周‧廣順元年〉，頁9466。 《冊府元龜》卷128，頁38上。 《冊府元龜》卷400，頁31下。 2.乾祐四年(951)十月，遼遣蕭伊濟率兵五萬，會漢帝帥兵二萬攻晉州，周巡檢使王萬敢拒之。 《十國春秋》卷104，頁1478。		史》，〈後周‧太祖本紀〉、《資治通鑑》卷290。
12	王審琦	後周	顯德三年(956)，及攻楚州，爲南面巡檢。 《宋史》卷250，〈王審琦傳〉，頁8815。	X	
13	王繼勳	後周	廣順初(951)之後，充晉、磁、隰等州緣邊巡檢。 《宋史》卷274，〈王繼勳傳〉，頁9353。	1.李守貞叛後漢，王繼勳在其麾下，但不確定職稱。 2.王繼勳叛李守貞投後周，廣順被命充晉、磁、隰等州緣邊巡檢。	廣順初(951)，晉、磁、隰等州緣邊巡檢。引《宋史》，〈王繼勳傳〉。
14	司超	後周	1.顯德三年(956)，廬壽巡檢使。 《舊五代史》卷116，〈周書‧世宗本紀〉，頁1541。 《宋史》卷272，〈司超傳〉，頁9319。 《資治通鑑》卷292，〈後周‧顯德三年〉，頁9537。 《十國春秋》卷16，頁224，正文。 2.天福十二年(947)，宋、宿、亳三州游奕巡檢使。	X	1.天福十二年(947)，宋、宿、亳三州游奕巡檢使。引《宋史》，〈司超傳〉。 2.顯德三年(956)，廬、壽、光、黃等州巡檢使。引《宋史》，〈司超傳〉、《資治

			《宋史》卷272，〈司超傳〉，頁9319。		通鑑》卷292。	
15	史弘肇	後漢	1.乾祐初(948)之後，總禁兵，兼京城巡檢。《舊五代史》卷107，〈漢書·史弘肇傳〉，頁1408。《宋史》卷257，〈李崇矩傳〉，頁8952。 2.《舊五代史新輯會證》，頁3237	X	乾祐初(948)，京城巡檢。引《宋史》，〈李崇矩傳〉。	
16	史常思	後漢	天福十二年(947)夏四月己未，三城巡檢使《舊五代史新輯會證》，頁3058。	X		
17	田武	後唐	天成二年(927)，襄州都巡檢使。《舊五代史》卷90，〈晉書·田武傳〉，頁1192。	X	天成二年(927)，襄州都巡檢使。引《舊五代史》，〈田武傳〉。	
18	申彥瑭 ◎後蜀		1.左界巡檢使《十國春秋》卷49，頁728。 2.廣政二十一年(958)，昌州獠反，殺巡檢使趙漢瓊等，於是左界巡檢使申彥瑭討平之。《蜀檮杌校箋》附錄《錦里耆舊傳》卷3，頁524。	X		
19	白廷誨		巡檢《舊五代史新輯會證》，頁3819，《周書》十五，引《洛陽縉紳舊聞記》卷3，〈白萬州遇劍客〉。	X		
20	白延遇		巡檢使《舊五代史新輯會證》，頁3821，《周書》十五，引《潛研堂金石文跋尾》卷11。	X		
21	白進福	後周	沿淮巡檢。	X		

			《冊府元龜》卷949，頁24下。			
22	向拱	後周	廣順中(951)之後，平賊後命爲陝州巡檢。《宋史》卷255，〈向拱傳〉，頁8908。	X	廣順中(951)之後，陝州巡檢。引《宋史》，〈向拱傳〉。	
23	安重榮	後晉	1.清泰三年(936)，西北界巡檢使。《舊五代史》卷49，〈唐書・末帝本紀〉，頁661。《舊五代史新輯會證》，頁1623。2.天福元年(936)，振武西北巡檢使安重榮戍代北。《資治通鑑》卷280，〈後晉・天福元年〉，頁9144。3.鄭州巡檢。《冊府元龜》卷413，頁4918上。	曾任振武西北巡檢使，後天福年間，安重榮領後晉成德軍，叛。	1.天福元年(936)，振武西北巡檢使，引《資治通鑑》卷280。2.清泰三年(936)，西北界巡檢使。引《舊五代史》，〈唐書・末帝本紀〉。	《新五代史》重榮本傳稱「振武巡邊指揮使」，與舊五代史、通鑑所指應爲同一職任。
24	安從進	後梁	後梁應順元年(934)三月，京城巡檢。《舊五代史》卷45，〈唐書・閔帝本紀〉，頁62。《舊五代史》卷45，〈唐書・閔帝本紀〉，頁620。《舊五代史》卷92，〈晉書・盧導傳〉，頁1221。《新五代史》卷7，〈唐・閔帝本紀〉，頁70。《新五代史》卷51，〈雜傳・安從進〉頁586。《新五代史》卷51，〈雜傳・盧導〉頁623。《資治通鑑》卷279，〈後唐・清泰元年〉，頁9111。《冊府元龜》卷551，頁25上。《舊五代史新輯會證》，	1.清泰元年安從進任京城巡檢，暗中爲潞王謀反內應。2.後晉天福六年，任山南東道節度使(另有作「襄州節度使」)，反，安重榮附之。七年舉族自焚，未叛降他國。	清泰元年(934)，京城巡檢。引《資治通鑑》卷279。	

		頁1508，正文，引《資治通鑑》卷279。《舊五代史新輯會證》，頁2847，正文。			
25	成德欽	後漢	乾祐二年(949)，徐州巡檢使。《舊五代史》卷102，〈漢書·隱帝本紀〉，頁1359。《舊五代史新輯會證》，頁3140，正文。	X	乾祐二年(949)，徐州巡檢使。引《舊五代史》，〈後漢·隱帝本紀〉。
26	朱匡業	◎南唐	陸游，《南唐書》卷8：「周侵淮南，中外震駭。盜投罅多竊，發以匡業爲內外巡檢使，嚴而無私。」	X	
27	朱守殷	後唐	同光二年(924)，巡檢校京師。《新五代史》卷51，〈雜傳·朱守殷〉，頁573。	後唐天成二年，任汴州節度使，反。(此前僚屬即勸朱守殷反，拒守城，故有絳霄殿之禍，莊宗身死。)	中研院電子版新五代史亦作「巡檢校」，四庫版新五代史爲「巡檢」，此處宜從四庫。
28	竹奉璘	後漢	顯德元年(954)，宋州巡檢供奉官。《舊五代史》卷114，〈周書·世宗本紀〉，頁1520。《冊府元龜》卷154，頁20上。《容齋隨筆·三筆》卷9，〈周世宗好殺〉，頁523。《文獻通考》卷166，頁1443-3。	X	顯德元年(954)，宋州巡檢。引《舊五代史》卷114，〈周書·世宗本紀〉。

			《舊五代史新輯會證》，頁3542，《周書》五，正文。			
29	何宗壽	後梁	後梁(907-923)，(充)東北面巡檢。《修武金石志》，〈保安寺石幢〉。	X	後梁時(907-923)，(充)東北面巡檢，引《修武金石志》，〈保安寺石幢〉。	資料蒐集中無此項。
30	何超	後周	顯德三年(956)，光、舒、黃招安巡檢使。《資治通鑑》卷293，〈後周‧顯德三年〉，頁9546。	X	顯德三年(956)，光、舒、黃招安巡檢使。引《資治通鑑》卷293。	
31	吳廷祚	後周	顯德元年(954)，北面都巡檢使。《宋史》卷257，〈吳廷祚傳〉，頁8947。	X	後周世宗時，北面都巡檢使。引《宋史》，〈吳廷祚傳〉。	
32	吳密	後晉	天福九年(944)正月，(耶律)德光自河間率諸部兵入犯甘陵，陷之，巡檢使吳密投井而死。《五代會要》卷29，頁460。	X		
33	宋廷浩	後晉	1.天福二年(937)，巡檢使。《舊五代史》卷76，〈晉書‧高祖本紀〉，頁1003。《新五代史》卷8，〈晉‧高祖本紀〉，頁81。《資治通鑑》卷281，〈後晉‧天福二年〉，頁9176。2.汜水關巡檢使《冊府元龜》卷425，頁5065上。《舊五代史新輯會證》，頁2328，引《冊府元龜》卷425。	X		
34	宋偓	後周	顯德三年(956)，於壽州	X		

			四面巡檢。 《宋史》卷 255，〈宋 偓〉，頁8906。			
35	李廷珪	◎後蜀	廣政十七年(954)，蜀成 都巡檢使。後改遂州武信 軍節度，領本鎮及保寧軍 都巡檢使。 《宋史》卷479，〈世家· 西蜀孟氏·李廷珪〉，頁 13890。 《宋史》卷479，〈世家· 西蜀孟氏·孟昶〉，頁 13881。 《十國春秋》卷55，頁 805，正文。	X	成都巡檢 使，《十國春 秋》卷55，〈 李廷珪傳〉。	
36	李承約	後晉	開平元年(907)之前即 任，山後八軍巡檢使。 《資治通鑑》卷266，〈後 梁·開平元年〉，頁 8672。 《舊五代史》卷90，〈晉 書·李承約傳〉，頁1188。 《新五代史》卷47，〈雜 傳·李承約〉，頁257。 《通鑑釋文辨誤》卷12， 頁172。 《冊府元龜》卷766，頁 27上。 《舊五代史新輯會證》， 頁2778，正文。	1.以山後八 軍巡檢使， 降晉王河東 節度使李克 用，任為匡 霸指揮使。 2.叛歸晉燕 (原劉仁恭 屬)，將降 李克用，任 為匡霸指揮 使。山後八 軍巡檢使， 為燕備契丹 與河東(李 克用)，故 於盧龍節度 使下置八 軍。	開平元年 (907)，山後 八軍巡檢 使。引《資 治通鑑》卷 266、《舊五 代史》，〈李 承約傳〉、 《新五代 史》，〈李承 約傳〉。	
37	李金全	後晉 ◎吳	天福二年(937)七月，晉 帝遣右領軍上將軍李金 全，將千騎如安州巡檢。 《舊五代史新輯會證》， 頁2332；引《資治通鑑》 卷281。	1.天福五 年，任安州 節度使，叛 附於吳。 (《舊五代 史》卷79， 〈後晉·高		

				祖本紀〉，頁1040。) 2.由後晉降南唐 李金全至金陵，唐主待之甚薄。(《資治通鑑》卷282，頁9216。)		
38	李彥超	後唐	天成元年(926)，北都巡檢。 《資治通鑑》卷277，〈後唐‧長興三年〉，頁9072。	X	天成元年(926)，北都巡檢。引《資治通鑑》卷277。	
39	李彥頵	後周	顯德三年至五年(956-958)，西京水南巡檢使。 《舊五代史》卷129，〈周書‧李彥頵傳〉，頁1700。 《舊五代史新輯會證》，頁3956，《周書》二十，正文。	X	後周世宗時，西京水南巡檢使。引《舊五代史》，〈李彥頵傳〉。	
40	李途	後唐	巡檢諸陵使。 《舊五代史新輯會證》，頁940，引《冊府元龜》卷174。	X		
41	李嗣肱	後唐	天祐五年(908)，三城巡檢。 《舊五代史》卷50，〈唐書‧李克修子嗣肱〉，頁638。 《冊府元龜》卷414，頁32下。(天祐七年)	X	天祐五年(908)，三城巡檢。引《舊五代史》，〈李嗣肱〉。	
42	李暉	後漢	天福十二年(947)，大內巡檢。 《舊五代史》卷100，〈漢書‧高祖本紀〉，頁1331。 《舊五代史新輯會證》，	X	天福十二年(947)，大內巡檢。引《舊五代史》，〈漢書‧	

			頁3066，正文。		高祖本紀〉。	
43	李筠	後漢後周	乾祐三年(948)郭威起兵之前，北面緣邊巡檢。《宋史》卷484，〈李筠傳〉，頁13971。	1.宋興（建隆元年），任昭義節度使，以潞州叛命，遣其將劉繼沖、判官孫孚奉表稱臣。2.原為郭威部屬（後漢？），郭威叛後，從之。		
44	李謙溥	後周	1.顯德五年(958)，巡檢使李謙溥以州兵拒之而退。《舊五代史》卷118，〈周書·世宗本紀〉，頁1568。《舊五代史新輯會證》，頁3673，《周書》九，正文。2.顯德六至七年(959-960)，澶州巡檢使。《宋史》卷273，〈李謙溥傳〉，頁9337。	X	1.顯德六至七年(959-960)，澶州巡檢使。引《宋史》，〈李謙溥傳〉。(劉琴麗文作李謙「浦」。)2.後周世宗時，隰州巡檢使。引《舊五代史》，〈周書·世宗本紀〉。	舊五代史僅稱隰州關守，謙溥暫代之，未稱即隰州巡檢。另通鑑稱謙溥以都監、閤廳使權州事，未及巡檢使。
45	李存進	後唐	部屬巡檢使。《舊五代史新輯會證》，頁1739，引《全唐文》卷840，〈後唐招討使李存進墓碑〉。	X		
46	李懷忠	後晉	東京巡檢使。《舊五代史新輯會證》，頁2551，引《冊府元龜》卷118。	X		
47	李繼忠	後晉	安義軍都巡檢使。《舊五代史》卷91，〈晉	X	莊宗(923-926)間，安	

			書・李繼忠傳〉，頁1205。《舊五代史新輯會證》，頁2820，正文。		義軍都巡檢使。引《舊五代史》，〈李繼忠傳〉。	
48	李繼達	後唐	同光元年(923)，潞州軍城巡檢。《舊五代史》卷52，〈唐書・李嗣昭子繼韜〉，頁707。《資治通鑑》卷272，〈後唐・同光元年〉，頁8980。《舊五代史新輯會證》，頁1717，正文。	唐莊宗時。李繼韜之弟，李嗣昭之子。	後唐莊宗時(923-926)，(安義軍)軍城巡檢。引《舊五代史》，〈李繼韜傳〉。	舊五代史載昭義軍留後李繼遠誅死後，弟繼儔權知軍州事，繼達充軍城巡檢。其地當為潞州。故此處稱潞州巡檢使。
49	周密	後晉	東京巡檢使。《冊府元龜》卷118，頁6上。	X		
50	周鄴	◎南唐	陳起為黃梅令，有妖人諸佑挾左道誑眾，不服縣令。陳起告巡檢使周鄴，出兵捕佑，獲之。陸游，《南唐書》卷14。《十國春秋》卷23，頁328，正文。	X		
51	孟仁贄	◎後蜀 宋	西京都巡檢使。《十國春秋》卷50，頁748，正文。	後蜀高祖孟知祥之子。入宋後被封為巡檢使。	西京都巡檢使，《十國春秋》卷50，〈孟仁贄傳〉。	
52	侯益	後唐 契丹	應順初(934)，西面行營都巡檢使。《宋史》卷254，〈侯益傳〉，頁8880。《十國春秋》卷53，頁	1. 契丹入汴，益率僚屬歸京師，詣契丹主，自陳不預北	西面行營都巡檢使。引《宋史》，〈侯益傳〉。	

			788，正文。	伐之謀，契丹授以鳳翔節度。 2.後漢乾祐三年郭威反，時任開封府尹，叛降郭威。 3.《宋史》卷254，〈侯益傳〉：「論曰：『侯益在晉、漢時，數爲反覆，觀其受命契丹，私交僞蜀，赤岡之戰，復夜謁周祖。』」		
53	侯章	後漢 後晉	1.陶副車求薦，見其忌令上馬，推趙暉爲首，侯章、王晏爲都巡檢，差陶公與趙暉之子延進同齎表奏，漢祖(劉知遠)勸進焉。 《舊五代史》卷99，作「漢倫」，頁1325。 《洛陽縉紳舊聞記》卷1。 2.開運末(946)，三城巡檢使。 《宋史》卷252，〈侯章傳〉，頁8858。 3.天福十二年(947)，內外巡檢使。 《舊五代史》卷99，〈漢書·高祖本紀〉，頁1324。 《舊五代史新輯會證》，頁3053，引《宋史》卷252，〈王晏傳〉。	X	開運末(946)，三城巡檢使。引《宋史》，〈侯章傳〉。	

54	姚內斌	契丹 後周	1.顯德六年(959)之前任，關西巡檢。《宋史》卷273，〈姚內斌傳〉，頁9341。2.巡檢使。《舊五代史新輯會證》，頁3730，《周書》十，正文；引《冊府元龜》卷167。	1.顯德六年，後周世宗柴榮至瓦橋關，契丹關西巡檢、瓦橋關使姚內斌以城降，世宗受汝州刺史。2.契丹將降後周。		
55	姚嗣駢	◎南唐	差充上淮巡檢都部署，克修邊備。《全唐文補遺》第七輯，〈姚嗣駢墓誌〉，頁192。	X		
56	沈行思	◎吳越	吳越錢鏐巡湖州，留沈行思爲巡檢使。《資治通鑑》卷267，頁26下。	X		
57	段凝	後梁 後唐	開平三年(909)，左軍巡使兼水北巡檢使。《舊五代史》卷73，〈唐書・段凝傳〉，頁962。《舊五代史新輯會證》，頁2228，正文。	任梁（鄭州?)（北面副）招討使，莊宗自鄆趨汴（時梁已亡），段凝率精兵五萬降唐。	開平三年(909)，水北巡檢使。引《舊五代史》，〈段凝傳〉。	
58	皇甫紹傑	南唐	開寶六年(973)前後，巡檢。《宋史》卷478，〈世家・南唐・皇甫繼勳傳〉，頁13869。	X		
59	耶律和卓	契丹	保寧初(969)以宋師屢梗南邊，拜涿州刺史西南兵馬督監招安巡檢等使。《遼史》卷86，列傳16。	X		
60	唐景思	後漢 契丹	乾祐中(948-950)，沿淮巡檢使。《舊五代史》卷124，〈周書・唐景思傳〉，頁1636。	1.後唐莊宗同光三年，以蜀故(固)鎮屯駐指揮使降。	乾祐中(948-950)，沿淮巡檢使。引《舊五代史》，〈唐景	

			《新五代史》卷49，〈雜傳・唐景思〉，頁557。《冊府元龜》卷871，頁19上。《舊五代史新輯會證》，頁3823，《周書》十五，正文。	2.開運末，契丹據中原（被俘虜後任官），以唐景思爲亳州防禦使。	思傳〉。
61	孫方簡	後晉契丹	定州東西面都巡檢。《舊五代史新輯會證》，頁2605，引《冊府元龜》卷118。	晉少帝開運三年，狼山招收指揮使孫方簡叛，據狼山(定州)歸契丹。	
62	孫鐸	後唐	同光四年(926)，鄴都巡檢使。《冊府元龜》卷452，頁28下。《舊五代史》卷34，〈唐書・莊宗本紀〉，頁469。《新五代史》卷37，〈伶官傳・史彥瓊〉，頁401。《資治通鑑》卷274，〈後唐・天成元年〉，頁8959。《舊五代史新輯會證》，頁982，正文。	X	同光四年(926)，鄴都巡檢使。引《新五代史》，〈史彥瓊傳〉。
63	柴克宏	後周	顯德三年(956)，宣州巡檢使。《資治通鑑》卷293，〈後周・顯德三年〉，頁9551。馬令，《南唐書》卷11。陸游，《南唐書》卷6，頁311。	X	
64	柴貴	後周	顯德三年(956)，京城右廂巡檢使。《宋史》卷250，〈張令鐸傳〉，頁8826。	X	顯德三年(956)，京城右廂巡檢使。引《宋史》，〈張令鐸傳〉。
65	柴進	後周	巡檢使。《舊五代史新輯會證》，頁3469，引《冊府元龜》	X	

			卷160，頁24下。《全唐文》卷11，〈拾遺・榜諭宋州文〉，頁10483-1。			
66	荊罕儒	後周	顯德三年(956)，舒、蘄二州招安巡檢使。《宋史》卷272，〈荊罕儒傳〉，頁9309。	X	顯德三年(956)，(兼)舒、蘄二州招安巡檢使。引《宋史》，〈荊罕儒傳〉。	
67	袁建豐	後唐	1.天祐十三年(916)，魏州都巡檢使。《舊五代史》卷28，〈唐書・莊宗本紀〉，頁388。《資治通鑑》卷269，〈後梁・貞明二年〉，頁8802。 2.同光年間(923-925)，魏府都巡檢使。《舊五代史》卷61，〈唐書・袁建豐傳〉，頁822。《舊五代史新輯會證》，頁1945，正文。	X	貞明二年(916)，魏州都巡檢使。引《舊五代史》，〈袁建豐傳〉、《資治通鑑》卷269。	舊五代史稱莊宗入鄴，以心腹幹能，選爲魏州都巡檢使，莊宗入鄴在天祐十二年，建豐當於此時任魏州都巡檢使。另莊宗本紀僅稱「以袁建豐爲相州刺史」。
68	郝光庭	後周	杖死供奉官郝光庭於府門。以其在葉縣巡檢日，挾私斷殺平人故也。《冊府元龜》卷154，頁20上。	X		
69	馬令琮	後晉	1.天福十二年(947)，西京	X	1.天福十二	按：即

			巡檢使。《宋史》卷271，〈馬令琮傳〉，頁9283。 2.廣順元年(951)，京城四門外巡檢。《宋史》卷271，〈馬令琮傳〉，頁9283。		年(947)，西京巡檢使。引《宋史》，〈馬令琮傳〉。 2.天福十二年(947)，京城四門外巡檢。引《宋史》，〈馬令琮傳〉。	馬令威，避周祖諱改名令琮。
70	馬彥勍	後周	廣順元年(951)，考城縣巡檢。《舊五代史》卷111，〈周書·太祖本紀〉，頁1472。《冊府元龜》卷154，頁18下。《舊五代史新輯會證》，頁3378，正文。	X		
71	馬鐸	後漢	乾祐三年(950)，許州巡檢。《舊五代史》卷103，〈漢書·隱帝本紀〉頁1376。《舊五代史》卷105，〈宗室列傳·蔡王信〉，頁1386。《資治通鑑》卷289，〈後漢·乾祐三年〉，頁9448。《舊五代史新輯會證》，頁3191，正文。	X	乾祐三年(950)，許州巡檢。引《舊五代史》，〈後漢·隱帝本紀〉。	
72	高彥儔	◎後蜀	1.廣政二十二年(959)，夔州寧江軍都巡檢制置招討使。《宋史》卷479，〈世家·西蜀·高彥儔〉，頁13887。《十國春秋》卷54，頁800，正文。 2.顯德五年(958)，峽路巡檢制置使。《資治通鑑》卷294，	X	顯德五年(958)，峽路巡檢制置使。引《資治通鑑》卷294。	

			〈後周・顯德五年〉，頁9590。		
73	高模翰	契丹	一名松，渤海人。晉叛，契丹出師南伐，模翰為該軍副使……，入汴為汴州巡檢使。《遼史》卷76列傳6。	X	
74	常思	後晉	天福十二年(947)，三城巡檢使。《舊五代史》卷99，〈漢書・高祖本紀〉，頁1326。	X	天福十二年(947)，三城巡檢使。引《舊五代史》，〈漢書・高祖本紀〉。
75	張令彬	後周	廣順二年(952)，徐州巡檢。《舊五代史》卷112，〈周書・太祖本紀〉，頁1479。《資治通鑑》卷290，〈後周・廣順二年〉，頁9473。《舊五代史新輯會證》，頁3401，正文。	X	1.廣順二年(952)，徐州巡檢。引《舊五代史》，〈後周・太祖本紀〉。2.廣順元年(951)，徐州巡檢供給官。引《舊五代史》，〈後周・太祖本紀〉。
76	張令鐸	後周	顯德三年(956)，京城左廂巡檢使。《宋史》卷250，〈張令鐸傳〉，頁8826。	X	顯德三年(956)，京城左廂巡檢使。引《宋史》，〈張令鐸傳〉。
77	張廷蘊	後唐	同光初(923-925)，魏博三城巡檢使。《舊五代史》卷94，〈晉書・張廷蘊傳〉，頁1246。《冊府元龜》卷401，頁24下。《新五代史》卷47，〈雜	《舊五代史》稱唐天復中以宣武軍伍長，投太原，「武皇收於帳下為小校」，武皇殆指後	同光初(923-925)，魏博三城巡檢使。引《舊五代史》，〈張廷蘊傳〉。

			傳・張廷蘊〉，頁530。《舊五代史新輯會證》，頁2896，正文。	唐太祖李克用，克用時尚隸唐，廷蘊未可謂叛。	
78	張延播	後晉	天福二年(937)，洛京都巡檢使。《舊五代史》卷76，〈晉書・高祖本紀〉，頁1003。《舊五代史》卷97，〈晉書・張延播傳〉，頁1289。《資治通鑑》卷281，〈後晉・天福二年〉，頁9175。《舊五代史新輯會證》，頁2327、2981，正文。	張從賓叛晉，從賓任張延播爲知河南府事(叛晉)，從賓敗，張延播伏誅。	天福元年至二年(936-937)，洛京都巡檢使。引《舊五代史》，〈張延播傳〉。	
79	張彥超	後周	顯德三年(956)，於壽州四面巡檢。《宋史》卷255，〈宋偓傳〉，頁8906。	1. 本沙陀人，嘗爲後唐明宗養子。天成中，擢授蔚州刺史。與石敬瑭有隙，(長興三年？)聞敬瑭爲總管，屬其總戎於太原，遂舉其城投於契丹，即以爲雲州節度使。 2. 乾祐三年，郭威領軍攻封丘，張彥超在守將之列，敗後棄漢隱帝而去，「諸軍奪氣，稍稍	

				奔於北軍，」吳虔裕、張彥超等相繼而去。（《舊五代史‧周書》作「相繼見帝（郭威）」）	
80	張思鈞	後周	廣順初(951-953)，南北兩關巡檢。《宋史》卷280，〈張思鈞傳〉，頁8906。	X	代州南北兩關巡檢，《山西通志》卷75。惟山西通志誤植爲「思均」。
81	張美	後周	顯德四年(957)，大內都巡檢。《舊五代史》卷117，〈周書‧世宗本紀〉，頁1556。《資治通鑑》卷293，〈後周‧顯德四年〉，頁9564。《舊五代史新輯會證》，頁3635，《周書》八，正文。	X	顯德四年(957)，大內都巡檢。引《資治通鑑》卷293、《舊五代史》，〈周書‧世宗本紀〉。
82	張從賓	後晉	天福二年(937)，東都(洛都)巡檢使。《舊五代史》卷76，〈晉書‧高祖本紀〉，頁1003。《新五代史》卷8，〈晉‧高祖本紀〉，頁81。《資治通鑑》卷281，〈後晉‧天福二年〉，頁9172。《舊五代史》卷87，〈晉書‧宗室列傳‧後王重乂〉，頁1140。《舊五代史新輯會證》，頁2309，《資治通鑑》卷281。	張從賓叛晉。（《舊五代史》卷76，〈後晉高祖本紀〉，頁1003。）	天福二年(937)，東都巡檢使。引《資治通鑑》卷281、《舊五代史》，〈晉書‧宗室列傳‧後王重乂〉。2.後晉高祖時，東都巡檢使。引《舊五代史》，〈晉書‧宗室列傳‧後

			《舊五代史新輯會證》，頁2327，正文。《舊五代史新輯會證》，頁2681，正文。《舊五代史新輯會證》，頁2980，正文。		王重乂）。
83	張暉	後漢後周	1.乾祐初(948)，緣漢都巡檢使。《宋史》卷272，〈張暉傳〉，頁9318。2.建隆二年(961)，緣邊巡檢壕砦橋道使。《宋史》卷272，〈張暉傳〉，頁9319。	漢祖入汴，暉迎於滎陽，授懷州刺史。	乾祐初(948)，緣漢都巡檢使。引《宋史》，〈張暉傳〉。	北漢劉崇之心腹亦名張暉，據舊五代史，已斬於顯德元年。
84	張凝	後周	赴鄆州巡檢。《舊五代史新輯會證》，頁3397，引《資治通鑑》卷290。	X		
85	張勳	後周	顯德二年(955)，申州緣淮巡檢。後監光州軍，充內外巡檢。《宋史》卷271，〈張勳傳〉，頁9228-9229。	X	後周世宗時，申州緣淮巡檢。引《宋史》，〈張勳傳〉。	
86	張藏英	後周契丹	1.廣順三年(953)之前，關南都巡檢使。《宋史》卷271，〈張藏英傳〉，頁9290。2.顯德二年(955)，沿邊巡檢招收都指揮使。《資治通鑑》卷292，〈後周‧顯德二年〉，頁9523。	廣順三年之前曾任關南都巡檢使，後任契丹盧臺軍使兼榷鹽制置使，(知盧臺軍事)領坊州刺史；廣順三年投周，以本軍兵士及職員、戶人孳畜七千頭口歸化(牛馬萬計，舟數百艘，航海歸周)。	1.廣順三年(953)之前，關南都巡檢使。引《宋史》，〈張藏英傳〉。2.顯德二年(955)，沿邊巡檢招收都指揮使。引《資治通鑑》卷292。	

87	梁進	後晉	開運元年(944)，沿河巡檢使。 《新五代史》卷9，〈晉‧出帝本紀〉，頁93。 《資治通鑑》卷284，〈後晉‧開運元年〉，頁9270。 《舊五代史新輯會證》，頁2563，引《資治通鑑》卷284。	X	開運元年(944)，沿河巡檢使。引《資治通鑑》卷284。	
88	符彥超	後唐	同光末(925)，北京巡檢。 《舊五代史》卷56，〈唐書‧符存審子彥超〉，頁759。 《冊府元龜》卷423，頁22下。 《新五代史》卷25，〈唐臣傳‧符存審子彥超〉，頁265。 《新五代史》卷28，〈唐臣傳‧張憲〉，頁265。 《舊五代史新輯會證》，頁1823，正文。 《舊五代史新輯會證》，頁1824，引《冊府元龜》卷423。	X	同光末(925)，北京巡檢。引《新五代史》，〈符彥超傳〉。	
89	許光大	◎南唐	沿海都巡檢。 《十國春秋》卷29，頁423，正文。	X		
90	郭用	◎吳越	1.巡檢。 《十國春秋》卷84，頁1225，正文。 2.淮人圍姑蘇，常熟鎮將陸郢、巡檢郭用與其黨趙邯出城應寇。 《吳越備史》卷2。	X		一作郭周
91	郭廷謂	◎南唐	保大十五年(957)，上淮巡檢應援兵馬都監。 《冊府元龜》卷118，頁26下。	顯德四年十二月，任南唐濠州團練使，降後周		

			《宋史》卷271，〈郭廷謂傳〉，頁9296。 《十國春秋》卷30，頁428，正文。	世宗，授亳州防禦使。	
92	郭金海	◎突厥人 (後晉)	天福二年(937)，領部兵巡檢東京。 《舊五代史》卷94，〈晉書·郭金海傳〉，頁1248。 《舊五代史新輯會證》，頁2900，正文。	X	
93	郭崇	後周	1.廣順元年(951)，天雄軍都巡檢使。 《宋史》卷255，〈郭崇傳〉，頁8901。 2.廣順初(951)，在京城都巡檢。 《資治通鑑》卷291，〈後周·廣順二年〉，頁9477。 《宋史》卷255，〈郭崇傳〉，頁8902(京城都巡檢使)。 《舊五代史新輯會證》，頁3410，引《冊府元龜》卷118。	X	1.廣順二年(952)，在京城都巡檢。引《資治通鑑》卷291。 2.後漢高祖時(947-948)，兼天雄軍都巡檢使。引《宋史》，〈郭崇傳〉。	
94	陳文顯	◎閩	四州都巡檢使(宋廷任命青齊廬壽西京水南北陝州四州都巡檢使)。 《十國春秋》卷93，頁1353，正文。	陳文顯原屬閩，閩降宋，文顯亦歸宋。後文爲「文顯與諸弟不睦，咸平初爲言者所劾，詔誡諭之，以疾改通許鎮都監，卒。」顯示未必赴任，其父子兄弟皆在閩地任職。	

95	陳思讓	後周	1.廣順元年(951)，潞州巡檢使。《舊五代史》卷112，〈周書・太祖本紀〉，1477。《資治通鑑》卷290，〈後周・廣順元年〉，頁9465。《宋史》卷255，〈向拱傳〉，頁8908。《十國春秋》卷104，頁1478，正文。《舊五代史新輯會證》，頁3392，正文。2.廣順元年(951)，北面兵馬巡檢。《宋史》卷261，〈陳思讓傳〉，頁9030。	X	1.廣順元年(951)，潞州巡檢使。引《資治通鑑》卷290。2.後周太祖時(951-953)，(充)北面兵馬巡檢。引《宋史》，〈陳思讓傳〉。	
96	喬守溫	後漢	1.乾祐二年(949)，巡檢京兆。《舊五代史》卷102，〈漢書・隱帝本紀〉，頁1357。《舊五代史新輯會證》，頁3147，正文。《舊五代史新輯會證》，頁3304，正文。2.乾祐二年(949)，永興巡檢使。《舊五代史》卷109，〈漢書・趙思綰傳〉，頁1442。《新五代史》卷10，〈漢・隱帝本紀〉，頁105。《資治通鑑》卷288，〈後漢・乾祐元年〉，頁9388。	X	乾祐二年(949)，永興巡檢使。引《新五代史》，〈漢・隱帝本紀〉。	
97	喬謹	後唐	(都)副巡檢。《全唐文》卷116，〈晉高祖・招安魏府詔文〉，頁1180-1。	X		
98	彭彥暉◎楚		廣順元年(951)，桂州都監在城外內巡檢使。《資治通鑑》卷290，〈後	X		

			周·廣順元年〉，頁9468。 《十國春秋》卷71，頁989，正文。		
99	渾公兒	後唐	天成三年(928)，巡檢軍使。 《舊五代史》卷39，〈唐書·明宗本紀〉，頁533。 《冊府元龜》卷151，頁265下。 《容齋隨筆·容齋三筆》卷7，〈五代濫刑〉，頁499。	X	
100	焦繼勳	後晉	天福元年(947)，京城右廂巡檢使。 《宋史》卷261，〈焦繼勳傳〉，頁9042。	乾祐三年，郭威領軍至封丘，後漢軍敗，將領「侯益、焦繼勳潛奔鄴軍(郭威軍隊)」。	天福元年(947)，京城右廂巡檢使。引《宋史》，〈焦繼勳傳〉。
101	黃延謙	◎南唐	建隆二年(961)七月，李煜即位。八月，以南郊巡檢使黃延謙爲武清軍節度使留後。 馬令，《南唐書》卷5。	X	南郊巡檢使，引《十國春秋》卷17，〈南唐·後主本紀〉。
102	楊廷璋	後周	1.廣順二年(952)，徐州巡檢。 《舊五代史》卷112，〈周書·太祖本紀〉，頁8903。 2.河陽巡檢。 《宋史》卷255，〈楊廷璋傳〉，頁8904。	X	1.廣順二年(952)，徐州巡檢。引《宋史》，〈楊廷璋傳〉。 2.周太祖時(951-954)，河陽巡檢。引《宋史》，〈楊廷璋傳〉。
103	楊璘	後周	巡檢使。 《舊五代史新輯會證》，頁3673，《周書》九，正文；引《冊府元龜》卷435。	X	後周世宗顯德五年(958)，西山巡簡(檢)使，《冊府元龜》，	此條資料蒐集無。

					〈將帥部‧獻捷二〉。	
104	葛知友	契丹	巡檢指揮使。《舊五代史新輯會證》，頁3473，引《冊府元龜》卷977。	X		契丹降投後周
105	靳漢晃	北漢	顯德六年(959)，巡檢使。《宋史》卷255，〈楊廷璋〉，頁8904。	X		靳漢晃降後周
106	翟守素	後周	顯德四年(957)收淮南後，任蘄州兵馬監押兼沿江巡檢。《全宋文》卷156，王禹偁，〈故商州團練使翟公墓誌銘(並序)〉，頁557。	X		《小畜集》卷29(墓誌銘)
107	趙廷隱	◎孟蜀	長興三年(930)，東川巡檢。《資治通鑑》卷277，〈後唐‧長興三年〉，頁9072。《十國春秋》卷48，頁696，正文。	X		
108	趙季文	◎後蜀	廣政十九年(956)，戎瀘州獠賊羅駐雍反，左街都巡檢使趙季文討降之。《蜀檮杌校箋》附錄《錦里耆舊傳》卷3，頁524。	X		
109	趙思溫	後唐 契丹	北面沿邊巡檢都指揮使。《舊五代史新輯會證》，頁4278，《契丹》，正文；引《大事記續編》卷7。		天福元年，契丹得幽州，命曰南京，以唐降將趙思溫爲留守。	
110	趙進	後唐	同光四年(926)，三城巡檢使。《舊五代史》卷34，〈唐書‧莊宗本紀〉，頁469。《舊五代史新輯會證》，頁983，引《九國志》卷7，〈趙進傳〉。		同光四年(926)，三城巡檢使。引《舊五代史》，〈唐書‧莊宗本紀〉館臣按語引《九國志‧趙進傳》。	叛者

111	趙漢瓊	◎後蜀	廣政二十一年(958)，昌州獠反，殺巡檢使趙漢瓊。 《十國春秋》卷49，頁728，正文。 《蜀檮杌校箋》附錄《錦里耆舊傳》卷3，頁524。	X		
112	趙鳳	後唐 後梁 契丹 後漢	廣順初(951)，宋、亳、宿三州巡檢使。 《舊五代史》卷129，〈周書·趙鳳傳〉，頁1704。 《舊五代史新輯會證》，頁3912，《周書》二十，正文。 《舊五代史新輯會證》，頁3967，《周書》二十，正文；引《千唐誌齋藏誌》，〈趙公墓誌銘並序〉。	依契丹，又降後漢劉知遠。(晉末，契丹入洛，鳳從至東京，授宿州防禦使。漢祖即位，受代歸闕，尋授河陽行軍司馬。乾祐初，入為龍武將軍。)	廣順初(951)，宋、亳、宿三州巡檢使。引《舊五代史》，〈趙鳳傳〉。	
113	劉承訓	後晉	天福十二年(947)，北京大內巡檢。 《舊五代史》卷100，〈漢書·高祖本紀〉，頁1331。 《舊五代史》卷105，〈漢書·宗室列傳·魏王承訓〉，頁1385。 《舊五代史新輯會證》，頁3066，正文。 《舊五代史新輯會證》，頁3199，正文。	X	天福十二年(947)，大內巡檢。引《舊五代史》，〈漢書·高祖本紀〉。	此人為後漢高祖皇子。
114	劉知遠	後晉 後漢	(936年前，後唐時任)，河東軍城都巡檢使。 《舊五代史》卷76，〈晉書·高祖本紀〉，頁991。 《資治通鑑》卷280，〈後晉·天福元年〉，頁9154。 《舊五代史新輯會證》，頁2282，正文。 《舊五代史新輯會證》，	1.《遼史》，大同元年(947)，河東節度使北平王劉知遠自立為帝，國號漢。 2.天福十二年，劉知遠	天福元年(936)，河東軍城都巡檢使。引《資治通鑑》卷280。	後晉時任，此人為後漢高祖。

			頁3044，正文。	即皇帝位。自言未忍改晉，又惡開運之名，乃更稱天福十二年。(見《資治通鑑》天福十二年條，頁9339、9340。)		
115	劉建	後周	顯德三年(956)，於壽州四面巡檢。《宋史》卷255，〈宋偓傳〉，頁8906。	X		
116	劉祚	後晉	天福十二年(947)(北來)，充在京巡檢。《舊五代史》卷51，〈唐書・宗室列傳・許王從益〉，頁696。《資治通鑑》卷287，〈後漢・天福十二年〉，頁9363。《舊五代史新輯會證》，頁1699，正文。	契丹將(指揮使)來歸。	天福十二年(947)，(充)在京巡檢。引《資治通鑑》卷287。	
117	劉崇	後周	長興中(932-933)，三城巡檢使。《舊五代史》卷135，〈僭偽列傳・劉崇〉，頁1810。《舊五代史新輯會證》，頁4262，《僭偽列傳》三，正文。	廣順元年，河東劉崇於正月十六日僭號。且求助於契丹(顯德二年卒。兵敗卒?)	後晉時(936-946)，(兼)三城巡檢使。引《舊五代史》，〈劉崇傳〉。	
118	劉遂嚴	後梁	龍德三年(923)，鄆州巡檢使。《舊五代史》卷10，〈梁書・末帝本紀〉，頁150。《資治通鑑》卷272，〈後唐・同光元年〉，頁8884。《舊五代史新輯會證》，頁807，引《資治通鑑》卷272。	X		

			《舊五代史新輯會證》，頁312，《梁書》十，正文。		
119	劉賓	◎楚	乾祐三年(950)，内外巡檢侍衛指揮使。《資治通鑑》卷289，〈後漢·乾祐三年〉，頁9446。《十國春秋》卷69，頁968，正文。	X	
120	潘環	後晉	1.開運三年(946)，洛京巡檢。《舊五代史》卷94，〈晉書·潘環傳〉，頁1234。《舊五代史新輯會證》，頁2891，正文。2.天福十二年(947)四月，契丹留守劉晞棄城奔許州，方太入(洛陽)府行留守事，與巡檢使潘環擊群盜，卻之，後爲契丹將高模翰所殺。《資治通鑑》卷286，〈後漢·天福十二年〉，頁9353。	X	開運三年(946)，洛京巡檢。引《舊五代史》，〈潘環傳〉。	契丹將
121	鄭仁誨	後周	廣順元年(951)，大内都巡檢。《舊五代史》卷123，〈周書·鄭仁誨傳〉，頁1620。《冊府元龜》卷454，頁20上。《舊五代史新輯會證》，頁3789，《周書》十四，正文；引《新五代史》卷31。	X	廣順二年(952)，大内都巡檢。引《資治通鑑》卷290。	
122	盧絳	◎南唐	1.沿江巡檢。《十國春秋》卷30，頁431，正文。2.陸游，《南唐書》卷14：「絳詣樞密使陳喬，口陳所上書。喬異之，用爲本院承旨，受沿江巡檢，募亡命習水戰，使馬雄、王	《宋史·查道傳》記「盧絳據歙州」。	

			川軍等分將之，要吳越兵於海門。」此事《江南野史》卷10，作「因表署爲本院承旨，使督百率一，頗見幹績。尋就轉沿江諸屯兵馬監押兼巡檢。」 3.沿江諸營兵馬監押兼巡檢。 宋元方志叢刊《嘉定鎮江志》卷3，〈攻守形勢〉，頁2342-1。		
123	閻萬進	後晉	1.天福十二年(947)，緣河巡檢使。 《資治通鑑》卷286，〈後漢・天福十二年〉，頁9352。 《舊五代史》卷99，〈漢書・高祖本紀〉，頁1328。 2.河東都巡館驛沿河巡檢使。 《舊五代史新輯會證》，頁3061，正文。	X	天福十二年(947)，緣河巡檢使。引《舊五代史》，〈漢書・高祖本紀〉、《資治通鑑》卷286。	
124	薛霸	後晉	(天福三年(938)前任，降晉封他官)，天雄軍三城都巡檢使。 《舊五代史》卷77，〈晉書・高祖本紀〉，頁1018。 《全唐文》卷114，〈晉高祖・復范延光等官爵制〉，頁1163-2。 《全唐文》卷116，〈晉高祖・招安魏府〉，頁1180-1。 《舊五代史新輯會證》，頁2380，正文。	X	天福三年(938)，天雄軍三城都巡檢使。引《舊五代史》，〈晉書・高祖本紀〉。	范延光舊僚
125	韓通	後周	1.廣順初(951)，孟州巡檢。後(956)爲在京右廂都巡檢。 《宋史》卷484，〈韓通傳〉，頁13968。	X	顯德三年(956)，在京內外都巡檢。引《資治通鑑》卷292。	

			2.顯德三年(956)之前，京城都巡檢。後爲在京內外都巡檢。《宋史》卷484，〈韓通傳〉，頁13969。《資治通鑑》卷292，〈後周·顯德三年〉，頁9534。《資治通鑑》卷293，〈後周·顯德三年〉，頁9564。唐宋筆記叢刊《涷水記聞》卷1，〈韓通被殺〉，頁2。《舊五代史新輯會證》，頁3588，《周書》七，正文；引《冊府元龜》卷118。《舊五代史新輯會證》，頁3636，《周書》八，正文；引《冊府元龜》卷118。		2.顯德四年(957)，京城內外都巡檢。引《資治通鑑》卷293。	
126	魏岑	◎南唐	乾祐元年(948)，沿淮巡檢使。《資治通鑑》卷288，〈後漢·乾祐元年〉，頁9404。《十國春秋》卷16，頁214，正文。陸游，《南唐書》卷10：漢隱帝時，李守貞以河中叛來乞師，魏岑、查文徽議，宜爲出師，元宗欲藉李金全宿將威望，以爲北面行營招討使救河中，岑爲沿淮巡檢使。	X	乾祐元年(948)，沿淮巡檢使。引《資治通鑑》卷288。	南唐將
127	羅濟	◎後蜀	寧江軍都巡檢判官。《十國春秋》卷55，頁808，正文。	X		年代不明，僅知事後主。
128	曹翰	宋	南面行營招安巡檢使。《十國春秋》卷27，頁			

			392，正文。 陸游，《南唐書》卷8。			

附表三　十國巡檢

國名	人名，括弧內爲巡檢表項次
後蜀	趙廷隱(107，孟蜀時期)、申彥瑭(18)、李廷珪(35)、孟仁贄(51)、高彥儔(72)、趙季文(108)、趙漢瓊(111)、羅濟(127)
南唐	朱匡業(26)、許光大(89)、郭廷謂(91)、黃延謙(101)、盧絳(122)、魏岑(126)、周鄴(50)、姚嗣騈(55)、皇甫紹傑(58)
吳	李金全(37)
吳越	沈行思(56)、郭用(90)
閩	陳文顯(94)
楚	彭彥暉(98)、劉賓(119)
北漢	靳漢晃(105)

第二章

縣邑職役——宋代弓手體系的沿革考察

　　在宋代之前，弓手多指職業軍人的一個軍種類別，所謂「控弦之士」，即執弓箭作戰的軍人[1]，隸屬於正規軍員編制，中國歷代王朝有之。然而，最遲自五代起，地方開始出現名爲「弓手」的基層武力。「弓手」徵集自當地鄉戶，負責維繫在地治安，具民防意義；必要時，也負擔部分防邊或抵禦外敵的任務。此類弓手在唐末五代出現時，多屬鎮將統領的私人武力；迨趙宋建國後，由中央指派的縣尉管轄，並首次成爲基層治安武力的專稱。這一轉變使基層弓手與國家權力和地方社會聯繫更爲緊密，對王朝統治力深入民間具有指標性意義。更重要的是，基層弓手的出現顯示唐宋之間政治社會型態與運作機制的一大轉變。

　　弓手所反映的基層社會演變沿革，以及其與政治社會的互動關係，以往較少受到學界討論。此或與朝代交替之際，文獻資料散佚嚴重有關，以致部分隱性的歷史現象難以追溯淵源。學界習於將唐宋歷史區隔討論，也造成歷史現象孤立化，缺乏聯繫。以唐宋基層武力研究而言，唐代基層機構、組織及運作重要論著爲數不少[2]，以弓手爲主的宋代基層武力研究也相當豐碩，惟兩者之間尚欠缺長

1　杜佑撰、王文錦點校，〈兵・立軍〉，《通典》（北京：中華書局點校本，1988）卷148，引李靖兵法，頁3792-3793。

2　討論唐宋時期基層社會組織及武力的論文不少，見：日野開三郎，〈五代鎮將考〉，《東洋學報》25卷2號（東京：東洋協會學術調查部，昭和13年2月），頁216-247；〈唐代藩鎮の跋扈と鎮將（二）〉，《東洋學報》27卷1號（東京：東洋協會學術調查部，昭和15年1月），頁1-62；〈唐代藩鎮の跋扈と鎮將（三）〉，《東洋學報》27卷2號（東京：東洋協會學術調查部，昭和15年2月），頁153-212；〈唐代藩鎮の跋扈と鎮將（四）〉，《東洋學報》27卷3號（東京：東洋協會學術調查部，昭和15年5月），頁311-350。佐竹靖彥，〈唐宋期間福建の家族と社會——閩王朝の形成から科舉體制の展開まで〉，《中國近世家族與社會學術研討會論

時段的觀察與聯繫，以致學界仍無法對基層武力前後相繼的歷史延續性，有更完整的掌握。本章希望能結合前輩與個人的研究成果，以弓手為主，將唐宋基層武力與社會的關係加以連結，並觀察其變化，作為了解唐宋社會變革研究基礎之一。

一、置縣尉詔：宋代鎮將、縣尉與弓手的三角關係

中國歷史上最早具有民政意義的基層武力「弓手」，見宋太祖建隆三年（962）十二月的〈置縣尉詔〉中。這份詔令分別收錄在《續資治通鑑長編》（以下簡稱《長編》）卷三、《宋會要輯稿‧職官》（以下簡稱《宋會要》）四十八之六〇，及《宋大詔令集》卷一六〇〈政事‧官制〉[3]；《長編》所錄較為簡略，《宋會要》與《宋大詔令集》則較完整，且互有增補。此詔是關乎宋代基層武力建置的重要文獻，謹錄《宋會要》所收全文，並以《宋大詔令集》相校：（括號內為《宋大詔令集》文字）：

> 賊盜鬥訟，其獄實獄（《詔令集》少「獄」字）繁，逮捕多在鄉閭，
> 聽決合行於令佐。頃因兵革，遂委鎮員。漸屬理平，宜（合）還舊
> 制，其（宜）令諸道州府，今後應鄉村（閭）盜賊鬥訟公事，仍舊卻屬
> 縣司，委令、尉勾當。其萬戶以上縣（其一萬戶已上縣），差弓手五
> 十人，七千戶以上四十人，五千戶以上三十人，三千戶以上二十五
> 人，二千戶以上二十人，千戶以上十五人，不滿千戶十人。合要節
> 級，即以舊鎮司節級充，餘並停歸色役（其餘人並仰停廢，歸縣司免
> 役）；其弓手亦以舊弓手充，如有盜賊，縣尉躬親部領，收捉送本州

（續）─────────────

文集》（台北：中央研究院歷史語言研究所，1998年6月），頁371-473。柳田節子，〈宋代の県尉──土地問題に関連して〉，《宋元社會經濟史研究》（東京：創文社，1995年10月），頁184-197。

3　宋綬、宋敏求編，《宋大詔令集》（台北：鼎文書局，1972）卷160，〈政事〉十三，頁604。比對各書所錄內容，可知《宋大詔令集》雖偶有錯字，卻較完整，因此應以《宋大詔令集》的內容為主。

（仰縣尉躬親部領，收捉送本縣），若有群賊（若是群賊），畫時申州及報捉賊使臣（仰盡時申本屬州府及捉賊使臣），委節度、防禦、團練使、刺史，畫（盡）時選差清幹人員，將領廳頭小底兵士管押及使臣根尋捕逐，務要斷除（務要斷除賊寇，肅靜鄉川，不得接便攬擾），其鎮將、都虞侯只許依舊勾當鎮郭（郭下）。煙火、賊盜（盜賊）、爭競公事，仍委中書門下；每縣置尉一員，在主簿之下（《宋大詔令集》少「之」字），俸祿與主簿同。（《宋會要・職官》四十八之六〇）

檢視〈置縣尉詔〉可知，弓手非始置於宋，在五代已然存在，宋初弓手即是以五代鎮將統領的「舊弓手」充任。宋廷一方面復置縣尉，由朝廷直接任命，以之領導原由鎮將統領的弓手，維護地方治安；另方面限縮鎮將在五代時期原有權責與轄區，鎮將只能管理鎮郭事務，縣內消防、捕盜、提捉等公事則改由中央指派的縣尉執行。更重要的是，原由鎮將統轄的武裝弓手改由縣尉接管，納入基層行政體制中，既使地方軍政與民政分離，又同時將地方管轄權重置於皇權掌控之中。

　　種種措施顯示，宋太祖趙匡胤建國後，爲了強化中央集權，致力結束五代時期藩鎮擁兵割據的局面，繼「杯酒釋兵權」等一連串收兵權後[4]，大幅調整唐五代以來基層武力。縣尉復置和弓手改隸，正是宋廷強化中央權威的重要手段之一，與「杯酒釋兵權」等軍政措施相互呼應環扣，對帝國統治力深入地方具有重要的政治意義。然而，欲理解宋代弓手的歷史發展，不能不先梳理弓手與其先後隸屬的鎮將、縣尉之間的關係。

二、鎮將與縣尉：權力轉移與基層武力改隸

　　縣尉、鎮將二職均淵源甚早。縣尉爲縣令佐官，戰國時，秦及三晉之縣即置

4　杯酒釋兵權與收兵權的討論有很多。參見轟崇岐，〈論宋太祖收兵權〉，《宋史叢考》上冊，頁263-282。柳立言，〈「杯酒釋兵權」新說質疑〉，《宋史研究集》（台北：國立編譯館，1992）第二十二輯，頁1-20。

有縣尉一職[5]。秦漢以來沿襲不替，一直擔任捕緝盜賊、更卒番上與役使卒徒等有關武事的職務[6]；下有屬吏，但未見具體編制及統轄人數。其後各代仍置縣尉，但隋代廢止鄉官，州縣佐屬官員大為精簡；唐承隋制，縣府設官亦簡[7]。晚唐以來，藩鎮割據，縣尉職務兼及催徵課稅，較前代廣泛，原有功能則逐漸為鎮將所取代。

鎮將一職，原係北魏拓跋氏開疆闢土時所置[8]。北魏太武帝至孝文帝太和十年(486)的前後六十年間，是軍鎮最盛的時期，鎮將地位遠在州刺史之上。北魏廣陽王深即說：「先朝都平城，以北邊為重，盛簡親賢，擁麾作鎮(即鎮將)，配以高門子弟，以死防遏，非唯不廢仕宦，乃更獨得復除，當時人物，忻慕為之」。[9]故當時史臣有鎮將「重於刺史」之言，後期鎮的地位明顯降低，又有「州名差重於鎮」之言。東南地區大鎮已廢，所存者多郡之比，且常有鎮將、郡守相互兼代的情況。此時鎮統屬於州，成為州的統轄機關，鎮將的權威下降[10]。隋唐沿襲舊制，置鎮將、副將，掌捍防守禦，屬軍事系統[11]。

鎮將隸屬於節度使，並取代縣尉行使權力、督領基層軍政民政，始於藩鎮割據的唐末五代時期。唐代自安史之亂後，藩鎮林立，諸藩鎮為了掌控所轄地區，

5　嚴耕望，〈秦漢地方行政制度〉，《中國地方行政制度史甲部》(台北：中央研究院歷史語言研究所，1961)，中央研究院歷史語言研究所專刊之四十五，頁6。

6　嚴耕望，〈秦漢地方行政制度〉，《中國地方行政制度史甲部》(台北：中央研究院歷史語言研究所，1961)，中央研究院歷史語言研究所專刊之四十五，頁220。孟祥才，《中國政治制度通史》(北京：人民出版社，1996)第3卷，第5章，頁234。

7　俞鹿年，《中國政治制度通史》第5卷，第5章，頁250。

8　司馬光，《資治通鑑》卷132，頁4149。宋明帝泰始五年五月引胡註說：「魏自北方併有諸夏，亦依魏晉制置諸州刺史，其西北被邊夷、晉雜居之地，則置鎮將以鎮之。」

9　司馬光，《資治通鑑》卷150，頁4681。

10　嚴耕望，〈魏晉南北朝地方行政制度〉，《中國地方行政制度史乙部》(台北：中央研究院歷史語言研究所，1963)下冊，中央研究院歷史語言研究所專刊之四十五，頁794-797。

11　劉昫，《舊唐書》(北京：中華書局，1975)卷44，頁1923。歐陽修等，《新唐書》(北京：中華書局，1975)卷49下，〈百官志〉，頁1320。

競相將轄下軍兵駐屯於領內諸州縣治及關津險要處，授所屬心腹將校爲鎮將，統領其地，作爲割據資源[12]。憲宗元和十四年(819)，橫海節度使烏重胤在奏言中指出，「河朔藩鎮所以能旅拒朝命六十餘年者，由諸州縣各置鎮將領事，收刺史、縣令之權，自作威福」所致[13]，倘如「刺史各得職分，又有鎮兵，則節將雖有祿山、思明之姦，豈能據一州爲叛哉」[14]。僖宗以後，藩鎮多分置鎮將於諸縣，統治權力直接深入地方，進一步侵奪縣令職權[15]。許多重要藩鎮都出身於鎮將，如董昌、錢鏐、劉仁恭及其父劉晟[16]，憑恃的就是鎮將所直接領導的武裝力量，也緣於他們能直接掌控像鎮兵或弓手等武裝力量作爲私人武力的資源，才能建立雄霸一方的局面。此外，鎮將職權也不斷擴大，到五代，鎮將除了擁有兵權外，還有捕盜、獄訟以及稅役催徵等權力[17]。所以李燾才會說：「五代以來，節度使補置親隨爲鎮將，與縣令抗禮，凡公事專達於州，縣吏失職」。[18]可見自唐中葉至五代時期，鎮將權力已凌駕州縣長官之上，且有愈益擴張的趨勢，軍政與民政權力地方化與私人化愈形嚴重。

　　一般而言，自安史之亂至五代，鎮將轄下所領鎮兵有「官健」與「團結兵」兩種主要力量。唐代初期施行府兵制，玄宗開元、天寶時，府兵制崩壞，改行募兵。安史之亂後，募集兵「官健」成爲主要兵力，另輔之以民兵性質的團練兵。團練兵，也稱爲團結兵、土團兵，這些人平時從事耕作，在農閒時期，則召集農

12　日野開三郎，〈唐代藩鎮の跋扈と鎮將(二)〉，《東洋學報》27卷1號(東京：東洋協會學術調查部，昭和15年1月)，頁1。鎮將也被稱呼爲鎮遏將、鎮使、鎮遏使、鎮遏兵馬使、鎮遏都知兵馬使等；鎮也稱爲外鎮、巡鎮等。

13　司馬光，《資治通鑑》卷241，頁7768。

14　劉昫，《舊唐書》卷161，頁4223。

15　司馬光，《資治通鑑》卷255，頁8299。

16　薛居正等，《舊五代史》(北京：中華書局，1974)卷133，頁1766-1767；卷135，頁1799-1800。

17　日野開三郎，〈五代鎮將考〉，《東洋學報》25卷2號(東京：東洋協會學術調查部，昭和13年2月)，頁62。徵稅之例見於唐明宗長興二年，秦州奏狀中即指出：「州界三縣之外，別有一鎮人戶，係鎮將徵科。」(《舊五代史‧唐書》卷43，頁588)，又見邵伯溫，《邵氏聞見錄》(北京：中華書局，1983)卷8，頁78。

18　李燾，《續資治通鑑長編》(北京：中華書局，1985，中華書局點校本)卷3，太祖建隆十二月癸巳條，頁76。

民中強壯者施行訓諫；一旦有亂事，則和正規兵的官健一同防衛鄉村[19]。官健與團結兵性質並不相同，團結兵本質上是地方民兵，因關懷熱愛鄉土才積極捍衛鄉里，通常不願從事境外爭戰。因此，當藩鎮利益與地方利害發生衝突時，團結兵往往會起而反抗藩鎮，爲此也曾出現鎮將以官健制壓團結兵的現象[20]。

不過，在多數情況下，鎮將與由團結兵所組成的鎮兵係同一陣線，唐末擾亂時，許多屯駐護衛地方的鎮將本身即是自衛團體的土豪[21]。如此一來，不僅藩鎮或鎮將與地方勢力結合更加密切，武力地方化的現象也越趨明顯。以浙江地區而言，臨安人董昌曾以土團軍破賊有功，被命爲石鏡鎮將[22]。楊行密以霍丘土豪朱景「驍毅絕人，諸盜莫敢犯」，任其爲鎮將[23]。福建吳興地區土豪楊郜，在唐末亂局中「募鄉民之拳勇者數百人，受署於本郡爲義軍指揮使，堅壁要害，以備不虞，一邑賴之，終以無患」[24]。在王審知據閩越時，建安吳興張從晟以「州里豪右，才兼文武，仕至蒲城制置副使」[25]。這些土豪藉著卓越的領導能力，結合宗族與鄉里勢力，組成地區性防衛體制，戰鬥力十分堅強。因此，閩越地區的執權者，在實際利益的考量下，往往任命這些地方豪強擔任義軍指揮使、制置副使等

19　日野開三郎，〈唐代藩鎮の跋扈と鎮將（三）〉（收於《東洋學報》27卷2號，東京：東洋協會學術調查部，昭和15年2月），頁204。有關唐代團結兵，可參閱方積六，〈關於唐代團結兵的探討〉（收於《文史》第二十五輯，頁95-108）、張國剛，〈唐代團結兵問題辨析〉（收於《歷史研究》1996年4期，頁37-49）二文，方積六認爲：團結兵由各道節度使（都團練使、都防禦使）、州刺史（一般兼任團練使、防禦使、鎮遏使）在當地徵發，一部分係平時務農、閒時訓練的地方民兵，比較多的是因軍事急須而臨時徵發的地方軍隊。他們不登入官健軍籍，一般不長期脫離生產，服役期間還發予口糧醬菜，有的還額外給予償賜。（頁95）張國剛則提出唐人使用團結或團練，實有兩層涵義：一是把不是兵士的民丁編組成軍；二是對在役軍士進行團伍習。（頁39）就第一層意義而言，等同於日野開三郎、方積六的說法。

20　日野開三郎，〈唐代藩鎮の跋扈と鎮將（三）〉，頁211。

21　日野開三郎，〈五代鎮將考〉，頁70。

22　范坰、林禹撰，《吳越備史》（四部叢刊本）卷1，「景福三年五月」條，〈董昌傳〉，頁21上-23上。

23　《新唐書》卷188，〈楊行密傳〉，頁5455。

24　楊億，《武夷新集》（文淵閣四庫全書本）卷8，〈故信州玉山令府君神道表〉，頁14下。

25　楊億，《武夷新集》卷9，〈故宋陝州芮城令清河張君墓誌銘〉，頁1上。

類似鎮將的職務[26]。

　　割據一方的藩鎮爲擴大權勢，委任親信鎮將直接負責盜賊緝捕、鬥毆訴訟等地方治安事務，相關公事甚至可專達於州或節度使。鎮將的權力足以與親民的縣府長令相抗衡，不僅違背基層行政的原有運作與朝廷政務的布達和推動，更重要的是鎮將統有弓手等武力，導致武力私人化。這是藩鎮繼軍隊之後，進一步掌控地方民政、擴大統治基業的要務，也是穩定割據勢力最重要的基礎。當鎮將權勢逐步擴大的同時，也開始出現若干抑制性的言論或措施。前述烏重胤的奏章就主張刺史應統率鎮兵，盡其職權。後梁太祖朱溫對鎮將地位高漲更爲不滿，他說「令長字人也，鎮使捕盜耳，且鎮將多是邑民，奈何得居民父母上，是無禮也」，詔天下鎮使無論官秩如何，「位在邑令下」[27]。在時局混亂變化多端的五代，這樣的命令能否有效執行不得而知，但這些訊息揭示了中央政府對地方化、私人化的鎮將權勢超越行政體系的不滿。

　　宋太祖建國後，爲扭轉武裝力量地方化及私人化的情勢，乃於建隆三年平定荊湖之後，頒布前述〈置縣尉詔〉，復置縣尉，將盜賊、鬥訟等事務，回歸於縣尉、縣令管轄，並規定鎮將負責事務僅限鎮郭之內，不及鄉村；鎮將在縣級單位中的重要性明顯降低。同時，爲打破鎮將與節級、弓手等武裝力量的依附關係，更縮減鎮將轄下節級、弓手編制，部分調至縣尉司，作爲地方防盜武力，部分則轉化爲縣司諸色役。此後，這項政策隨著趙宋政權對諸國發動的統一戰爭，推展到各征服地區。以東南地區爲例，太宗時期，欽州如昔鎮鎮將黃令德權勢甚盛，越區包庇交州潮陽鎮的殺人犯卜文勇家族一百三十口，並造成沿海海賊盛行。宋廷遣轉運使陳堯叟與攝雷州海康縣尉李建中前往緝捕，將罪犯全族交付潮陽鎮，完成地方治安任務[28]。在四川地區，乾德四年(966)十月平蜀後，宋廷告諭蜀邑令、尉，要求耆長、節級不得因徵科及巡警煩擾里民、規求財物，也約束鎮將

26　佐竹靖彥，〈唐宋期間福建の家族と社會──閩王朝の形成から科擧體制の展開まで〉，頁397。

27　《舊五代史・梁書》卷5，開平四年四月丙戌條，頁83。

28　《宋史》卷488，列傳247，〈外國四／交阯〉，頁14063。

「不得以巡察鹽麴爲名，輒擾民戶」[29]。眞宗景德二年(1005)八月庚寅，禁止「益、梓、利、夔諸州營內鎮將，不得捕鄉村盜賊、受詞訟」[30]，明確限制鎮將不得處理賦稅、鬥訟等業務。此外，鎮將補授條件也受到限制。宋太祖感於武力私人化亂局係與藩鎮自補親隨爲鎮將，關係密切，乃於開寶三年(970)五月，詔禁諸州長吏遣僕從及親屬掌廂鎮局務[31]；到太平興國二年(977)正月，又重申禁止「藩鎮補親吏爲鎮將」的規定[32]。

從基層治安業務由縣尉移轉至鎮將，再回復縣尉的過程中，可看到五代以前，縣尉雖然負有緝捕盜賊、維護治安的任務，轄有鎮兵、弓手，但在組織結構上，其所統轄的武力並無具體編制與規模。鎮將所轄武力編制雖然也不清楚，但任務與功能卻顯然較爲明確。宋朝建國之後，藉〈置縣尉詔〉的頒布實施，將原來隸屬藩鎮、鎮將的弓手，劃歸縣尉統轄，成爲國家武力的一部分。爲了鞏固統治基礎，宋廷將弓手由鎮將改隸縣尉領導後，編制固定，以爲控制基層社會秩序的主要武力。此即仁宗時期禮部侍郎兼國史院修撰的范祖禹所言：「祖宗分天下爲十八路，置轉運使、提點刑獄，收鄉長、鎮將之權悉歸於縣，收縣之權悉歸於州，州之權歸於監司，監司之權歸於朝廷。」[33]范祖禹所言宋初立國之制，在於「上下相維，輕重相制」。其中，基層權力部分在唐末五代原爲地方鄉長和鎮將所有，如今將其權收歸於縣衙，而太祖的〈置縣尉詔〉正是此政治設計的有力註腳。然而，先有鎮將職責與所轄兵力的確立，後才出現鎮將任命權的改革，以及周邊地區鎮將改革措施成效展現較晚，均顯示政權交替後，涉及典章人事的變革需要經歷一定的時間才能完成。

29　李燾，《續資治通鑑長編》卷7，乾德四年十月己巳條，頁180。
30　李燾，《續資治通鑑長編》卷61，景德二年八月庚寅條，頁1358。徐松輯，《宋會要輯稿》(台北：新文豐出版公司，1976)，〈職官〉48之92。
31　李燾，《續資治通鑑長編》卷11，開寶三年五月戊申條，頁246。
32　李燾，《續資治通鑑長編》卷18，太平興國二年正月丙寅條，頁393。
33　《宋史》卷337，列傳96，〈范鎮／從孫祖禹〉，頁10796。

三、第三等戶：轉爲民戶職役的弓手

　　宋代的職役是百姓的沉重負擔。職役雖承自秦漢以來的徭役，但從職名來看，卻是以往郡縣掾屬、胥吏和鄉官的變相，與兵役、力役關係不大。唐末五代，兵災擾攘，爲政者競相爭戰，役民之舉頻繁。宋太祖爲了改變五代重役人民之弊，於建隆三年(962)下令「諸州不得役道路居民爲遞夫」，並命「令佐檢察差役，有不平者，許人民自相糾舉」[34]，並遵循後周顯德三年(956)的五等戶制以區分百姓；此時的等級劃分只是作爲植樹的標準[35]。後來，曾另訂定五等戶的職役攤派標準，但可能由於基業初立，版籍散亂，標準頗有分歧，缺乏全面實施之條件而難有定制[36]。到太平興國五年(980)，京西轉運使程能再提出，「諸道州府民事徭役者，未嘗分等，慮有不均。欲望下諸路轉運司，差官定爲九等，上四等戶令充役，下五等戶並與免。」[37]此議經多次討論，宋廷於淳化五年(994)正式下詔各縣，「每歲以人丁、物力定差，第一等戶充里正，第二等戶充戶長」[38]，戶等與職役的關係至此才大致確定。

　　弓手自宋初轉隸縣尉，到成爲民戶的職役，其間經過相當的醞釀與發展過程。建隆三年的〈置縣尉詔〉顯示宋廷對縣級弓手編制有所規劃，但職役內容似未明確。宋初對於弓手的記載，只見「詔以盜賊漸息，減諸縣弓手有差，令、尉輒占留者，重寘其罪」[39]及「命諸州置縣尉、弓手營舍」[40]而已。胡宿曾記載：「國朝舊制，天下縣邑所置弓手，本防盜賊，選人才會弓弩者充。初無年限許替之文，蓋欲其年深，習慣武藝，又周知山川道路險易、姦寇窟穴之所，若有盜

34　馬端臨，《文獻通考》(台北：新興書局影印武英殿本，1963年3月)卷12，〈職役〉，頁127。參見聶崇岐〈宋役法述〉，《宋史叢考》，頁6-7。

35　王曾瑜，《宋朝階級結構》(石家莊：河北教育出版社，1996年8月初版)第一編，〈宋朝階級結構綜述〉，頁15。

36　王曾瑜即列舉宋初同時出現三等、五等戶與九等戶之制，見前引書，頁15-16。

37　李燾，《續資治通鑑長編》卷21，太平興國五年二月丙午條，頁472。

38　李燾，《續資治通鑑長編》卷35，淳化五年三月戊辰條，頁775。

39　李燾，《續資治通鑑長編》卷9，開寶元年十一月辛巳條，頁211。

40　李燾，《續資治通鑑長編》卷52，咸平五年五月，頁1149。

發，易爲擒獲。」[41]同樣是涉及弓手的角色與任職年限，以及縣尉和弓手之間的關係，未涉職役負擔內涵。可見，馬端臨說法「國初循舊制，……耆長、弓手、壯丁，以逐捕盜賊，……各以鄉戶等第差充」，只泛指北宋初期，沒有明確斷限。

在宋代大部分時期，弓手都是當地百姓充役，只有短期是募役。百姓經由職役，從一個被統治者的身分變成公權力的執行者，在捕緝盜賊、維護地方治安上，是王朝統治權力的具體表現。任職者都是五等戶中的三等戶，算是地方上的小康之家。現有宋代史籍中，首次提及弓手職役負擔，是眞宗大中祥符三年(1010)四月。當時，太常丞乞伏矩在奏疏中指出：「川界弓手役戶多貧乏，困於久役，州縣拘常制不替，以至破壞家產。況第一、第二等戶充耆長、里正，不曾離業，卻有限年，弓手係第三等戶，久不許替，深未便安。乞至今滿三年與替，情願在役者亦聽，其第三等戶不足，即於第二等戶差充。」[42]說明最遲至大中祥符三年，四川以第三等戶爲弓手已有多時，且成爲構成百姓的困擾。

弓手成爲百姓職役負擔後，人員編制與性質常因時空環境的轉變而有所變化。首先，員額編制隨地區、戶口數，與境內治安因素而異。據建隆三年詔書，每縣添差弓手人數視當地戶口多寡而定，原則上從五十人至十人不等[43]，然而，實際人數常視情況而異。如乾德六年(968)詔書中就指出「賊盜漸息，逐縣弓手稍多，宜復差減」[44]。大中祥符七年(1014)，又規定「一萬戶以上七十人，七千戶以上六十人，五千戶以上五十人，三千以上四十人，二千以上三十五人，一千戶以上三十人，不滿千戶二十人」[45]，人數較之建隆三年規定明顯增加。仁宗明道二年(1033)八月，又以密州歲飢多盜，增屬縣弓手各二十人[46]。

其次，是役期的限制。宋廷規定百姓受差弓手者，每歲齊集縣尉司，教閱一

41　胡宿，《文恭集》(四庫全書本)卷7，〈論弓手替換〉，頁13上。

42　李燾，《續資治通鑑長編》卷73，大中祥符三年四月戊寅條，頁1669；徐松輯，《宋會要輯稿》，〈職官〉48之61。

43　雷家宏，〈宋代弓手述論〉，《晉陽學刊》1993年7期，頁65。

44　徐松輯，《宋會要輯稿》，〈職官〉48之60。

45　梁克家纂修，《淳熙三山志》(北京：中華書局，《宋元方志叢刊》第八冊，1990)卷13，頁11上，總頁7893。

46　李燾，《續資治通鑑長編》卷113，明道二年十一月丙寅條，頁2643。

月後，歸各地執勤[47]。在宋初，弓手服勤時間「無年限許替之文」[48]。這是宋廷鑑於地方百姓熟悉當地的地理環境，爲了讓他們熟練武藝，便於掌握地方情勢，維護治安而定。參與維護地方治安的弓手，除了每年定期教閱、訓練活動之外，當盜賊出現或變亂發生時，縣衙需倚之從事緝捕的重任。弓手任務相當繁重，不免疏於家業的經營與維持，若需無限期擔任此一職務，自然影響家庭生計。因此，自眞宗以來，弓手任期問題成爲朝臣的討論焦點，乞伏矩在大中祥符三年(1010)的奏章中，就指出「四川弓手困於久役，州縣拘常制不替，以至破家產」，建議除自願者外，凡服勤滿三年，就可替換[49]。仁宗明道二(1033)年，宋廷允范仲淹所請，讓弓手服滿七年後，可以歸農[50]。後來有些地區的官員採取權宜之策，「不問貧富老少勇怯，才及七年，本縣便一例差替，多是不申州長吏體量」，甚至不到七年就替換；由於實際差異頗大，產生「新募弓手生疏，不堪捕盜」，及「一爲弓手則不能力農」的兩難窘境與弊病[51]。宋廷爲此又規定除廣南、益、梓、利、夔路三年一替外，餘處並不差替[52]。陝西、京東西路新置的弓手則是年二十繫籍，六十免，取家人或它戶代之[53]。關於弓手服役年限的變化與討論，不僅反映不同的時空因素對役期執行的影響，也說明弓手在公私領域常常難以兼顧的爲難[54]。

再者，則是備置武器的問題。弓手既是維護縣邑治安的主要角色，除了訓練外，也需要武器裝備，然而宋廷深恐五代的亂象再起，危害政權穩定，遂禁止私

47　黃繁光，〈宋代民戶的職役負擔〉，頁39。

48　胡宿，《文恭集》卷7，〈論弓手替換〉，頁13上。

49　李燾，《續資治通鑑長編》卷73，大中祥符三年四月戊寅條，頁1669。但恐豪民雇用惰農代役，無法執兵仗，維護治安，仍禁雇人代役(《長編》卷96，天禧四年七月丁卯條，頁2207)。此策殆只行於四川境內。《淳熙三山志》稱「〔弓手〕除廣南外，不得替」，見卷13，版籍類州縣役人條。

50　李燾，《續資治通鑑長編》卷113，明道二年十二月甲寅條，頁2648。

51　胡宿，《文恭集》卷7，〈論弓手替換〉，頁13下。

52　蔡襄，《端明集》(文淵閣四庫全書本)卷26，〈乞諸州弓手依舊七年一替箚子〉，頁7。

53　李燾，《續資治通鑑長編》卷128，仁宗康定元年九月乙丑條，頁3041。

54　相關役期的變化與地區性的差別，可參見《淳熙三山志》卷13，〈版籍類〉四，頁11下-12上。

人擁有武器。因此，曾發生復州弓手自備弓刀捕寇，州府卻引用〈私置衣甲、器械律〉，將弓手杖脊配隸本城的案例[55]，引發了朝臣的批評。宋廷乃於大中祥符九年(1016)四月下詔，允許弓手自備部分武器，但要造冊列管[56]。仁宗康定元年(1040)，宋廷爲加強西北邊防，同意新置弓手「私置弓弩」[57]，然此措施旋即引起朝臣張方平的批評。他指出，朝廷允許弓手在教閱時借用甲弩、器械，教罷由官府收管入庫，其餘弓箭、刀鋏及木槍桿棒之類，允許百姓自置，以備本鄉教習；但此情況將造成「人知鬥戰，家有利兵」的危險，建議讓弓手將所購弓箭器械標識清楚後，納於州縣，只在教閱或捕盜時借用[58]。後來雖有弓手自置弓弩的情況，但宋廷仍以其多不如法，規定由官府購置讓百姓管理使用[59]。弓手使用的兵器如神臂弓、短椿、弩、袖棍、槍牌、衣甲之類，則由各州作院製造[60]。有關弓手備置武器的利弊，顯示宋朝統治階層既想讓弓手嫻熟武藝以禦盜賊，又怕他們藉兵器以自重，因此形成政策搖擺、前後矛盾的現象。

四、本業以外：弓手的職務

宋代基層弓手的首要任務爲逐捕盜賊，是鞏固基層治安的重要武裝警備力量。不過，弓手的役期、員額編制、器械配備，甚至職務內容，都可能因應實際情況而有所差異。

55　李燾，《續資治通鑑長編》卷86，大中祥符九年四月條，頁1984。

56　李燾，《續資治通鑑長編》卷86，大中祥符九年四月條，頁1984；徐松輯，《宋會要輯稿》，〈職官〉48之62，則作每五人借弩一枝，此從《長編》。眞宗大中祥符九年四月詔令：「三京及諸路轉運司，除川峽州軍外，並據所管縣分弓手，每人借弩一枝，其令箭槍劍，令各自置辦，以簿拘管，遞相交割，委令尉常切教閱。」

57　李燾，《續資治通鑑長編》卷128，仁宗康定元年九月乙丑條，頁3041。

58　張方平，《樂全集》(文淵閣四庫全書本)卷21，〈論天下州縣新添置弓手事宜〉，頁205。

59　謝深甫，《慶元條法事類》(台北：新文豐出版公司，1976)卷7，〈職制門四按閱弓兵由明〉，頁95上，「令諸據各管人數合用弓弩並箭，於本州有管數目內給散，逐處應副使用，若或闕少，即從州府支撥係省錢置辦給散。」

60　徐松輯，《宋會要輯稿》，〈兵〉3之14-15。

　　當宋與遼夏關係告急，維護地方治安的弓手可能被納入國防軍事體系之中。如宋與遼夏對峙期間，宋廷曾在鄰近邊境的陝西、河東、河北都大量籍民為弓手（鄉弓手），戍守沿邊，成為重要邊防武力之一[61]。在戰事緊急的陝西，甚至將鄉弓手刺面，納為正規軍，而在宋與遼夏關係和緩的河東、河北地區，則將弓手刺手背，改稱義勇[62]，顯示弓手在西北邊區已被編為民兵或正規軍，成為宋廷抗敵禦侮的武力，超出原來捕盜治安的任務。高宗即位之初，為舒緩南方直接承受金兵的壓力，也曾命淪陷區的河北、河東、京東西、京畿等地添置弓手，訓習武藝，作為抗拒金兵、保護鄉土的武力。當時，為了讓弓手專責抗敵，宋廷曾嚴禁州縣長官任意役使他們，否則以私役禁軍法論處[63]。建炎三年(1129)二月，金兵南犯，抵達淮南東路招信縣時，縣尉率所部弓手百人英勇抗金，使高宗君臣得以從容南渡，在江南建立政權[64]。同年三月，苗、劉囚禁高宗，發動兵變，為了壯大聲勢，也曾欲招集半數兩浙新舊弓手前往杭州，以對抗援救高宗的人馬[65]。可見在特定時期與地區，宋廷為加強邊防或發揮抗敵成效，將弓手納入國防軍事體制之中，編為民兵或正規兵，其角色已與民戶的職役性質不同。

　　即使在非戰時，弓手也可能有維護基層社會治安之外的任務。由於弓手在指揮體系上隸屬地方行政長官之一的縣尉，此隸屬關係常使得弓手須聽從地方長官的旨意，擔負許多本職以外的工作。南宋晚期，黃震在〈申隸運司乞免行酒庫受誣告害民狀〉一文中就指出，尉司與弓手成為迫害地方百姓的公權力體系，最嚴重的事有三，「其一曰強幹理索，就監租戶於尉司，而陰殺之，以立威村落。其二曰兩辭互訴，必屬差尉司躬親追捕，以規破壞其家產。其三曰閭里睚眥細故，必誣告私沽，買囑酒庫，脫申上司，牒尉司寄追以鑿空，張大其事。」[66]縣尉、

61　李燾，《續資治通鑑長編》卷127，康定元年六月甲辰條，頁3020，及卷128，康定元年九月乙丑條，頁3041。

62　葉夢得撰，侯忠義點校，《石林燕語》(北京：中華書局點校本，1984)卷8，頁120。

63　徐松輯，《宋會要輯稿》，〈兵〉3之14-15，建炎元年十一月十二日。

64　王明清，《揮麈錄》(北京：中華書局點校本，1961)卷3，頁31。

65　王明清，《揮麈錄》卷9，頁190。

66　黃震，《黃氏日抄》(台北：大化書局影印乾隆三十三年刊本，1984年2月初版)卷70，頁6上。

弓手具有權力與武力，在其執掌的鬥訟公事中，不免乘機獲取利益。這些都顯示
弓手的職務面向眾多，在基層社會中的角色多樣，並非單純的公義執行者。

現存宋代文獻顯示，晚宋基層社會的實際運作中，弓手在本業以外可能負擔
三種主要任務：

一是捉賭。馬光祖在〈縣尉受詞〉一文中指出，黃松開設賭場，受人告發，
縣尉未報告長官，就自行指揮弓手「追捉拷掠，追令通攤，凡博戲之小兒，求食
之娼賤，悉行擒捉，一網無遺，既不解縣，又不申州，當此暑途，跨都越郭，纍
纍魚貫，盡解本司」。弓手祝遠，經縣尉下狀告賭，就倚恃聲勢，生事害人，結
果被判決脊杖十七，編管五百里。此事顯然是縣尉擴大事權，與弓手藉勢凌人所
致。馬光祖判道：「縣尉以警邏爲職，餘與令、丞通行，尉豈得以專行也。儻謂
賭博一事與盜竊相關，自合白之長官，照條區處，固無自受狀，自追人之理。」[67]
可見縣尉將職司盜竊的工作，擴及賭博，在未依規定照會相關單位，逕自指揮弓
手，任意捉拿百姓，顯然違背本身及弓手原有的任務。

二是催稅監租。在《慶元條法事類》中，宋廷雖規定「諸路州縣不得輒令巡
檢就寨，自行受納苗米，縣尉差人自催役錢，如有違戾，所若官吏及受差之官，
並從仗壹佰科斷」[68]，但實際情況卻有所不同。如葉提刑在〈不許差兵卒下鄉及
禁獄羅織〉一文中，指出「國家憲用保長催稅苗，其出違省限，亦自有此比較之
法，未聞使巡、尉差兵卒下鄉追捕，而佐官輒置枷杖、繩索等，以威劫之也。」[69]
然而，縣尉所備的獄具卻是本州委之驅催官物，專用以羅織欠戶的，顯然也是差
派弓手擔任職權以外的工作，於法不合。他覺得催科雖是州縣急務，卻不得於法
外肆虐，因此下令諸州「今後管照條比較，若出違省限，只令委官一員驅催，不
許輒委巡、尉，用兵卒下鄉，及禁獄羅織」，以爲國家愛養根本[70]。

弓手協助上戶理索私租一事，更是違反規定。黃震在開慶元年(1259)十一月

---

67 中國社會科學院歷史研究所宋遼金元史研究室點校，《名公書判清明集》（北
　　京：中華書局，1987)卷2，〈縣尉受詞〉，頁41。
68 謝深甫，《慶元條法事類》卷47，頁426上。
69 中國社會科學院歷史研究所宋遼金元史研究室點校，《名公書判清明集》卷3，
　　〈不許差兵卒下鄉及禁獄羅織〉，頁67。
70 同上註，頁68。

任吳縣尉時，發現當地有由縣尉監租，並派弓手追捕情事，甚至有拘留欠租者在弓手家中，以致遭凍死的現象，當地人因此認爲「從來監租在尉司者，即無生還」，將尉司視爲「鬼門關」[71]。官租催繳本是耆保職責，與弓手無涉，何況是私人租佃之事；但「姦豪玩法，睚眥徵隙，必囑縣吏差縣尉捕所怨之家，以快其私」，縣尉與弓手等都想藉此謀圖私利，因此不顧嚴弓手下鄉之禁的規定，反而親自率領弓手下鄉擾民。黃震指出這些弓手是一群無賴小人、烏合之眾，他們缺乏訓練，沒有持弓挾矢捍衛鄉土的本事，只是依傍官衙，藉機生事，以牟取衣食之資而已[72]，倘若依賴他們執行公務，只會成爲擾民之柄[73]。

　　三是捉捕逃漏稅。胡太初在《晝簾緒論》〈理財篇第九〉中指出，州縣想在常賦之外擴大收入，只好循增加酒稅及捉捕私酒之途；在這種情況下，弓手就成爲衙門的爪牙鷹犬。弓手一旦發現民間私釀、私酤，「便輒枷訊，禁繫累月，蕩其生理，妨其營趁，率至於饑餓、病困之域」[74]，不僅對百姓是極大的威脅，更增加基層社會的對立與不安。百姓間一旦彼此有私隙，經常以私賣酒爲名向官府告發，「官司不問虛實，輒差弓手、轎番，數十爲群，持仗突入，遍搜房室，繞打牆圍，無異於大劫盜」[75]。黃震也曾以馬氏堂兄弟爲了爭訟，堂弟誣告堂兄私賣酒，竟至動員弓手捉拿無辜百姓爲例，說明私沽不論是否屬實，只是違法，應由專責緝私的酒巡來負責，與專任巡警與催督綱運的弓手是不相干的，「正不待弓兵而後可捕也」[76]。官府爲了怕商人逃稅，也會指使弓手巡捕，但他們乘機爲非作歹，搜刮民財，騷擾民戶，使民不聊生，其行徑尤甚於強盜，反成爲鄉里紛擾不靖的淵藪。

　　此外，也有弓手協助處理拆毀淫祠。胡穎即指出，縣尉申說阿李等聚集三十多人，執器杖，趕殺弓手、保正，但據查乃是弓手王韜、保正副姜全在當地百姓抗議時，意在求勝鄉民，張大聲勢，反而妄申官府，引惹事端，並因此判王韜、

71　黃震，《黃氏日抄》卷70，〈申縣乞放寄收人狀〉，頁1上、下。
72　黃震，《黃氏日抄》卷70，〈申轉運司乞免行酒庫受誣告害民狀〉，頁6上、下。
73　同上註。
74　胡太初，《晝簾緒論》，頁17上、下。
75　同上註，頁17下。
76　黃震，《黃氏日抄》卷70，頁6下-7上。

姜全各杖六十[77]。

　　從以上的討論可知，宋代基層弓手的角色和職能並非完全穩定，除了宋初所規定的盜賊、鬥訟、爭競等公事，隨著宋朝內外情勢的變化，其職務也溢出原初規劃的本業，而有編入民兵或正規軍以抵禦外侮的情形，甚至發生魚肉百姓的現象。

五、從惡與役弊：弓手負面形象形成的因素

　　弓手是基層行政機構中擁有武裝力量的成員，是縣府執行任務時的利器。藉著縣尉與弓手一方面有助維持地方治安，甚至維護官府公權力；另方面也因握有逮捕、追緝等權力與合法的武力，一旦下鄉發生違法亂紀，乃至脅迫鄉里的情事，自然在官員與士人留下惡劣的印象。

　　不過，弓手之所以在基層社會塑造出負面的形象，與其直屬長官包括縣尉、縣令的作爲有密切關係。胡穎在〈細故不應牒官差人承牒官不應便自親出〉文中，就明白指出巡檢周氏不僅因催科引惹民間反感，更利用鄉民彼此因細故興訟的機會，親自差派多人下鄉，任意捉拿百姓，驚擾鄉里[78]。這些巡檢、縣尉率領吏卒下鄉，食用均取之百姓，形成地方上極大的負擔，由於他們的行徑與盜賊無異，因此所過之處，雞犬皆空[79]。吳勢卿也在判書中提到，江南東路安仁一帶，百姓積欠攤鹽之錢及田租，通判乃派專人責成縣尉、巡檢，差派弓手、兵卒下鄉，竟致「數十家被攤鹽之擾，離散破蕩，如遇巨寇」，「數十人被監租之苦，鎖縛拷掠，不啻重辟，惻然爲之流涕」；追究原因，正是「弓卒肆行，乃倅廳專人所致，專人妄作，乃倅廳案吏所遣。」[80]胡穎在湖南的書判中也指出，縣尉、

77　中國社會科學院歷史研究所宋遼金元史研究室點校，《名公書判清明集》卷14，頁543-544。

78　中國社會科學院歷史研究所宋遼金元史研究室點校，《名公書判清明集》卷1，〈細故不應牒官差人承牒官不應便自親出〉，頁27、28。

79　中國社會科學院歷史研究所宋遼金元史研究室點校，《名公書判清明集》卷1，〈責罪巡尉下鄉〉，頁28。

80　中國社會科學院歷史研究所宋遼金元史研究室點校，《名公書判清明集》卷1，

巡檢利用百姓的田產訴訟，藉土軍、弓手為爪牙，「幸有一人當追，則恨不得率眾以往，席卷其家，以為己有」，至於事理是否合於情，則完全不顧，以致連訴訟證人羅閏一家都受牽連，遭受無妄之災[81]。來自上級的勒索，也常迫使這些有武裝力量的弓手，轉而壓榨無辜百姓。真德秀就曾說：「聞縣丞、簿、尉等官，亦有不俸給去處，里巷諺語至有：『丞、簿食鄉司，縣尉食弓手』之誚，喪失廉恥，職此之由。」[82]弓手引起百姓反感的原因之一，一則與其長官作風關係至大，另則恐怕也與有些弓手執行任務的手段過於酷烈有關。

　　弓手也常受到地方上有力人士的請託或唆使，從事違法的工作。黃榦在〈危教授論熊祥停盜〉的判文中指出，危教授與熊祥因土地糾紛，狀告熊祥窩藏盜賊。危教授打通關節，由縣尉指派弓手黃友、徐亮捉拿受牽連的百姓，將他們打得體無完膚，不勝其苦，而被迫招認。此事經黃榦查明，不僅還熊祥等人的清白，更將弓手黃友、徐亮勘杖六十[83]。又如寄居官員謝知府向窯戶買磚瓦，他欲以小磚瓦低價，購買較高價之大磚瓦，窯戶不肯，雙方發生爭執，謝知府乃向官府控訴窯戶。縣衙差派弓手鄒全、保正溫彥追出，「挾官司之號令，逼勒而使之賤賣」，強迫窯戶簽約。窯戶受迫於弓手、保正，「抑勒而使之著押」，只有就範[84]。黃榦也曾記載知府之子謝八官人以窩藏盜賊為名，向縣尉司指控窯戶的罪狀，縣尉未經調查便行受理，進而指使弓手，非理騷擾窯戶[85]。蔡杭在〈違法害民〉的判文中，指出弋陽縣有孫、余兩名惡吏，為禍於鄉里平民，其中余信率弓手、保正等二十多人，「以迎神為名，擒捉詞人」。當縣府追捕餘黨時，他們卻

（續）
　　　〈禁戢攤鹽監租差專人之擾〉，頁34-35。

81　中國社會科學院歷史研究所宋遼金元史研究室點校，《名公書判清明集》卷11，
　　　〈弓手土軍非軍緊切事不應輒差下鄉騷擾〉，頁438。

82　真德秀，《西山先生真文忠公集》（四部叢刊本）卷6，〈申尚書省乞將本司措置体
　　　給頒行諸路〉，頁19下-20上。

83　中國社會科學院歷史研究所宋遼金元史研究室點校，《名公書判清明集》附錄
　　　2，〈危教授論熊祥停盜〉，頁569-572。

84　中國社會科學院歷史研究所宋遼金元史研究室點校，《名公書判清明集》附錄
　　　2，〈窯戶楊三十四等論謝知府宅疆買磚瓦〉，頁586-587。

85　中國社會科學院歷史研究所宋遼金元史研究室點校，《名公書判清明集》附錄
　　　2，〈鄒宗逸訴謝八官人違法刑害〉，頁589。

在娼樓酣飲，拒不出面，終被判脊杖十七，刺配南康軍牢城[86]。從這些例子，看到形勢之家或地方豪橫假借官府的力量，利用具有武裝力量的弓手，作為欺壓百姓或抗拒公權力的工具，同樣嚴重影響弓手在基層社會的形象。

然而，形成弓手負面社會評價的關鍵因素，則是由弓手一職薪俸結構所衍生的貪黷行為。弓手屬鄉村中等戶的職役負擔之一，專責捕盜，本不許別有差使。宋廷為使弓手周知當地山川道路險易與姦寇窟穴所在，原無年限替換規定，以致成為部分百姓終身無法擺脫的枷鎖。後宋廷鑑於實況，逐漸允許替換[87]，服役者除免戶下其他賦役外，並無薪俸；直到神宗實行免役法後，才支付弓手雇錢，為數微薄。當弓手難以支撐家計時，就不免為利所誘，而脅迫鄉民，藉此獲利。一旦官府因役錢難敷，財政拮据，不能按時給予雇錢，甚至拖欠的時候，更會藉機生事牟利[88]。陳襄在《州縣提綱》曾說：「縣有弓手、手力，役於公家，悉藉月給以為衣食，縣家常賦不辦，往往越數月不給，彼之仰事俯育，喪葬嫁娶，迫乎其身。」這種情況，很容易讓弓手假借到鄉間捕盜的機會，騷擾鄉民。另一種情況則是弓手仗恃武力與地方鹽戶相勾結，以捕私販為名，圖謀錢財。嘉泰四年(1204)十月，擔任浙西提舉茶鹽的史彌遠在奏疏中也說「產鹽地分，弓手、土軍與亭戶相為表裡，庇其私煎、盜賣，復以巡捕為名，橫行村落，及與私販之徒極力防護，巡、尉玩習，全不舉職」[89]，充分顯示弓手憑藉武力，形成基層社會的禍源。

六、餘論

唐末五代的社會處於舊秩序解體、新制度待建的轉換時期。待到宋政權建立後，朝廷藉由重組政治架構，以制度化的力量介入基層，嘗試維護與掌握社會秩

---

86 中國社會科學院歷史研究所宋遼金元史研究室點校，《名公書判清明集》卷11，〈違法害民〉，頁412。

87 參考黃繁光，前引書，頁39-40。

88 雷家宏，〈宋代弓手述論〉，頁71。

89 徐松輯，《宋會要輯稿》，〈食貨〉28之49。

序。此架構係形成於北宋初期，到南宋時逐漸定型，成爲爾後中國基層社會的固定模式。在宋代形塑的基層行政架構中，弓手是唯一擁有武備，由縣尉指揮，代表朝廷執行公權力的武裝力量，卻又是由當地百姓依資產、戶口多寡爲標準，所擔任維護地方治安的職役；既與一般力役不同，也與唐末五代由鎮將統督時所負任務有別。在宋代中央集權的政治設計下，弓手的工作性質常因時空改變而調整，甚至超出其原有職權範圍；而其角色的形成，則與基層社會高度仰賴胥吏執行地方事務的行政組織與運作有關。

　　在宋代的基層行政組織中，由於宋代縣府主要官員僅有縣令、縣丞、縣尉、主簿等，多爲有科舉出身之人，既受避籍、任期的制度所規範，上任後又有語言的限制，對地方事務無法深入掌握，因此事務性工作須委由長於吏事的幕僚、胥吏執行。弓手作爲長期涉入基層社會多方面的重要事務，遂成爲政治力與社會力的交會角色。弓手與其職能、角色的發展，顯示社會型態與結構在不同政治環境下被重新建構、塑造的過程。下一章中，會將本章所討論的弓手，與前章探討的巡檢，合併視爲基層社會武力的一環，並將其置之於基層社會的權力架構與整體運作中闡釋，如此一來，不僅有助了解縣級官員與地方勢力之間的互動，更能反映傳統中國基層社會各種勢力的相互關係及發展面貌。

第三章

近民作縣——基層社會的權力結構與運作

　　學人研究「基層社會」，其指涉內涵常因研究對象的人口、活動空間和資料詳略，有所不同。以宋代而言，「縣」是行政組織運作中，設官任職、執行政策、維護治安、司法裁判和財稅徵收的基本單位，縣衙則是皇權統治與基層社會最爲貼近的政治場域，是官府行使公權力之處，也是各類人群聚集交流之地，更是中央政治力與地方社會力接觸的介面。縣以下的「鄉里」不再有朝廷命官，是虛級的行政單位，若將基層社會的討論層級降至鄉里，宋代地方社會許多富有活力之處將不復存在，也將失去歷史研究的意義。

　　近年來，學界對宋代基層社會的討論各有側重[1]，如「鄉村共同體」、「地域社會」概念均是探討此議題的重要視角；不過討論重點也常因過於側重「社會」與「空間」，而容易低估了國家權力與政局變化對地方社會的影響[2]。有鑑於此，本章將聚焦討論宋代政制特點所塑造出的縣級基層場域，以縣政爲核心，

1　吳雅婷，〈回顧1980年以來宋代的基層社會研究——中文論著的討論〉，《中國史學》12期（2002），頁65-93。

2　關於共同體的研究，谷川道雄教授是先驅，而20世紀80年代起，日本明清社會史研究者提出「地域社會」的視野則影響深遠，相關論著頗爲豐富。可參見檀上寬，〈明清鄉紳論〉，收入劉俊文編，《日本學者研究中國史論著選譯》（北京：中華書局，1993）6卷，頁453-481。岸本美緒著，何淑宜譯，〈明清地域社會論的反思〉，《近代中國史研究通訊》30期（2000），頁164-176；〈「秩序問題」與明清江南社會〉，《近代中國史研究通訊》32期（2001），頁50-58。常建華，〈日本80年代以來的明清地域社會研究述評〉，《中國社會經濟史研究》1998年2期，頁72-83。

由權力結構與實際運作兩個層面入手，觀察縣政管理的演變與牽涉其中的各類群體，從中體現宋代基層社會的動態歷史發展軌跡，剖析政治力與社會力間的角力關係。

為避免將基層社會視為無差異的整體，本章對參與基層社會運作的相關群體，採取分項討論的作法。此作法雖不免將胥吏、弓手、土兵、巡檢、士人、鄉居官員，乃至親民官等，切割得過於分明、單一，然受限於篇幅與研究主題，為求討論焦點集中，勢必得割捨對個人與群體多元形貌的勾勒與討論，而著重於基層社會的權力結構與實際運作。同時，本章著重探究宋代縣級單位重要性的提升，基層武力與胥吏的發展和變化；至於鄉里組織、宗教、文化社群活動、禮俗生活等層面，則僅述及農政運作與地方勢力有關的部分，其餘暫不討論。

探討宋代基層社會，範圍理當涵蓋中國全境，然中國疆域遼闊，各地區間差異甚大，既有人多事雜、治區較小的劇縣，也有轄區遼闊、人少地瘠的貧縣。地理環境、風俗民情的歧異，導致諸多地區治理難易、文化優劣，各自不同。復以一縣所涉事務面向繁多，刑名錢穀，情況各異，很難用相同模式一概看待或評價縣府所有事務。再者，南宋時代，整個淮河以北地區，已非屬趙宋政權統轄，史料明顯不足，欲全面考察所有縣級運作全貌，更是幾乎不可能。因此，本章僅就史料中所呈現時代特質，觀察有宋一朝中央與地方的互動與官民互動，以及南、北宋地方社會的發展變化；討論南宋時，限於淮河以南地區，其中江浙一帶，資料相對豐富，反映現象也較為具體，是本研究的重點。

一、以縣衙為中心的基層事務與人際關係

縣作為宋代的基本行政區，是獲朝廷指派命官的最基層統治單位。「縣官」一詞在漢代，除指地方官府外，亦意指天子[3]。到了宋代，縣官雖只是地方行政長官職稱，但縣府涉及業務龐雜繁多，除了不具外交、軍事機能外，實際上就像

3　佐竹靖彥，〈《作邑自箴》の研究——その基礎の再構成——〉，《人文學報（歷史學）》238期（1993），頁234。

一個小朝廷。縣轄下有鄉、里、管、都等虛級化地理區劃單位或財稅稽徵建置，彼此無隸屬關係，也多不具行政實權，所有行政統治權均由縣府負責。

(一)縣衙角色的轉變

　　縣衙是宋代縣政運作的樞紐。在縣衙面對基層民眾的官員，被稱為「親民官」，是縣政最重要的決策者，也是治理成效的關鍵人物。縣級的親民官包括縣令、縣尉、縣丞、主簿，他們都由朝廷任命，大部分為進士出身。從《嘉定赤城志》和《作邑自箴》對縣治的記載，可以了解縣衙大致劃分為下述幾個部分：縣令的住處(宅)、縣令的辦公處(廳)、檔案資料室(架閣庫)、胥吏辦公室(司房)，及以米倉、錢庫、縣獄等衙役的工作場所。除縣令外，宋代縣府的主要人員縣丞、縣尉、主簿，在縣衙附近各自有辦公室(廳)；同樣，大部分的弓手等則在縣衙各廳任職，概略地說，縣衙就像由宮城、皇城構成中央朝廷的縮影[4]。對於絕大多數的百姓而言，終其一生最直接所面對的朝廷機構，就是縣，而由縣令等親民官和所轄僚吏構成的縣衙，就是與百姓關係最密切的機關，也是宋代政治力與社會力交織的所在。

　　在宋代，由於強鄰壓境，長期內亂外患，國防、外交費用支出增多，需通過縣府向百姓徵集賦稅；軍需物資運輸、訊息傳遞，以及水利、交通設施等，也需要透過縣衙徵調人力。這些政策的推動，都有賴於縣府的運作來貫徹，使得縣的角色較之前代更顯重要。除了政治情勢使然，縣之地位提升，更關鍵的因素來自社會經濟型態的轉變。宋代社會經濟型態轉變迅速，商業活動頻仍，土地、物資等交易活絡，各種法律糾紛、訴訟層出不窮。訴訟案件關係個人利益，在程序上，任何訴訟都須先經縣衙進行初審，由縣衙派遣縣級官員追查當事人與證人、測量糾紛土地、查驗契書真偽，以作為初審判決的依據[5]。由於土地轉易頻繁，官方對田宅交易、租佃、界至、侵占等訴訟，都制訂相關條令，規範處理，並且

4　佐竹靖彥，〈《作邑自箴》の研究──その基礎の再構成──〉，頁256-257。

5　李如鈞，〈官民之間：宋元江南地方社會中的學田爭端〉，收於黃寬重主編，《基調與變奏：七至二十世紀的中國》(社會思想)(台北：國立政治大學歷史學系等出版，2008)，頁151-168。

需要不斷更新法令規章，以因應社會變化。同時，隨著社會經濟的活躍，民眾的日常生活漸趨世俗化和功利化，同時由於家族結構的改變，傳統道德的約束逐漸減弱，地方上發生鄰里爭田、族人互訴、父子爭產、兄弟析家等，罔顧親情、倫常，走向訴訟的法律案件急遽增加[6]。這些法律、倫理事務，乃至各地遭逢天災人禍，代朝廷宣慰恩意等眾多事務，都要透過直接面對百姓的縣衙來處理，使得縣政工作日益吃重。

(二)縣官與地方人士的互動

攸關治道的縣政業務是由朝廷任命的親民官所負責，對初仕士人而言，是一項極具挑戰性的任務。宋廷透過科舉考試，拔擢大量士大夫成為進士，進入官僚體系。這些為數眾多的天子門生，有相當大的比例出任州府幕職官，或面對基層民眾的親民官。由於縣政對政局的影響甚大，因此縣令的任命極受朝廷重視。縣令直接代表皇權，其施政成效立竿見影，成為抱持經世濟民，有志治道，或欲品嘗權力滋味的士大夫的最佳選擇。

宋廷為了加強中央集權，防範官員把持地方及澄清吏治，建立官吏迴避本貫的制度，凡擔任路、州、縣的地方官員，需要迴避本貫、寄居地、迴避祖產和妻家田產所在地、迴避親屬等，並應定期輪調。避籍、避親制度形成於仁宗朝，到南宋已趨完備，執行也相當確實，只有在父母年老或為優待元老重臣等較特殊的情況下，官員才可以「與近地，守鄉邦」。新科進士非但必須到本貫以外的陌生地方任職，且為避免施政困擾或引發爭議，通常只有少數僕從或家屬隨行。此外，為避免隨從、親人介入地方事務，與地方勢力勾結或衝突，也有種種預防性作法。在各種記錄為官經驗談的官箴書，如《州縣提綱》的〈防閑子弟〉、〈嚴內外之禁〉、〈防私覿之欺〉、〈戒親戚販鬻〉諸條，及《晝簾緒論‧廉己篇第一》等篇章，對此均一再強調。

新任官員到任之後，為了宣達朝廷政令，通常利用重要街道或市鎮等地，頒

6　王華豔、范立舟，〈南宋鄉村的非政府勢力初探〉，《浙江社會科學》2004年1期，頁198。

布到任榜，公告到任消息與個人聲明，旨在宣告新官上任的重要政策取向。榜文的具體形式與內容，基本上會以類似下文的型態呈現：

知縣事榜：

　　勘會今月日到任，並無親戚、門客、秀才及醫術、僧道、人力之類隨行，竊慮有妄作上件名目之人，在外作過，須至曉示。

　　右出榜某處，如有妄作上件名目之人，起動人戶，並寺觀、行鋪、公人等人，仰諸色人收提赴官，以憑盡理根勘施行，各會知委。

　　年　　月　　日[7]

朱熹在其〈知南康軍榜文〉中，鼓勵地方人士向他呈報有利於地方政務推動的意見，他會仔細「審實相度，多方措置」；也特別留意關於表彰孝子節婦、修繕聖賢遺跡，鼓勵百姓擇子弟入學等關係地方風教的政策。新官上任的到任榜，充分揭示了州縣長官尋求與地方社會溝通、聯繫的誠意與願望[8]。

　　縣政工作十分繁雜，涉及治安、司法、賦稅職役等面向，如所有民刑案件、緝盜捕寇、完糧納稅、推排差役，在在都與基層社會秩序及民眾生活息息相關。這些事務不論多麼龐蕪瑣碎，都是親民官每天必須面對、處理的職責所在。況且，宋代法令規章不斷更新頒布，以一縣至多五名的朝廷命官，每日所要處理的日常事務多如牛毛，對初任官員的新科進士而言，責任十分沉重，也因此迫使他們必須與居鄉的士人、官員，保持密切的良性互動，以利政務運作。

　　縣令在上任前，與縣衙官吏、縣內居民素未謀面，也沒有人事關係，要能有效治理縣政，一方面需要與朝廷、監司等上級官員、州郡長官僚屬等，建立關係人脈，另方面則需要與轄區的地方人士，特別是活躍於基層社會，被稱為縉紳的地方權貴，保持良性互動。這些縉紳多是地方權勢之家，又是教化興行的表率、政令暢通的關鍵，更是中央了解地方官員的治績與勤惰，訪聞消息、采風謠的主

7　李元弼，〈知縣事牓〉，《作邑自箴》卷7，頁4下。

8　朱熹撰，郭齊、尹波點校，《朱熹集》（成都：四川教育出版社，1996）卷99，〈知南康軍榜文〉，頁5051-5053。

要信息來源。由於地方官赴任時，手中未握一兵一卒，欲承擔縣政，所靠的就是王朝的權威，和與當地士大夫所共同具有的價值標準和共同利益[9]。因此，官員上任後，必須時時徵詢地方縉紳的意見，藉以掌握地方輿情，推動教化，穩定政治。相對地，地方縉紳也會藉著謁見官員的機會，反映地方輿情，乃至表達自身利益有關的意見。官民雙方基於互利，必須維持良好互動，也因此在各地耆老組成的詩社、官方所推動的鄉飲酒禮，乃至地方重大祀典等公共活動中，都有縣級長官參與的身影。

　　相對地，在縣級官員拓展人脈的過程中，也會產生負面現象。一是縣官在官僚體系中，職等仍低，而地方上可能有比縣官官階高的居鄉官宦，當他們有所請託時，縣官很難不妥協。這些縉紳豪右、地方大老，如因牟求私利而干預縣政，則是縣政難治的原因之一。若遇地方財政匱乏時，親民官對地方權勢之家的仰賴更為殷切，彼此的關係也更為複雜。黃榦任新淦知縣時說「江西諸縣，惟新淦最為難治，二十年間為知縣者，十政而九敗。為人吏者，朝捕而夕配，推原其端，皆緣財賦窘乏，入少出多，通一年計之，常欠二萬餘緡。」[10]財務窘乏，造成官吏無以為繼，只有懇求上戶預借官物，如此一來「縣道之柄從此倒持，豪強之家得以控扼，請求關節」[11]，形成官府不得不求助於豪民，受制於人的現象[12]。因此，如何維持適度的關係，又不影響施政成效，是地方長官必須面對，也必須以智慧化解的問題[13]。

　　由於縣政繁重，如何妥善治理，成為地方官員的要務。為了傳承經驗，宋代出現多部治理地方經驗談的「官箴書」，是反映基層社會政治的重要材料。其中，成書於北宋後期，李元弼所撰《作邑自箴》一書，就是很具代表性的官箴著作。李元弼從實務經驗出發，集結鄉老先生為政之要一百三十餘說，以及由此衍

9　佐竹靖彥，〈《作邑自箴》の研究——その基礎的再構成——〉，頁244-245。

10　黃榦，《勉齋集》卷29，〈新淦申臨江軍其諸司乞申朝廷給下賣過職田錢就人戶取田〉，頁11。

11　黃榦，〈新淦申臨江軍其諸司乞申朝廷給下賣過職田錢就人戶取田〉，頁11下。

12　王華豔、范立舟，〈南宋鄉村的非政府勢力初探〉，頁134、193-198。

13　鄧小南，〈北宋蘇州的士人家族交遊圈——以朱長文之交遊為核心的考察〉，《國學研究》3期（1995），頁451-485。

生的規矩和勸誡一百餘事，寫成十卷的《作邑自箴》。該書詳細闡明縣令上任前應作的各種準備、到任後對如何了解轄地事務、拿捏人際關係，如何掌握轄區資訊、物流管理、租稅徵收、審判訴訟，乃至公安、司法業務等「爲政之要」，以及處事的各種規矩等，鉅細靡遺，是了解宋代基層社會政治的重要文獻[14]。

(三)胥吏在地方社會影響力之提升

由職役的民戶及胥吏承擔縣級事務，也是宋朝推動中央集權的一項特色。就行政建置而言，先秦出現了鄉里；到隋唐時，鄉官制已逐漸遭到破壞。及至宋代，鄉里虛級化正式確立，與國計民生關係密切的刑名錢穀，都在縣衙辦理，縣衙成爲統攬基層事務的樞紐。

在宋代，朝廷一方面爲了因應社會的變化，不斷修訂、頒布各項法條、規章、命令等文件，作爲各級政府執行政令的規範，要求官員們恪遵規程，照章辦事，以致官員在處理政務時，除自主權受到限制，面對大量檔案文書，也難以切實掌握。另一方面，由於宋廷爲了擴大財源，不斷增加各項賦稅名目與稅則，加強稽徵，加上土地財產轉移的活動蓬勃，其中關於程式、公證及法律訴訟等，均涉及人民權益與官民關係。這些複雜多變的事務，都須透過縣衙轉呈、運作、執行，縣衙成爲朝廷最直接面對民眾的行政機構，難怪宋人就認爲「當今作吏之難，莫若近民之官，於民尤近者，作縣是也」[15]。

實際上，宋代縣衙面對民眾的第一線人員，除了少數具決策性的親民官之外，就是大量執行事務的胥吏。宋代從中央到地方各級政府，都有爲數龐大的胥吏。根據估算，北宋元祐(1086-1093)年間，胥吏總數約在四十四萬左右；南宋時期，所轄十六路的胥吏總數當在二、三十萬人[16]。這些胥吏主要是從鄉村上戶和坊郭戶中招募或輪差而來；州縣役差募不一，鄉役多屬差役[17]。他們多無俸

14　佐竹靖彥，〈《作邑自箴》の研究──その基礎の再構成──〉，頁234-269。

15　徐松輯，《宋會要輯稿》，〈職官〉48之49。

16　王曾瑜，〈宋朝的吏戶〉，《新史學》4卷1期(1993‧3)，頁80-81。

17　同上註。

祿，也沒有出職爲官的機會[18]，但人數眾多，各有專司，在各地的名稱也不相同。

宋初縣衙吏額的人數，在編制上不如唐代。據《唐六典》所列，唐代上縣吏額爲四十人，中縣爲三十人，下縣爲二十二人。宋初萬戶以上的縣，吏額爲二十五人，較《唐六典》所載數量少，但到南宋則有明顯增加的趨勢。以台州縣役人吏爲例，依《嘉定赤城志》天台縣「縣役人」項所載，天台縣四鄉十二里，有胥吏三十九人，其中人吏十五人、貼司二十人、鄉書手四人；另有衙役五十八人，包括手力三十五人、斗子八人、庫掐子七人、秤子二人、欄頭一人、所由二人、雜職三人；以及隸屬於縣尉的弓手五十七人；全縣衙役，合計一百一十五人，加上胥吏一百五十四人(不包括鄉役人)，統治著四萬一千三百七十一戶的主客戶[19]。如果加上監獄管理人員，如門子、獄子、杖直、押獄、節級，以及替囚犯治病的醫人[20]，以及爲應付新增業務而增加的私名吏額，則一般縣衙實際任職的吏員當在一、二百人之數[21]。這些胥吏各有專職，但主要工作是承擔國家二稅與各項雜稅的徵收、地方治安及法律文書等業務，在第一線面對民眾，是縣衙行政事務的實際操持者。一縣之內，得力於如此多的胥吏和衙役，參與由四、五位親民官所主持的縣衙運作，才能夠將縣政處理得井井有條。

除了縣衙的官員、胥吏外，在鄉村執役的鄉役人，也是縣政運作網絡的主要組成部分。鄉役人包括里正、戶長、耆長、壯丁、保正、保長、承帖人、催稅甲頭等[22]。他們多擔任鄉村賦役徵派，和防治盜賊、煙火等治安事務，向縣衙負責。鄉司則承擔了各類版籍、賦稅的簿帳編製、書算等財稅稽核工作，包括編製排伍、兩稅等版籍，編製、註銷稅租鈔、推割稅租、鄉役編排點差、和預買綢絹的編冊攤派、災情蠲免的檢視上報等，其職責與運作，不僅關係著宋代財稅體制

18　王曾瑜，〈宋朝的吏戶〉，頁80-81。

19　陳耆卿，《嘉定赤城志》卷17，頁1-9。

20　戴建國，〈宋代的獄政制度〉，《宋代法制初探》(哈爾濱：黑龍江人民出版社，2000)，頁264-280。

21　林煌達，〈唐宋州縣吏員之探討〉，收於黃寬重主編，《基調與變奏：七至二十世紀的中國》(政治外交軍事)(台北：國立政治大學歷史學系等出版，2008)，頁125-148。

22　王曾瑜，〈宋朝的吏戶〉，頁43-106。

運轉，也影響到基層社會的經濟發展與政治安定，是趙宋皇權深入基層，不可或缺的角色[23]。

到了南宋時期，胥吏更是基層政治運作的要角。縣衙的吏職不論是募或役，多長期任職於一個地區或機構，也用各種方式薦引自己的親戚、子弟入役，承繼其業務，有世襲化的趨向[24]。復以社會變遷，人口增加，江南農工商業發達，法令規章繁多，基層事務人員專業化與職業化的需求增強，逐漸使得定期輪差的制度被雇募方式所取代。如鄉書手，最遲至北宋末期，就因須經常來往縣衙，胥吏的屬性大增，至南宋已明顯成為專職的胥吏。這些胥吏處在法令規章繁多、業務專業化的南宋，憑藉其熟悉公文簿書、精通法令的專業知識，及對基層社會複雜生態的了解，可以處理繁瑣的地方事務，而成為宋廷掌控基層社會的關鍵人物[25]。總之，在環境變遷下，由於專業能力與經驗的累積，胥吏已然成為不究細務或缺乏行政經驗的官員所倚仗的重要助手[26]。

宋代官員的任用制度也加重了胥吏在基層社會的角色。前文曾論及，宋廷為防範官員與地方關係過密，影響中央政務的貫徹，或造成地方的紛擾，因而有各種避本籍、親族，以及定期輪調的規定。這些制度的實施雖未必能達到「官無徇私之嫌，士無不平之歎」的目的，不同時期亦有執行寬嚴之別，但對澄清宋代吏治，仍發揮了不少積極作用[27]。然而，這些避籍及輪調的規定卻也同時對地方行政產生負面影響。如輪調制度的實施，形成「郡縣之臣，率二歲而易，甚者數月，或僅暖席而去」[28]，「或未能盡識吏人之面，知職業之所主，已舍去矣」的

23　王隸，〈宋代鄉司在賦稅徵收體制中的職權與運作〉，《中州學刊》1999年3期，頁127-132。

24　王曾瑜，〈宋朝的吏戶〉，頁43-106。

25　張谷源，〈宋代鄉書手的研究〉（台北：中國文化大學史學研究所碩士學位論文，1998），頁132-134。參見黃繁光，〈南宋中晚期役法實況──以《名公書判清明集》為考察中心〉，收入漆俠主編，《宋史研究論文集》（保定：河北大學出版社，2002），頁244-247。

26　朱瑞熙，《中國政治制度通史》6卷（北京：人民出版社，1996），頁721-724。

27　張邦煒，〈宋代避親籍制度述評〉，收入氏著《宋代婚姻家族史論》（北京：人民出版社，2003），頁360-375。

28　陳舜俞，《都官集》卷3，〈經制五〉，頁19-20。張綱在〈乞久任劄子〉中也提到，有官員到任未滿一年，或二、三月就離職的情形。張綱，《華陽集》卷14，

現象[29]。避籍制度所造成的語言不通、溝通不易，則使官員對其任職地與擔任職務，多所隔閡，曾鞏就曾對此現象有很深刻的反映[30]。

面對陌生的社會環境，除了少數強敏幹練的官員尚能做到「吏不敢欺，民不被害」之外[31]，大多數的縣官在處理縣政事務時，往往都要委諸各有專長的胥吏，以致造成如葉適所說：「國家以法爲本，以例爲要，其官雖貴也，其人雖賢也，然而非法無決也，非例無行也。驟而問之，不若吏之素也；暫而居之，不若吏之久也；知其一不知其二，不若吏之悉也，故不得不舉而歸之吏。官舉而歸之吏，則朝廷之綱目，其在吏也何疑。」[32]此情況顯示胥吏較官員更爲熟悉法條規章及地方民情風俗，使得官員不得不倚仗胥吏，以求政務順利執行。

再者，宋廷爲貫徹統治，所賦予親民官的職責十分繁重，而工作內容卻又相當龐蕪瑣碎，但在現實情況下，縣令實在無法親自處理像定時爲監獄牢門開鎖等繁瑣的工作[33]，只能委由胥吏代爲辦理，或聽從其建議處置。胡太初就指出：「在法，鞠勘必長官親臨。今也，令多憚煩，率令獄吏自行審問，但視成款僉署，便爲一定，甚至有獄囚不得一見知縣之面者，不知吏逼求賄賂，視多寡爲曲直，非法拷打，何罪不招。」[34]眞德秀也指出：「訪聞諸縣，聞有輕置人囹圄，而付推鞠於吏手者，往往寫成草子，令其依樣供寫，及勒令立批，出外索錢。」[35]以致舒璘有此評論：「官員迭更，未必皆賢，賢者尚不能盡察，萬一非賢，吏輩誅求，上下勢散，內外情隔。非委之吏，事必不集；集事在吏，非賄不行。」[36]

(續)━━━━━━━━━━━━━

　　　〈乞久任劄子〉，頁2-3。

29　司馬光，《傳家集》（四庫全書本）卷25，〈論財利疏〉，頁6。

30　曾鞏，《曾鞏集》（北京：中華書局，1984）卷14，〈送江任序〉，頁220-221。

31　劉行簡，〈劉行簡乞令縣丞兼治獄事〉，收入黃淮、楊士奇編，《歷代名臣奏議》（上海：上海古籍出版社，1989）卷217，〈慎刑〉，頁2851。

32　葉適，《葉適集・水心別集》（北京：中華書局，1961）卷15，〈上殿劄子〉，頁834-835。

33　謝深甫，《慶元條法事類》（台北：新文豐出版公司，1976）卷75，〈刑獄雜事〉，頁537。

34　胡太初，《晝廉緒論・治獄篇》，收入官箴書集成編纂委員會編，《官箴書集成》（合肥：黃山書社，1997），頁11下-12上。

35　眞德秀，《西山政訓》，〈清獄犴〉，頁7。

36　舒璘，《舒文靖集》卷下，〈論保長〉，頁6。

由這些意見可以看出，胥吏在南宋文臣的眼中，不僅在政治運作的影響力增強，形象趨於負面，甚且被視爲吏治敗壞之源。

此局面實肇因於宋政權南渡後，基層事務專業化的屬性增強，胥吏對縣政運作的涉入加深。靖康之亂，不僅造成政局轉易，對基層政治運作的影響更大。當時情況一如葉適所說：「渡江之後，文字散逸，舊法往例，盡用省記，輕重予奪，惟意所出(按：指吏)。其最驕橫者，三省、樞密院、吏部七司、戶、刑，若他曹、外路從而效視，又其常情耳。」[37]如此一來，便給予了胥吏操控基層事務的空間，形成「吏強官弱」或「公人世界」的局面。上述葉適、舒璘、眞德秀與胡太初等人對胥吏的負面評價，恰恰充分反映了在官少吏多、官員迴避、輪調制及基層業務繁重，加上政局鉅變的情況下，胥吏在宋代基層社會所具有實質的影響力也隨之大幅提升。

宋代胥吏固然被批評操持縣政、傷害基層吏治，但在實際環境中，他們與官員的關係相當複雜，並非只有把持縣政的一面，也可能同時是遭官員刻剝資取的受害者。袁采就說：「惟作縣之人不自檢己，吃者、著者、日用者般挈往來，送饋給托，置造器用，儲蓄囊篋，及其他百色之須，取給於手分、鄉司，……其弊百端，不可悉舉。」[38]說明胥吏身爲一地的社會成員，與地方權勢之家有著盤根錯節、公私兼俱的關係，是官員剝削地方資源的主要管道，既可能是與官員利益均沾的共同體，但也更可能是不肖官員對地方層層剝削中受害者，但胥吏長期涉入基層政治運作，卻又不具發言權，遂遭指批判成爲吏治敗壞的源頭。

然而，不論胥吏在基層社會的影響與評價如何，他們仍是基層社會運作的主要力量之一，這和他們在地方社會的中介性角色關係密切。佐竹靖彥的研究指出，宋代中國國家系統與地域社會之間有一道鴻溝，填補這個鴻溝或調和差異的人，就是胥吏。宋代官僚並不直接承擔軍務，也不是公共秩序的直接組織者或執行者，使得國家系統中產生了二元性[39]。在兩個異質系統之間，就需要像胥吏這種中介者，來承擔具體的基層行政事務，並充當著緩衝人的角色。這也是胥吏在

37　葉適，《葉適集‧水心別集》卷14，〈吏胥〉，頁808。
38　袁采，《袁氏世範》卷中，〈官有科付之弊〉，頁115。
39　佐竹靖彥，〈《作邑自箴》の研究──その基礎の再構成──〉，頁235。

基層社會中具有影響力的眞正原因所在。

二、基層武力的發展及轉變

在由唐至宋的政治社會變遷中，基層武力的發展與轉變是個值得注意的現象。宋朝建立以後，朝廷藉著武裝力量的改隸，強化了中央對地方的控制力，並徵差一定資產以上的民戶在各官府專職供役，以加強對基層社會的控制。巡檢與土兵、縣尉與弓手這兩組職權與角色相似的基層武力[40]，和由職役與胥吏構成的胥吏，成爲趙宋王朝中央政府深入基層的重要力量，也是觀察唐宋的基層社會與政治運作變化的線索。在宋代，這兩組強化中央集權的武力和胥吏一樣，都隨著時代推移而有所演變，最後反而提供了社會力發展的空間，使中央與地方的關係出現新的變化。在本編前兩章中，已分別爬梳巡檢與弓手職能角色的歷史發展源流，本章則擬將兩者置於基層社會的權力結構與整體運作中，觀察政治力與社會力如何在其中角力互動。

(一)巡檢與土兵

巡檢在唐代原是官員的職務之一，是屬於官吏臨時派遣的任務，到了唐後期，由於地方不靖，巡檢逐漸成爲專職。後由於專賣制度的實施，出現專司檢查、緝私，與財政稅收和行政管理職務有關的巡檢，主要設置於鹽池產地、交通要道等地方[41]。到五代，巡檢變成一種使職、差遣，而不是職官，位低職重，其設置不論在地域或結構的層次上，都大大突破唐時規模，職能也比唐代擴大[42]。

40　曾我部靜雄，〈宋代の巡檢、縣尉と招安政策〉，《宋代政經史の研究》（東京：吉川弘文館，1974），頁145-248。

41　以往學界認為，巡檢是五代時期才出現差遣的職務，見黃清連，〈圓仁與唐代巡檢〉，《中央研究院歷史語言研究所集刊》68本4分(1997)，頁899-924；但劉琴麗在〈五代巡檢研究〉及李錦綉在《唐代財政史稿》一書中均有所修正，詳見劉琴麗，〈五代巡檢研究〉，《史學月刊》2003年6期，頁34-41；李錦綉，《唐代財政史稿》下卷中(北京：北京大學出版社，2001)，第一分冊，頁422、589。另參見本書第壹篇第一章。

42　參見本書第壹篇第一章。

巡檢職能的改變體現了唐末五代中央與地方的權力拉鋸——在藩鎮分割了中央部分人事任用權的同時，中央政府則透過差遣的辦法，將部分用人權力收歸中央[43]。

宋代巡檢與其所屬的土兵是中央集權的重要表徵之一，其設置更爲普遍與複雜。經過宋太祖、太宗二朝的征戰、招納後，藩鎮割據的局面消除，中央威權逐步加強，五代時期巡檢使擔負監督地方軍鎮勢力的職能逐漸消失，募兵禦邊與維護境內治安成爲巡檢的新職責。宋初爲防禦遼、夏進犯，朝廷任命熟識邊防事務的將領充任巡檢，率兵守邊，這些人「位不高，則朝廷易制；久不易，則邊事盡知」[44]，既能發揮禦邊的作用，又有利於集權中央。同時，爲了加強維護境內的社會秩序，鎮壓反叛，宋廷也在遠離城邑的多盜之區，設巡檢、置寨兵，以強化治安缺口，穩固政權。

宋神宗以後，宋與遼、夏雖時有爭戰，但關係相對穩定，戍邊巡檢數量減少、轄區縮小，地位也有降低的趨勢。反之，由於境內經濟活動蓬勃，宋廷爲了增加財政稅收，實施茶、鹽專賣制度，卻導致境內外的茶、鹽走私活動頻繁；走私者甚至採取武裝護衛，不僅威脅地方治安，更影響政府的財政收入。如虔、汀兩地的走私者，活動區域遼闊，「往往數十百爲群，持甲兵、旗鼓，往來虔、汀、漳、潮、循、梅、惠、廣八州之地，所至劫人穀帛，掠人婦女，與巡捕吏卒鬥格，至殺傷吏卒，則起爲盜，依阻險要，捕不能得。」[45]這些走私活動，不僅減損朝廷的財政收入，更威脅地方治安。爲鎮壓私販武力，宋廷除了保留既有邊防型的巡檢外，於江、河、海沿岸的水路、州縣行政區劃交界、偏遠處所及市鎮場務所在，也設有巡檢。此外，各縣除縣尉外，亦增設巡檢，並提升其地位[46]。

在維護境內治安的任務上，巡檢的責任更爲繁重。仁宗時期的詔書中，即曾

43　劉琴麗，〈五代巡檢研究〉，頁34-41。

44　李燾，《續資治通鑑長編》卷45，真宗咸平二年十二月丙子條，頁974。

45　李燾，《續資治通鑑長編》卷196，仁宗嘉祐七年二月辛巳條，頁4739。

46　苗書梅，〈宋代巡檢初探〉，《中國史研究》1989年3期，頁41-54；又見苗書梅，〈宋代基層社會管理體制的重要一環：巡檢問題再探〉，發表於「第三屆中國史學會：基調與變奏——七至二十世紀的中國國際學術研討會」（台北：國立政治大學歷史學系等，2007・9・3-5）。

說到：「國家設巡檢、縣尉，所以佐郡邑，制奸盜也。」[47]顯示巡檢與縣尉同為維護基層社會治安的重要武力。基本上，縣尉負責縣城及草市的治安，屬於民防性質；巡檢則負責維持鄉村治安，對付大股寇盜，駐所也遍設於地形險要之處，軍防性質較強。巡檢的任用資格雖多，但仍以武職官員為主，任期稍長，其中武學生及武舉出身者，是出任巡檢的主要人選[48]；而縣尉一般則由文官擔任，武官兼任的情形較少。

巡檢統屬的成員性質上屬於軍人，包括禁軍、廂軍、鄉兵和土兵。巡檢早期以監督境內的地方軍，以及在邊境防禦外患為主，所轄以禁軍為主力；隨著境內治安任務的加重，禁軍的適任性面臨考驗。禁軍多是外地人，在輪戍制度的實施下，對駐紮地區內的山川地理、人情風俗均不熟稔，對付地區性的變亂，不容易發揮弭亂之效，有時反而成為地方肇禍之源。因此，輪調式的禁軍能否有效維護地方秩序，頗引起爭議。蘇轍就曾說：「國家設捕盜之吏，有巡檢、有縣尉，然較其所獲，縣尉常密，巡檢常疏，非巡檢則愚，縣尉則智，蓋弓手鄉戶之人，與屯駐客軍異耳。」[49]顯示部分朝臣對外來的軍隊能否維護本地治安，有所疑慮。

為了改善這樣的現象，宋廷曾在元豐年間令以土兵替代。到了元祐二年（1087），有朝臣指出，土兵多親戚鄉里之人，容易互相遮庇，建議「以其半復差禁軍」。隨後，又朝臣認為，「禁軍所至，往往一心惟望替期，又不諳習彼處道理」，建議仍依元豐法，一律招土兵代替。自元豐年間起，禁、廂軍逐漸退出巡檢統轄體系，改由當地人充役的土兵擔任；而從徽宗之後一直至南宋，除極少數例外，宋廷均以招募本地人為土兵，負責維護地方治安[50]。如南宋初，虔州土豪陳敏因組織家丁討捕走私、保衛鄉土有功，被任命為巡檢；後在福建地區成立的地方軍——左翼軍，就是以其家丁及當地土兵為基礎[51]。從上述巡檢職能及所轄

---

47 徐松輯，《宋會要輯稿》，〈職官〉57之36，慶曆三年五月條。

48 方震華，〈文武糾結的困境——宋代的武舉與武學〉，《台大歷史學報》33期（2004‧6），頁1-39。

49 蘇轍，《欒城集》（上海：上海古籍出版社，1987）卷35，〈制置三司條例司論事狀〉，頁762。

50 苗書梅，〈宋代巡檢初探〉，頁41-54。

51 李心傳，《建炎以來繫年要錄》（台北：臺灣商務印書館，1983，景印文淵閣四

成員的變化，顯示北宋末年起，宋廷對巡檢的政策，已由以戍邊禦敵及貫徹中央統治力(禁軍)為重，轉為以維護境內地方治安(土兵)為主。

(二)縣尉與弓手

　　縣尉及其所領的弓手，是另一支宋廷維護基層治安、具有民政意義的基層武力，也是宋太祖建國後，強化中央權威的措施之一。宋太祖趙匡胤在推行杯酒釋兵權等一連串收兵權政策後，接受趙普建議，重置縣尉，由朝廷直接任命，以其領導弓手，擔負逐捕盜賊、維護地方秩序之責。目的是為了限制原來屬於私人武力的鎮將權責，並將鎮將原來統轄弓手納入朝廷行政體系之中。

　　宋廷將弓手改隸縣尉之後，依各縣戶口的多少，編列固定員額來處理地方治安業務，維護基層社會的秩序。每縣添差弓手的人數，以各縣戶口數多寡為據，從十人至五十人不等，但實際情況卻還需視地區及境內治安狀況而異。例如乾德六年(968)和大中祥符七年(1014)所規定的弓手人數，即較建隆三年(962)有明顯的增加。徽宗大觀、政和年間，為強化境內治安，各縣均再增弓手，大縣達百餘人，小縣亦有六十人左右[52]。南宋時期，江淮防衛重鎮的江陰，設有二名縣尉及弓手二百人，人員編制遠遠超過初創時的數量[53]。擔任弓手之人，依當地百姓資產、戶口多寡，作為職役的標準。應役的弓手是屬五等戶之中的第三等，與一般的力役有別。神宗行免役法後，曾支付弓手雇錢，但縣府常無法支給，到後來弓手為了生計，便做出諸多違法事務[54]。

(續)─────────────

　　庫全書本)，卷154，頁15。黃寬重，《南宋地方武力：地方軍與民間自衛武力的探討》(台北：東大圖書公司，2002)，頁60-61；佐竹靖彥，〈宋代福建地區的土豪型物資流通和庶民型物資流通〉，收入漆俠主編，《宋史研究論文集》(保定：河北大學出版社，2002)，頁220-235。

52　黃寬重，〈唐宋基層武力與基層社會的轉變──以弓手為中心的考察〉，《歷史研究》2004年1期，頁10。參見日野開三郎，〈五代鎮將考〉，收入劉俊文主編，《日本學者研究中國論著選譯》(北京：中華書局，1993)5卷，頁72-104。陳振，〈宋史研究中官制引起的幾個問題〉，收入中州書畫社編，《宋史論集》(鄭州：中州書畫社，1983)，頁185-187。另參見本書第壹篇第二章。

53　袁燮，《絜齋集》卷9，頁16。

54　王曾瑜，〈宋朝的吏戶〉，頁100-101。

從徽宗朝起，地方武力在基層社會的影響力逐漸增強。徽宗中期以後，宋朝內外多事，朝廷無力顧及地方事務；地方治安的維護不僅由地方人士擔任，連維持這批武力的費用也轉由地方官府負責籌措[55]，讓在地勢力在地方社會中的影響力逐漸擴大。其後，宋金由聯兵滅遼轉而爆發戰爭，宋廷倉促調兵備戰，境內防備力空虛。迨方臘叛亂，亂事擴大，正規軍戰力不足，無力弭亂，宋廷面對內外交迫的局面，實無力維護江南地區基層社會的秩序。於是，各地弓手、土兵等基層武力與自發性的民間自衛團體結合，負擔起維護鄉里安全的任務，取代正規軍的角色，代表地方的社會力量也因此有了進一步的發展空間[56]。靖康之亂以後，大江南北開始由民間形成各種勤王及抗禦女眞的武裝力量；紹興以後，宋廷在嶺南、湖南、淮南地區所組織建立的各種地方軍與地方武力，如廣東摧鋒軍、福建左翼軍、湖南飛虎軍、茶商軍、兩淮山水寨等。在其發展的過程中，都可以看到各地區基層武力與民間自衛武力參與的痕跡[57]。

在兩宋三百多年的歷史中，弓手隨著宋境內治安及宋與遼、夏、金和戰形勢的轉變，在役期、員額編制、器械配備與職務負擔上有許多調整，也在維護地方治安與抗敵平亂上貢獻力量。如建炎三年(1129)二月，金兵進犯淮南東路的招信軍時，縣尉率弓手百人英勇抗金，讓高宗君臣得以從容渡江，在江南建立政權[58]。淳熙年間，辛棄疾亦在江西、湖南等地，組織訓練當地的鄉兵、弓手，對付茶商，發揮了因地制宜的戰力，最後敉平茶商賴文政之亂[59]。蘄州的弓手和茶商武力，則是在嘉定十四年(1221)二月金兵攻城時，共同擔負抗敵守城的任務[60]。

從長遠政治發展來看，當基層武力與行政事務逐漸轉由當地人士擔任，便會

---

55 彭龜年，《止堂集》卷11，〈上漕司論州縣應副軍糧支除書〉，頁1。包偉民，《宋代地方財政史研究》(上海：上海古籍出版社，2001)，頁82。

56 黃寬重，〈地方武力與國家認同：以兩宋之際洛陽地區的地方勢力為例〉，發表於「十一至十三世紀中國文化的碰撞與融合暨赤峰第三屆中國古代北方文化國際學術研討會」(內蒙古赤峰，2004・7・24-29)。另參見本書第壹篇第一章。

57 參見黃寬重，《南宋地方武力：地方軍與民間自衛武力的探討》一書。

58 葉夢得，《石林燕語》(北京：中華書局，1984)卷8，頁120。

59 黃寬重，《南宋地方武力：地方軍與民間自衛武力的探討》，頁120-121。

60 趙與裹，《辛巳泣蘄錄》，收入《筆記小說大觀》(台北：新興書局，1988)，頁9下-42下。

出現權力轉移的可能性。在宋代縣級的行政區中，經常性事務的運作由維護治安的弓手和土兵，掌理法令文書、執行行政業務的胥吏，以及擔任職役的民戶共同推動。這些人在基層社會的角色介於官民之間，具有雙重身分，一方面要奉行朝廷命令，聽從地方長官指揮，在鄉里執行公權力，以伸展中央統治權；另方面，這些人也是地方社會中具有實質影響力的群體，有時為維護自身或地方利益，會與當地的權勢之家相結，共同對官府施壓，影響地方施政，也因此時常被朝廷視為敗壞吏治，甚或是阻斷中央統治力深入基層社會的力量。

從中央政府統治權力的發展看來，唐末到兩宋，中央對基層社會的掌控有相當明顯的變化。宋太祖在建國後，為落實強幹弱枝政策，加強中央的統治力，將巡檢、縣尉納入地方軍政體系中，作為朝廷控制地方的重要武力。宋朝的巡檢、縣尉，及其各自所轄的土兵、弓手，是中央深入基層，削弱原有地方武力的重要建置。巡檢、縣尉是此一結構的主幹，土兵與弓手則是實際的執行者，此措施和任命通判、監當官等的作法，以及逐漸確立的官員任期、輪調制度一樣，均有強化中央統治權的作用，而這些作為與其他政策逐步落實，正足以證明趙宋是一個強化皇權的王朝。這種中央集權的現象，在地方政治能維持制度化運作，以及逢遇精幹親民官任職的時期，特別明顯——在此時，弓手、土兵等基層武力，既是地方州縣長官執行公權力的工具，也是中央統治力深入基層的象徵。

然而，宋廷擬藉由武力深入基層，伸展王朝統治的設計，卻隨著內外局勢的演變，在實際執行時，反使得基層武力在地方社會的影響力，有日漸增強的趨勢。特別是在兩宋交替之際，政局混亂，各地的基層武力和自發性的民間自衛團體，主導著護衛鄉里安全的主要任務，發揮了穩定社會秩序，乃至穩固政局的作用，以致南宋朝廷在重建政權後，不得不彈性調整宋代強幹弱枝的立國政策，甚至必須借重基層武力的力量，建立地方軍，以利政權的生存與發展。可見由於政局發展與時空環境轉變，宋廷本欲利用基層武力，遂行統治力量於基層社會的設計，轉而讓代表地方的社會力量有進一步發展的空間。

三、財政結構的變化與地方勢力的興起

　　長期面臨契丹、女眞、蒙古以及西夏的侵擾，趙宋政權對外既有國防戰力維繫與歲幣的支出，在內政上則有冗官、叛亂的問題交相逼迫，立國形勢遠遜於漢唐，不僅國力疲弱，財政負擔更形沉重。爲了補財源之不足，朝廷不斷強化賦稅徵集、增添稅收名目，以應內外亟需，明顯呈現財政中央化的現象。縣衙負有賦稅徵收與解送之責，但本身可調度的經費有限，而支用浩繁，如何強化基層建設，成爲經營縣政的難題。

（一）財政中央化的趨勢

　　財政權是體現王朝權威的重要形式之一。趙宋政權建立後，爲了扭轉晚唐五代以來藩鎮把持財政的局面，改變唐代財賦留州、送使、上供的分配方式，規定「諸州財賦於度支經費外，番送京師，總於三司」。地方所收財賦，除酌量留用外，其餘均經由轉運使納入中央政府，而且留在地方的部分，如「財穀悉總於三司，非條例有數，不敢擅支」[61]，表明財賦雖由地方留用，但所有權仍屬於中央[62]，這是宋代中央集權的作法之一。不過，在北宋初期，朝廷執行此一政策比較寬鬆，有相當數目的財稅以繫省爲名，留在州郡，以備調用或供地方經費之需，即使是應申報上供的財賦，也「務在寬大」而「非必盡取」[63]。對於新統一的江南，在稅收政策上尤爲寬大，使江南地區的地方財政仍有餘裕[64]。

　　仁宗慶曆以來，宋與遼、夏爭戰相繼，所需軍備糧食數量隨之增加，中央政府財政開支日漸擴大，向州縣徵調財賦日益加重[65]。到了神宗熙寧年間，王安石

61　李光，《莊簡集》卷8，〈論制國用劄子〉，頁15。

62　包偉民，《宋代地方財政史研究》，頁49。

63　梁庚堯，〈宋代財政的中央集權傾向〉，發表於「中華民國史專題論文集第五屆討論會」（台北：國史館，2000），頁564-565。

64　金榮濟，〈財政集權化的推移與地方財政——從地方財政看唐宋變革〉，發表於「日本第53回東方學會」（東京，2003‧11‧7）。

65　沈遼，《雲巢編》卷9，〈張司勳墓誌銘〉，頁3-10。

推行新法，加強中央集權，控制社會[66]，進一步改變向來財物仍多留於地方的政策，一方面在地方上增加了不少徵斂的名目，另一方面則將這些名目所得的收入，都歸於朝廷。此後，由於軍隊和官員日益增加，朝廷財政支出不斷擴大，財賦集權的聲浪愈高。

徽宗即位以後，由於西部邊境累年用兵，耗費極大財力、物力，將元豐年間原庫貯甚多的財帛支用殆盡，而宰相蔡京更以「豐亨豫大」爲名，大肆建造宮苑、索取花石，誇示升平景象，更使得府庫空虛。因此，在財政政策上，不僅承襲熙寧、元豐的作法，並且進一步採取弱外實內的措施，以擴大財源。宋廷一方面重修上供格，盡量將各地財賦收歸朝廷和御前，甚至曾五次下令，將諸路常平司所積錢幣，運到京師，成爲中央政府的財源。另方面，則不時創立特殊徵調項目，以增加朝廷的收入，如坑冶金銀，盡輸內藏[67]，並推動茶鹽引法，將專賣收入，盡集中央。宣和四年(1112)，又創立經制錢名目，將地方收入徵調至中央[68]。這些新制的推行與執行，在在加重了地方財政的窘困。

到南宋，財政中央化的情況越來越明顯。南宋長期處於強敵壓力下，和戰丕變，除了定額的歲幣、使臣往來耗費外，還有龐大的國防兵備需要朝廷支付。南宋前期，兵額無常，倪思曾指出在乾道二年(1167)全國約七、八十萬人，李心傳也說乾道內外大軍不下五、六十萬[69]。到了寧宗時，根據黃度記載，即使在與金和平時期，爲了備戰，南宋每年仍須維持五、六十萬的兵力，兵費占財政支出的十分之六，是南宋國計的重大負擔[70]。

爲應付龐大開銷，宋廷只得進一步將地方財物集於中央，使財政集中化達於極致。紹熙元年(1190)，諫議大夫何澹等人上言，指出紹興、乾道以來相繼增置

66　包弼德著，劉寧譯，《斯文：唐宋思想的轉型》（南京：江蘇人民出版社，2001），頁260-262。

67　脫脫等撰，《宋史》(北京：中華書局，1936)卷19，〈徽宗本紀〉，頁369。

68　包偉民，《宋代地方財政史研究》，頁92。

69　王德毅，〈略論宋代國計上的重大難題〉，收入王德毅著，《宋史研究論集》第二輯（台北：鼎文書局，1972），頁291-292。

70　袁燮，《絜齋集》卷13，〈龍圖閣學士通奉大夫尚書黃公行狀〉，頁20。參見王德毅，〈略論宋代國計上的重大難題〉，頁287-313。

的稅目繁多，包括總制、月椿、折帛、降本、七分酒息、三五分稅錢、三五分淨
利、寬剩、折帛錢、僧道免丁錢、州用一半牙契錢、買銀收回頭子錢、官戶不減
半役錢、減下水腳錢等，都歸於朝廷。這些稅目種類繁多，宋廷且多用比較、賞
罰的辦法，取歷年中最多的數目爲定額，要求州縣達成目標，嚴重加深州縣及百
姓的負擔[71]。

稅目、稅基不斷增多、擴大，原因眾多，最要者莫過支應國防軍備所需，
「蓋方其軍興之初，則以乏興爲虞，及其事定之後，則又以養兵、饋虜爲憂，是
以有置而無廢，有增而無減。」[72]以兩浙東路的處州所轄七縣爲例，從紹興年間
起，除兩稅之外，又有和買一項。和買科敷的對象是四等以上民戶，其標準有依
土地起敷的「實業物力錢」，和針對土地、房屋等不動產所徵收的「浮財物力
錢」兩種，成爲百姓的巨大負擔。爲了避稅，滋生詭寄逃稅等種種不法現象，造
成稅收不足，爲彌補缺額，地方政府只好採取提高稅率等困擾地方的手段，以爲
因應[73]。

大量財賦集中到中央，地方負擔越來越重。宋廷透過財政徵收的手段，獨占
全國資源的現象，從北宋到南宋持續增長，而且在集權體制下，從中央到地方，
都形成了上級對下級資源獨占的階層性集權現象[74]。如此一來，使北宋原歸地方
財政的稅款，到南宋多歸入中央所有，而由地方政府徵收的賦稅，如商稅、酒課
等，則由中央與地方按比例分配。即使歸於地方的收入，也要負責廂、禁軍，和
歸明、歸正人薪俸，及地方官員餽送之用[75]。在地方財政受到擠壓的情況下，居
於行政最底層的縣府不但出現地區性負擔差異，更開始有地方財政惡化的情況[76]。

71　王德毅，〈南宋雜稅考〉，《宋史研究論集》第二輯，頁315-370。
72　徐松輯，《宋會要輯稿》，〈食貨〉56之65、66。參見包偉民，《宋代地方財政史
　　研究》，頁92-93。
73　葉武子，〈宋麗水縣奏免浮財物力劄付碑〉，收錄於國家圖書館善本金石組編，
　　《宋代石刻文獻全編》（北京：國家圖書館出版社，2003）第二冊，頁814-815。
74　包偉民，《宋代地方財政史研究》，頁322。
75　高聰明，〈論南宋財政歲入及其與北宋歲入之差異〉，收入漆俠主編，《宋史研究
　　論叢》第三輯（保定：河北大學出版社，1999），頁214-225。
76　包偉民，《宋代地方財政史研究》，頁266-267。如福建地區科派僧院的稅目，有
　　助軍錢，有聖節、大禮二稅，有免丁、醋息、坑冶、米麵、船甲、翎毛、知通

　　賦稅名目增加和稅額加重，使徵稅成為地方官的艱難任務。州縣長官上任之後，既要在短暫的任內籌措上級政府所需的財稅，又必須充實地方經建費用，為所需的開支尋找財源[77]。光宗時，彭龜年就指出：「今日之縣令之所以難為者，蓋以財穀之出入不相補耳，豈特不相補，直有銖兩之入而鈞石之出，甚相絕者。」[78]說明縣庫收支差距過大的情形甚為常見。理宗時，袁甫在知徽州任上，曾指出所屬婺源縣「介乎萬山五嶺之間，邑最壯、民最獷，而財計最耗，以致有官吏出闕，無人敢任。縣佐攝官，苟求免過，指正稅以解別色，挪新錢以掩舊逋，措置既無他方，豫借是為良謀，才一二年，不知幾萬。豪家富室，憑氣勢而不輸官租；下戶貧民，畏追呼而重納產稅」。縣官為朝廷徵收財稅是縣政要務，都難以達成，更遑論開闢新的財源，尋找多餘的經費去推動建設，因此地方上時常出現「學舍庫務，幾無孑遺，井里市廛，莽為瓦礫」的窘境[79]。

　　地方財政的窘困，為地方勢力提供了發展空間。從北宋晚期起，朝廷不斷加強財政中央化的種種措施，一定程度影響了地方政務與建設的推動。不過，若檢視相關史籍，特別是南宋的文集、地方誌等資料，卻會發現從北宋到南宋，江南地區各州縣諸多有形的硬體建設，如城牆、官衙、學校、書院、貢院、寺廟，乃至橋樑、渠堰水利等，不斷興修或重建，規模越來越大。同時，詩社、鄉飲酒禮、法會等社會文化宗教活動，及鄉曲義莊、社倉、義莊、賑災、施藥、施粥、育嬰等養老慈善公益活動，也不斷出現，而且愈來愈多。這些事實充分顯示，宋代江南地區的經濟實力與文化建設，並不因財政中央化而萎縮、衰退，反而呈現相當蓬勃，極具活力的景象。

　　因此，當我們看到宋代官員批評宋朝財稅制度不合理，強調財政中央化導致地方出現許多政治、社會難題時，可能只是反映事實的某些側面。亦即，士人官員批判朝廷財政結構及官員執行能力偏差，乃至權勢團體逃避稅役，影響財稅徵

（續）─────────────────────────────────

　　　　儀從等，又增加修造司需求、僧司借腳試案等諸邑泛數的雜稅。見劉克莊，《後村先生大全集》卷93，〈薦福院方氏祠堂記〉，頁9。

77　梁庚堯，〈宋代財政的中央集權傾向〉，頁561-581。

78　彭龜年，〈乞蠲積欠以安縣令疏〉，收於黃淮、楊士奇主編，《歷代名臣奏議》卷259，頁3385。

79　袁甫，《蒙齋集》卷2，〈知徽州奏便民五事劄子〉，頁12-13。

收，造成社會發展失衡，旨在企圖透過士大夫的輿論，對朝廷施壓，以減低百姓負擔，是表達對民生福祉的關懷之情。實際上，南宋時期由於商業活動蓬勃發展，經濟重心南移，專業生產勃興，帶動都市繁榮及海上貿易，民間總體經濟能量提升蓄積了豐厚的社會力，適時地彌補地方官府財力之不足。士人的批判言論並不能反映宋代社會經濟的整體發展面貌，也不能據此認為宋代，尤其是南宋，地方經濟凋敝，地方毫無建設。

(二)以士人為中心的地方勢力興起

宋代各地的公共建設與文化發展的動力，主要來自當地的士人與富豪，而富人是主要的贊助者。宋代都市化日益發展，金融組織的發達、地方產品的特產化與國內、海外貿易的連環銜接，促使商業活動活絡、貿易勃興，加上農業生產力與新品種、農技的發展，使得宋代商業的性質和規模超越前代，經濟穩定成長[80]。在江南地區，經過北宋初期較寬大的財政政策後，經濟迅速發展，產生了相當多因經商而致富的人。這些富人透過制度或非制度的途徑，逃避或減輕賦役負擔，以其所積聚的大量財富在鄉里置產，成為地主。他們多期望商而優則仕，來提升家聲門望，因而採取購書延聘教師等方式，積極鼓勵子弟讀書應舉，或成立義莊，厚植經濟實力，這些做法無非希望下一代在仕途上有所發展。無論此一願望是否達成，財富的累積使他們成為財雄一方的地方富豪。

這些富人家族藉由人際網絡或參與社會活動等方式，在鄉里社會貢獻人力、物力。富人經營產業有成之後，除了栽培下一代，提高家族聲望外，也藉由婚姻、交遊等方式，與當地其他家族、社群建立起綿密的社會關係，以厚植社會影響力。透過參與社會活動，或為鄉里建設提供人力、物力的支援，或協助地方官推動政務，則是富人提高社會地位的方式[81]。他們一方面致力於慈善救濟的公益

---

80 斯波義信著，方健、何忠禮譯，《宋代江南經濟史研究》（南京：江蘇人民出版社，2001）；斯波義信著，莊景輝譯，《宋代商業史研究》（台北：稻鄉出版社，1997）。郭正忠，《兩宋城鄉商品貨幣經濟考》（北京：經濟管理出版社，1997）。

81 包偉民，《宋代地方財政史研究》，頁278。

活動，緩和基層社會的矛盾與衝突[82]，一方面也參與各項公共設施的建設，有效化解了財政中央化後，地方官府無力從事建設及推動文化活動的窘境。如在明州州學、奉化、鄞縣、慈溪、定海縣學的興修、重建過程中，當地富室與士族都扮演著參與或捐助的角色，其中奉化縣富民汪伋、汪份兄弟最具代表性。汪氏兄弟都是陸學門人，在縣府經費窘困、無力修建縣學時，出資創建大成殿，更新縣學、重建廣濟橋、建造船舶，便利奉化與鄞縣的交通[83]，對宋代四明地區教育文化的發展有相當的貢獻。當地方財政窘困時，富民藉著在地方建設的奉獻與付出，自然也展現了他們在基層社會的影響力。

除了商業發達，造就一批可以在基層社會貢獻財力、發揮影響的富人之外，爲數眾多致力舉業，謀求躋身仕宦的士人，更是基層社會最具影響力與代表性的群體。宋廷在文治政策下，透過開放式的科舉制度，大規模開科取士，讓有志仕途的士人進入官僚體系，並建立文官體制，尊崇文臣，使獲取功名利祿成爲社會主流價值。接受教育是仕進的重要途徑，而官學或私人興建的書塾、書院就成爲傳遞知識、學習舉業的場所，朝廷則以優惠學子稅役的方式，促進教育發展，加上雕版印刷發達，使書籍出版、流傳更爲容易。這些因素都吸引著創業有成、謀求改變社會地位的小康之家，積極致力於創造有利的教育條件，讓子弟從事舉業，成爲朝廷命官，以期進身爲仕宦之家。

在此一社會主流價值的驅使下，讀書識字的人數急速增加，士人形成基層社會的優勢群體。從北宋到南宋，士人的數量急劇增加，其速度甚至可以用膨脹來形容[84]。以福州爲例，乾道元年(1165)，福州解發額當爲六十二人，參加解試的

82　梁庚堯，《南宋的農村經濟》（台北：聯經出版公司，1984）。梁庚堯，〈南宋的社倉〉，《宋代社會經濟史論集》下冊（台北：允晨文化出版公司，1997），頁427-473。

83　袁燮，《絜齋集》卷19，〈從仕郎汪君墓誌銘〉，頁5-8。參見黃寬重，〈宋代四明士族人際網絡與社會文化活動——以樓氏家族爲中心的觀察〉，《中央研究院歷史語言研究所集刊》70本3分(1999．9)，頁657-658。

84　參見陳雯怡，《由官學到書院——從制度與理念的互動看宋代教育的演變》（台北：聯經出版公司，2004），頁306。包弼德(Peter K. Bol)，〈地方傳統的重建——以明代的金華府爲例〉，收入李伯重、周生春主編，《江南的城市工業與地方文化》（北京：清華大學出版社，2004），頁247-286。梁庚堯，〈南宋的貧士與貧

人爲一萬七千餘人，次年錄取進士五十二人；淳熙元年(1174)，參加解試者增爲二萬人，錄取進士者爲四十二人，錄取率均在百分之一以下。結合這份資料與其他相關的研究成果來看，大約超過百分九十九以上的士人，仍被排擠在仕宦大門之外[85]。由於定期的科舉考試不斷吸引著新成員的加入，可見到南宋讀書業儒的士人不斷增加，成爲龐大的群體，已是不爭的事實。

士人的發展途徑多樣，即使考不上競爭激烈的科舉，仍可憑知識謀生。在士人群體中，只有少數中舉的人能爲官任職，絕大多數落第者爲謀生計，需要暫時或永久放棄舉業。一如袁采所說：「其才質之美，能習進士業者，上可以取科第，致富貴，次可以開門教授，以受束修之奉。其不能習進士業者，上可以事筆箚代箋簡之役，次可以習點讀，爲童蒙之師。」[86]他們進入職場的途徑很多，有的在商業活動中擔任牙人，從事法律公證事物的書鋪，甚至從事醫生、工商活動等，也有被延聘在書塾、書院教授生徒，或任童蒙及教學工作的鄉先生等，多數仍以知識謀生。像蘇州人龔明之以授徒爲業，同時致力舉業，爲期三十餘年，到八十多歲才得以特恩授官[87]。四明袁氏中的袁章、袁方、袁樗，也是在大半輩子中一面教書，一面準備考試，袁章五十歲才中進士，袁樗則五十六歲才舉特奏名進士[88]。在社會經濟多元發展的環境中，知識成爲士人謀生或謀求出路的利器，顯見士人所從事的是進可攻、退可守的「儒業」。這樣的身分使他們可以突破職

(續)

官〉，《國立台灣大學歷史學系學報》16期(1991)，頁91-137；〈南宋的貢院〉，《中國史學》1期(1992)，頁35-61。李弘祺，《宋代教育散論》(台北：東昇文化公司，1980)。

85　參見佐竹靖彥，〈唐宋期間福建的家族と社會──閩王朝の形成から科舉體制の展開まで〉，中央研究院歷史語言研究所出版品編輯委員會主編，《中國近世家族與社會學術研討會論文集》(台北：中央研究院歷史語言研究所，1998)，頁419-466。梁庚堯，〈宋代福州士人的舉業〉，《東吳歷史學報》11期(2004)，頁189-192。李弘祺，《宋代官學教育與科舉》(台北：聯經出版公司，1994)。賈志揚(John Chaffee)，《宋代科舉》(台北：東大圖書公司，1995)。

86　袁采，《袁氏世範》卷中，〈子弟當習儒業〉，頁105。

87　鄧小南，〈龔明之與宋代蘇州的龔氏家族〉，《中國近世家族與社會學術研討會論文集》，頁81-83。

88　黃寬重，〈宋代四明袁氏家族研究〉，《宋史研究集》第二十三輯(台北：國立編譯館，1995)，頁485-490。

業藩籬與官民的界線，出入縣衙，並以求學背景相同的同鄉、同學關係，透過交遊結社，或以教育背景一致的官民身分，在各種儀式或場域中，往來交遊，形成在基層社會具有影響力的優勢群體。

中舉入仕的官員往往成為基層社會的代言人。在眾多舉子競爭中，只有少數資質優異、努力不懈且幸運者才能中舉入仕，成為官員。在宋代重視文官的政治傳統中，進士出身除了可望晉升高位外，也獲得社會尊崇。不過，由於官多職少，要謀求高位，也要面臨許多競爭與挑戰。大多數的官員隨宦海浮沉，有的在地方擔任基層的親民官、州學教授等職，有的官員則選擇急流勇退，回到鄉里從事教學及啓迪後學的工作。像開啓四明學風的樓郁，中進士後不求仕進，選擇在家鄉培育鄉里子弟[89]。蘇州士人朱長文中進士後，以疾不仕，也在家鄉從事教學工作，並與同時退居蘇州的士人，如崇大年、盧革、徐積等，一齊推動地方文化活動[90]。兩宋之際，江西吉州士人王庭珪，及南宋中期金壇人劉宰，也都只短暫任地方官，即因與當道不合，在鄉里從事教化與社會救濟活動[91]。

即使是出任朝廷高官的士人，晚年也多選擇歸老桑梓，耕耘基層。在官場的激烈競爭中，只有極少數的人或才能卓越，或因緣際會，才得以平步青雲，獲致高位。此外，這些官員也會遇上待闕、丁憂、貶斥，甚至自願辭官或年老致仕，而要回歸鄉里。從元祐起，士人因政見不同，相互攻訐，掀起激烈黨爭，官員或斥或用，變易無常，士大夫難以久居高位，被貶或居鄉，成為常例。南宋以來，先是和戰形勢丕變，主政者更迭不已，等到秦檜主和專權，大肆排斥異己，異議者相繼被貶斥或罷職回鄉，像張浚、趙鼎被貶時，受到牽連而貶謫歸鄉的官員為數頗多[92]。孝宗即位後，獨斷朝政，宰職難得久任，旋即外放或罷歸。可以說從

89　黃寬重，〈宋代四明士族人際網絡與社會文化活動〉，頁630。

90　鄧小南，〈北宋蘇州的士人家族交遊圈──以朱長文之交遊為核心的考察〉，頁452。

91　王庭珪事蹟，見周必大所撰〈行狀〉及胡銓撰〈墓誌銘〉，《盧溪文集‧附錄》，頁2上-12下。劉宰事蹟，見劉子健，〈劉宰和賑饑〉，收入氏著《兩宋史研究彙編》（台北：聯經出版公司，1987），頁307-359。

92　柳立言舉出，因趙鼎受牽連的南宋士人與官員達34人，見氏著〈從趙鼎「家訓筆錄」看南宋浙東的一個士大夫家族〉，第二屆國際華學研究會議秘書處主編，《第二屆國際華學研究會議論文集》（台北：中國文化大學出版社，1992），頁

北宋晚期到南宋中葉這一段相當長的時期，政局變動頻率相當高，官員異動頻仍，除極少數人外，難以長期秉政。

再者，南宋以來，官多闕少的問題愈益嚴重，官員待闕人數愈來愈多，待闕年限也愈來愈長，高官或名宦賦閒在家的現象相當普遍[93]。史浩即說：「賢大夫從官者，居官之日少，退閒之日多。」[94]像史浩、汪大猷、樓鑰、朱熹、呂祖謙、袁燮等名臣，都曾長期鄉居。退出朝政，雖不免難伸壯志，但他們擁有高官、名士的威望，在家鄉仍是地方上領袖一方的耆老，可以主導或推動地方事務。在當時，鄉賢是朝廷了解吏治、掌握輿情的重要管道，也是地方官徵詢政務的重要對象，退閒鄉居的官員因而仍然能在地方社會擁有一言九鼎的影響力。

鄉居的官員或在鄉謀生的士人，都是地方的菁英群體。他們有著共同成長的環境，以舉業為共同追求的目標。士人因鄉誼、同學等關係，交流互動頻繁，在他們受教過程中，除了獲取知識與文化，有利於舉業的競爭外，求學的共同經驗也使他們彼此對身為「士人」的身分有所認同，此一認同更成為士人社會的主流價值。士人雖然在科舉上際遇不同，在仕途上榮枯有別，但對鄉里的共同關懷，使他們彼此聯繫，互相援引，而且習於以桑梓事務為共同話題。因此，在朝為官者一旦辭官，鄉里便成為他們生活的中心，以彼此認同的身分、共同的文化基礎，結成一個不論爵序的群體，以詩文結社，相互遊賞酬唱。更重要的是，他們是地方的表率，在推動文藝活動之外，還負有教化的責任[95]。於是他們或以個人或藉群體的力量，從事慈善救濟、公共建設，推動公益活動或排紛解難，以鄉里長者的形象在地方立足。像史浩、汪大猷、樓鑰等人，先後在家鄉組織詩社、推動修建學校、鄉曲義莊、鄉飲酒禮等公共建設和社會公益文化活動，為四明作出

544-545。張浚因酈瓊兵變被罷，受牽連的黨人也不少，見黃寬重，〈酈瓊兵變與南宋初期政局〉，收入氏著《南宋軍政與文獻探索》（台北：新文豐出版社，1990），頁78-79。

93 竺沙雅章，〈宋代官僚の寄居について〉，《東洋史研究》41卷1期（1982）。

94 袁桷，《延祐四明志》卷14，頁48下。

95 鄧小南，〈北宋蘇州的士人家族交遊圈——以朱長文之交遊為核心的考察〉，頁479-480。

重要貢獻[96]。這種經由鄉里士人的合作所發揮的群體力量，正是南宋基層社會的
一大特色。

　　從書院、祠廟爭取賜額的過程，便可看到地方菁英在基層社會的影響力。書
院獲得朝廷賜額，表示官方承認其地位，是地方的一項榮譽。因此，期待透過書
院培育人才的地方人士，除了書院的興建與課程的規劃外，更與地方長官一齊向
朝廷爭取賜額。宋代書院雖盛，但除北宋初年嵩陽、嶽麓、石鼓等書院獲朝廷賜
額外，鮮見賜額之事，直到朱熹興建白鹿洞書院，獲得朝廷賜額、賜書之後，書
院申請賜額逐漸成爲地方要事。不過，在寧宗之前，宋廷賜額仍不多，如清湘書
院就經過地方官民數十年的努力，到寶慶元年（1224）才能獲得賜額[97]。理宗一
朝，書院趨於普遍，賜額數量也加多，其後更將賜額變成榮寵大臣的一種方式[98]。

　　祠廟制度則是由朝廷透過嚴密的審查程式，檢核廟神的靈驗，給予賜額、賜
號，列入祀典，除了有收攬人心的功用外，也是朝廷將中央的權威延伸到基層，
控制地方社會的一項政策。唐、五代時期，民間祠廟尚得不到朝廷的正式認同。
宋神宗以後，祠廟制度才有進一步發展。徽宗時期，宋廷困於女眞的攻擊，境內
也因花石綱引發江浙地區變亂。在官府無力平定亂事的情況下，地方大族起而組
織自衛武力，借著神力凝聚人心，抗拒入侵者，穩定地方秩序。這些豪強乃以神
靈庇佑地方有功爲由，透過州縣向朝廷請求賜封，藉以保持或提高家族在地方上
的影響力。於是，徽宗一朝祠廟賜額的數量激增[99]。到南宋，地方官和地方人士
則共同推動廟宇興建與祠廟賜額，其中豪民巨族不僅扮演重要角色，且具有高度
的延續性。像福建莆田方氏家族，自神宗元豐六年（1083）以來，特別到南宋時

96　梁庚堯，〈豪橫與長者：南宋官戶與士人居鄉的兩種形象〉，《新史學》4卷4期
　　（1993），頁45-93。黃寬重，〈宋代四明士族人際網絡與社會文化活動〉，頁627-
　　669。

97　程珌，《洺水集》卷7，〈賜名清湘書院記〉，頁12-15。

98　如理宗淳祐年間，賜參知政事應㬎爲宗族子弟所建書院爲翁州書院，即是一
　　例。見馮福京，《大德昌國州圖經》卷2，頁12下。參見陳雯怡，《由官學到書
　　院——從制度與理念的互動看宋代教育的演變》，頁166-167。

99　須江隆，〈從祠廟制度的新局面來觀察地域社會：唐宋變革論を考える〉，發表
　　於「日本第53回東方學會議」，2003年11月。

期，在祥應廟的賜額和廟宇重修上，一直居於主導者的角色[100]。

除民間神祠外，地方豪族也為自己祖先立廟，並向朝廷爭取廟額。嘉定二年(1209)，鄞縣人湯建中等地方人士，向宋廷請賜政和年間推動廢湖為田的知明州樓异的祠堂為豐惠廟，此事顯然與其孫樓鑰在四明社會的領袖地位有關[101]。理宗紹定年間，程珌辭官回休寧後，在家族中倡議買地立廟，祭祀程氏先祖程靈洗，並以保障鄉里有功向朝廷申請賜額，獲得「忠壯」的廟額[102]。從地方大族為民間神祠或家族祖先廟，爭取賜額、賜號的過程，可以看到地方大族在籌措經費、組織信眾、興建廟宇、舉辦廟會、申請賜額等活動中，扮演主導性的角色，而且活動頻繁；反之，與地方社會關係較淡的官方祀典，由於地方人士參與度不足，而呈現衰微之勢。這種現象說明，地方權勢之家藉著爭取本地祠神信仰合法性的同時，也力圖深植自身家族在鄉里社會的影響力[103]。

不過，鄉居官員或士人在鄉里的作為與角色，並不純然是正面的。一部分人雖在基層社會積極參與建設、教化活動，但也有不少人憑藉威望、權勢，勾結官員，唆使胥吏，侵奪官府或民眾財物，為禍鄉里。這種例子在宋代典籍中頗多，即便是孝宗一朝曾任次相的大臣洪适，在告老返鄉後也曾侵占墓地，闢作園圃，以致遭人控訴；他甚至謀圖將城旁的州學舊址作為園圃，後來遭到知州王十朋的拒絕[104]。淳熙二年(1175)，觀文殿學士錢端禮也被檢舉「居台州，挾持威勢，

---

100 方略，〈有宋興化軍祥應廟記〉，收入《宋代石刻文獻全編》第四冊，頁646-649；另可參見須江隆，〈從祠廟制度的新局面來觀察地域社會：唐宋變革論を考える〉。有關地方大族在南宋推動建廟與申請賜額上的貢獻，請參見韓森教授(Prof. Valerie Hansen)的研究成果。美國韓森著，包偉民譯，《變遷之神——南宋時期的民間信仰》(杭州：浙江人民出版社，1999)。皮慶生在民間信仰與地方社會這一方面也有深入的探討，如氏著，〈宋人的淫祀觀——宋代祠神信仰的合法性研究之一〉，《東岳論叢》26卷4期(2005)，頁25-35。

101 王元恭修，《至正四明續志》卷9，頁7下。

102 朱開宇，《科舉社會、地域秩序與家族發展——宋明間的徽州》(台北：國立台灣大學出版委員會，2004)，頁60-61。

103 皮慶生，〈宋人的淫祀觀——宋代祠神信仰的合法性研究之一〉，《東岳論叢》26卷4期(2005)，頁25-35。

104 何晉勳，〈宋代士大夫家族勢力的構成——以鄱陽湖地區為例〉(新竹：台灣清華大學歷史研究所碩士論文，1995)，頁57-59。洪适，《盤洲文集》卷7，頁6。《宋史》卷387，〈王十朋傳〉，頁11882。

騷擾一郡，營治私第，凡竹木皆自取於民」[105]。朱熹記錄他在南康軍任滿前，處罰違法士人及胥吏包庇的案件時，有人告訴他犯者是「人家子弟，何苦辱之？」[106]袁采也記載地方豪強違法亂紀的事例：「居鄉曲間，或有顯貴之家，以州縣觀望而凌人者；又有高資之家，以賄賂公行而凌人者。方其得勢之時，州縣不能誰何。」這些人在鄉里把持短長、妄有論訟，或結集兇惡，強奪財物，侵占田產，州縣不敢治罪；袁采對這種情況深惡痛絕，卻束手無策，既不能窮治，只好期待報應[107]。到寧宗時期，平江府崑山縣所轄的地區，仍見豪民怙資憑強、輕死犯法，或慢令縣政，致使「役次難差」，形成治安死角。直到嘉定十年(1217)，宋廷分創嘉定縣以後，在官府努力下，情況才獲得改善[108]。此外，從《名公書判清明集》一書所載諸多法律訴訟案例中，也反映地方豪右武斷鄉曲，成為基層吏治紛擾之所在[109]。這些地方大族甚至也干預地方政務。像蘇州地區，聚居許多衣冠僑寓的士人官員，他們習於干請，被認為是地方難治的根源。因此，鄉居高官「不入州縣」或「不造官府」，還特別受到表揚[110]。

在傳統社會中，鄉居官員、士人或富豪，由於角色扮演的差異，形象有別。有的是被鄉里或官府視為排難解紛的長者，有的則被當作武斷鄉曲的豪橫，這種看似對立的類型與評價，其實都顯示他們在基層社會擁有較豐厚的政治權力、人際網絡、經濟資本和教育文化資源。他們既協助官府，也代表地方，更要維護自身的利益。因此，既可在不同的場域看到他們的身影，也可以從不同立場，對他們有不同的評價。他們既然領導或參與地方事務，成為基層社會的意見領袖，是

---

105 徐松輯，《宋會要輯稿》，〈職官〉72之12。

106 朱熹，《朱文公政訓》，頁16。

107 袁采，《袁氏世範》卷中，頁14下-15上。

108 〈請創縣省劄〉，收入范成大編，《吳郡志》(南京：江蘇古籍出版社，1997)卷38，頁522。另參見方誠峰，〈統會之地：縣學與宋元嘉定地方社會秩序〉，《新史學》16卷3期(2005)，頁1-22。

109 陳智超，〈南宋二十戶豪橫的分析〉，鄧廣銘、徐規主編，《宋史研究論文集》(杭州：浙江人民出版社，1987)，頁248-266。梁庚堯，〈豪橫與長者：南宋官戶與士人居鄉的兩種形象〉，《新史學》4卷4期，頁45-93。

110 鄧小南，〈北宋蘇州的士人家族交遊圈——以朱長文之交遊為核心的考察〉，頁479-480。

勢所必然的。

總之，宋代財政中央化雖然反映國家集權的現象，但這種現象過度發展，卻造成地方財力不足、地方官難以推動地方建設的窘境。復以宋廷實施地方官員迴避本貫與輪調制度，不僅使胥吏在基層政治運作的影響力擴大，也讓代表地方勢力的社會菁英得以藉由推動公益活動、公共建設，乃至爭取寺廟學校賜額等機會，介入地方事務，發揮影響力。特別是南宋以後，以地方菁英為代表的社會力量，已然成為在基層社會的主力。

四、結論

唐宋時期是中國歷史上的重要轉型時期。從政治局勢與社會發展間的互動情況，可以觀察到趙宋君臣鑑於五代政權遞嬗教訓，竭盡所能運用各種方式，來穩定政局。一方面，宋廷將鄉里虛級化，使縣成為行政基層單位，由中央直接委派官員出任親民官，負責催稅勸率、民訟刑禁等政務，貫徹中央政令。另方面，宋廷為加強中央統治力，在縣一級設置巡檢、土兵、縣尉、弓手等基層武力，使縣成為宋廷深入基層社會的基點。

宋朝財稅制度配合集權體制，明顯呈現中央化的趨勢。徽宗時期，由於朝廷推動各項耗費巨大的事務，需財孔急，急切地向地方徵收財稅，不僅財政中央化的情況十分明顯，也因過度役使民力，而引發方臘等規模大小不一的民亂。在變亂中，地方豪族借助神力，凝聚人心，穩定基層社會秩序，藉機向朝廷爭取寺廟賜額、賜號。同時，以當地百姓擔任土兵、弓手等基層武力的體制確定，人數也增多。這些現象說明，宋初為強化中央權威而設計的種種政治，隨環境變化而逐步增強，然而到徽宗一朝看似中央化到達顛峰，實則卻也是基層社會轉變之時。

由於武力及財賦過度中央化，導致地方財政困窘。於是，以士人為代表的地方菁英，與財富雄厚的富豪、熟悉業務的胥吏，乃至本土性深厚的基層武力等各種勢力，經過長期的醞釀蓄積，形成一股社會力，在此時出錢又出力，協助官府敉平亂事、推動地方建設與教化工作。這些地方勢力既適時的提供了財力與人力資源，出面協調與配合，使基層政治得以順利運作，填補了州縣政府的不足，在

基層社會中，自然也成為具有舉足輕重作用的群體。

　　南宋時代，地方勢力在基層社會的影響力，更為明顯。宋廷南遷以後，憑藉東南半壁江山，長期與強敵相抗，加上地方亂事增多，社會治安及法律經濟等問題層出不窮，政府負擔加重。由於財政支出不斷膨脹，宋廷只得利用各種名目，加強徵收，造成地方政府徵稅的壓力與財政的窘困。這些現象都使得地方官員對地方的依賴加深。地方治安既是由當地人所組成的弓手、土兵來維護，地方事務也要借重擔任職役的吏員來執行，而且業務日趨專精，胥吏取代職役，成為在基層社會介於官民之間，實際操持縣政業務的群體。地方建設與教化更需要仰賴以鄉居官員、士人和富人共同協助，於是地方上出現以個人或透過家族間組成不同形式的群體，在書院、貢院等地方公共建設和鄉曲義莊、社會救濟等公益活動，配合官府貢獻心力，乃至主導具地方色彩的詩社及鄉飲酒禮等文化活動，並共同爭取書院、寺廟的賜額及舉辦宗教活動。地方權勢之家與朝廷命官的州縣長官，共同合作，相互交流，一齊推動地方政務，共同構成基層社會政治運作與人際網絡的基礎。

　　因此可以說，宋朝建立之後，是中央透過政治的變革，向基層伸展了統治力。但是自徽宗朝以後，政局的驟變與社會環境的變遷，反而在社會秩序的維護上，為地方菁英與豪右所組成的基層力量，創造了發展空間。南宋時期，更由於長期面臨和戰的困局，在軍政、財政和政治各方面均需要仰賴地方，於是一方面修正強幹弱枝政策，對地方釋放部分權力；另一方面，縣級的基層官員，也必須借助地方力量，以利轄區政務與建設的執行，因此地方豪強與菁英／地方官員／基層武力與胥吏三股勢力，基本上構成了基層社會的三個支柱，彼此合作，互相依存，同時也在地方社會的運作中，形成某種程度的競爭與緊張關係。此一現象為後來的朝代所繼承，成為中國基層政治社會的主要圖像。因此，從基層政治運作及社會關係發展的角度看來，中國社會在唐宋之交與兩宋之際都有轉變，而這樣的轉變到南宋更進一步發展，成為明清以來中國基層社會的雛形。

　　地方社會是中國社會發展的基礎。宋代以前的中國歷史，同樣存在著代表國家政治力的中央王朝與代表地方社會力的地方勢力，兩者彼此間的關係，隨著政治社會的變化而有不同的發展與互動。地方勢力在歷史發展的長河中，一直以不

同的面貌存在著，只不過在不同的歷史時期，它與中央的互動和影響有別，呈現
的方式與代表有所不同而已。如唐代藩鎮割據時，鎮將把持地方，鎮將就被視爲
與中央相抗衡的地方勢力；宋代由朝廷設置弓手、土兵，隸屬於縣尉、巡檢，縣
這一級就被當成中央推動集權的行政機構。其實，基層社會仍有許多延續性的事
務，只是宋廷透過制度的設計和實際政治的運作，伸展政治力於基層行政區域的
同時，與因社會經濟發展而出現以知識謀生的士人群體，以及憑藉財力豪勇的地
方豪強，所交織形成的社會力，在縣這一行政地區，碰撞交流，形成新的互動關
係。到了南宋，因著士人群體成爲基層社會的主軸，而出現政治力與社會力共治
的型態。當我們從不同的角度與問題觀察，可以看到由北宋到南宋，以縣爲主的
基層社會，出現政治力與社會力之間多樣性的動態發展，但仍舊呈現彼此相互依
存、共同合作的景象。這一態勢，不僅是觀察宋代中央與地方關係互動的重要視
角，也可以由此一線索，進一步探索中國近世以降基層社會發展的狀況。

第貳編

地方勢力與政治適應

　　前編就宋代政制與基層武力、權力結構的互動，架構宋代政治力與社會力交會的輪廓和背景，本編則以地方豪強和菁英士族的興替起落，呈現政治立場與抉擇對社會資源分配與秩序重組的影響。

　　宋金由和轉戰之後，金人迅即進圍開封，宋室南遷，華北社會秩序崩解。當政治勢力重整之際，華北地區既出現新舊政權相互對峙的局面，也使原本服膺舊政權統治的地方社會力量，重新化為各種勢力群體，以捍衛自身利益，維護在地秩序。然而，當不同政治力量紛紛伸手地方時，地方應如何面對新舊政權交替，如何在彼此敵對的政權中選擇歸附臣服的對象，值得思考。〈兩宋之際洛陽地方武力的國家認同〉一章，便在觀察洛陽地區的豪強武力集團如何因應宋、金、齊對峙下的變亂之局，同時藉諸武力集團對宋皇陵的保護或破壞，討論地方勢力在生存壓力下所產生的政治認同，詮釋「忠誠」在平時與亂時的理念與現實差異。

　　政治取向的抉擇問題並非戰亂時期獨有，承平時期也存在不見血的政治角力戰場。〈宋元時期四明士族的衰替〉一章結合家族、地域社會與晚宋政局發展，探討南宋中期到元入主建政期間的四明士族興落。該章說明，四明士族之所以能在南宋中期取得政治優勢，主要歸功於族際合作之力，而其政治影響力消退，則不單肇因於蒙元政權入主江南，更是族際分化所致。在南宋晚期的內外衝擊下，四明士族間對國家政策的走向，乃至政治地位的追求，意見逐漸分歧，致使部分家族成員選擇淡出政壇，經營藝文與物質生活。四明士族間不同的政治抉擇，顯示個人因應政壇時局的用行舍藏，不僅影響其一時的仕途進退，也可能連帶左右了家族的榮枯與地區性的整體發展。

　　本編二章雖然分別處理兩個看似截然不同的社會階層與時間地域──豪強領導的武力集團在政局動盪下的崛起過程及其政治抉擇，以及承平時期地方士人家族從合作到衝突及政局變化後的衰敗情形──但相信透過對比性個案研究，觀察地方武力集團與士族群體在承平與亂世的興替過程，將有助理解基層社會力量發展與政治抉擇之間的連鎖關係。

第一章

洛陽豪雄——兩宋之際洛陽地方武力的國家認同

一、前言

　　新舊政權交替之際往往是中央權力真空之時。政治局勢紊亂，社會秩序解體，地方豪強遂趁勢興起，恃險聚眾，組成自衛武力，捍衛鄉里。他們不僅是穩定地方社會的力量，也是新舊政權競相拉攏的對象。這些各自為謀、缺乏領導中心的民間自衛武力，為了在生存和發展上獲得更大的利益與機會，時常依違於各政權之間，觀勢而變，叛服無常。這種情況固然難以為強調忠誠觀念的士大夫接受，卻是歷史上客觀存在的事實。

　　本章討論北宋覆亡到紹興四年(1134)的前後八年間，在洛陽地區活動的多股地方勢力，並藉宋皇陵的維護與破壞，探討擁護南宋翟氏勢力與依附金、齊政權的孟邦雄勢力的消長互動，從中觀察政權遞嬗之際地方勢力的應變之道與政治抉擇。此時期政治、社會動盪不靖，留存資料相當有限，有關劉豫齊政權者更為罕見，現存孟邦雄墓誌是少數有助理解當時政局變動、個人立場變化與政權認同問題的重要史料[1]。

1　墓誌完整篇名為〈大齊故贈通侍大夫徐州觀察使知河南軍府兼西京留守河南府路安撫使馬步軍總管兼管內勸農使孟公墓誌〉，中央研究院歷史語言研究所傅斯年圖書館藏原拓。

二、忠義乎？盜賊乎？金兵南侵下的華北自衛武力

宋金聯袂滅遼後，雙方經歷短暫和平，隨後再度因一連串衝突而由和轉戰。宣和七年(1125)十月，金人分兵直逼汴京；宋雖乞和，卻又違約與金兵戎相見。當宋臣爲和戰問題爭議不決時，二路金兵再渡黃河，包圍汴京。汴京無勤王之師馳援，有如甕中之鱉，苦守四十一日後，終於靖康元年(1126)閏十一月二十五日爲金攻克[2]，欽宗率文武百官向金帥獻上降表。金帥廢欽宗後，另立楚政權，並以張邦昌爲帝，旋即擄走徽、欽二帝與宗室三千多人，挾無數寶物北上，史稱「靖康之變」。

靖康之變後，中原局勢非常混亂。表面上，金人占據黃河以北，其所立楚政權則領有黃河以南；但實際上，遼闊的黃河南北受控於無數民間自衛武力之下，或金或楚都無法有效統治[3]。東京留守宗澤曾在奏中描述：「今河東河西，不隨順番賊，雖強爲薙頭辮髮而自保山寨者，不知幾千萬人。」[4] 其中包括盜賊、潰散士卒、各地的勤王之師、官吏、土豪與農民等自發搏聚的武裝團體。這些人中，尤以河東、河北、京西等地的百姓保鄉衛國情操最爲強烈。他們親身經歷女眞焚殺擄掠之痛，潛藏著的民族意識化爲行動，積極抗金。他們在抗金過程中體認到，只要心協力齊，女眞兵實不足畏，因此紛紛集結，各據一方，恃險護衛鄉里，並開始向金人發動攻擊。如翟興兄弟、馬擴和邵興等人，就在這時期結納豪傑，奠下抗金事業基礎[5]，甚至受擄至燕京的漢人也紛紛布置抗金活動。不過，

2　徐夢莘，《三朝北盟會編》(上海：上海古籍出版社影印清許涵度刻本，1987)卷69，頁1-11。

3　見李綱在建炎元年四月上奏文。李心傳，《建炎以來繫年要錄》卷6，頁1。

4　徐夢莘，《三朝北盟會編》，卷115，頁12上。

5　翟興在靖康二年三月，與族弟翟進率步卒數百，潛入洛陽，擒殺金人所立的高世由，以洛陽爲抗金據點。見徐夢莘，《三朝北盟會編》卷86，頁4。馬擴出獄後，到西山和尚洞山寨抗金，四月戰敗被執。徐夢莘，《三朝北盟會編》卷90，頁12-13。邵興則據解州神稷山，大破金兵。見徐夢莘，《三朝北盟會編》卷104，頁8。另外薛廣在五月初奉命率兵過河，會合河北山寨義兵萬人，收復磁、相等州。張瓊則會合水寨義兵萬人，與廣相聲援。見徐夢莘，《三朝北盟會

義軍在北方並無一共同領袖，形成群龍無首，各據一方的局面。

　　汴京被圍時，欽宗胞弟康王趙構受組織大元帥府，一面傳檄天下，號召勤王，一面撫循潰散士卒和當地盜賊[6]，重整軍旅，力挽狂瀾；後更在臣僚、百姓與土豪擁戴下，於南京即位，是爲高宗。高宗建政之初，雖因軍力薄弱[7]，無法積極抗金或恢復故土[8]，但爲了建立足以與金人氣勢相抗的政權，以號召忠義、穩定人心，乃以一向主戰且素著清望的李綱，爲宋室重建後的首任宰相[9]。李綱認爲重整河東、河北忠義勢力，是鞏固政權、匡復故土的首要急務，於是成立招撫司於河北、經制司於河東，由張所、傅亮分任河北招撫使和河東經制副使，以宗澤爲東京留守，組織控馭兩地忠義師[10]。得力於李綱、宗澤、張所、傅亮等人的努力招撫、聯繫，加以金人大量徵發漢人從軍，中原義軍紛紛加入抗金行列[11]，數十萬群盜也在短期內接受招安。宋廷又二次下詔，號召兩河義軍，起而抗金[12]，將組織民間自衛性武力辦法頒行全國。

　　然而，當義軍招募有了初步基礎，組訓工作猶待開展之際，李綱卻因黃潛善等人阻撓，無法落實恢復計畫，憤而辭職，主和派再度得勢。義軍抗金活動被指爲「假勤王之名，公爲聚寇之患」[13]，「諸路召募潰兵忠義等人，及寄居官擅集

（續）───────────────

　　編》卷103，頁4。

6　靖康元年十二月四日，大元帥府曾傳檄諸郡勤王說：「金人猖獗，再犯京城，攻圍未退，君父憂辱。臣子之心，義當效死衛上，矧凡在職世受國恩，當此艱危，豈應坐視，宜勉忠義，戮力勤王。」同時招安到楊青、常景所率賊一萬二千餘人。見徐夢莘，《三朝北盟會編》卷71，頁10。

7　石文濟，〈南宋初期軍力的建立〉，《史學彙刊》9期(1978)，頁75-79。

8　高宗受黃潛善、汪伯彥影響，曾一度決定遵照以黃河爲宋金國界的和約，命令所有軍隊不准渡河。見徐夢莘，《三朝北盟會編》卷102，建炎元年五月條。李心傳，《建炎以來繫年要錄》卷5，頁12上。又不把即位的赦書發至河東、河北，準備派使臣向金求和，甚至不敢在即位的赦書中詆斥張邦昌等人，以免得罪金人。見徐夢莘，《三朝北盟會編》卷102，頁7；卷108，頁3-4。

9　鄧廣銘，〈南宋對金鬥爭中的幾個問題〉，《歷史研究》，1963年2期，頁21。

10　鄧廣銘，〈南宋對金鬥爭中的幾個問題〉，頁22。

11　建炎元年七月，「劇賊如湖北閻僅、黨忠、薛廣、祝靖等皆入宿衛。河北丁順、楊進等赴招撫司自效，餘皆赴東京留守宗澤納款，盜益衰止。」見徐松輯，《宋會要輯稿》(台北：新文豐出版公司，1976)，〈兵〉13之1，捕賊下。

12　徐夢莘，《三朝北盟會編》卷108，頁4-5。

13　李心傳，《建炎以來繫年要錄》卷14，建炎二年三月丙戌條，頁2上。

勤王兵者」[14]紛紛被罷[15]，宋廷也遷都揚州，置河北、河東義軍求援於不顧，僅靠東京留守宗澤苦心積慮地籌劃、招撫和指揮，方得維繫朝廷與義軍的關係。

儘管形勢不利，宗澤留守汴京期間，義軍招募與抗金行動仍然成就顯著。這一方面與宗澤的行事爲人，關係密切。宗澤爲元老重臣，公忠體國，素著威望，早在高宗任大元帥時，即出任副元帥，爲朝野所欽服。他又能以誠待人，賞罰分明，使各地武裝力量樂於順服。如王善聚眾數萬，號稱河東巨寇，宗澤竟單騎赴善營，淚勸王善：「朝廷當危難之時，使有如公一二輩，豈復有敵患乎？今日乃汝立功之秋，不可失也。」[16]王善爲其至誠所動，立即歸附。其他如丁進、楊進、王貴及王再興等群盜也都相繼受撫，「陝西、京東西諸路人馬，咸願聽澤節制」[17]。宗澤先後集結大軍，號稱百萬，實係其「威惠兼著，民心悅服」所致[18]。另方面，宗澤維繫義軍有成，也是拜時勢所賜。汴京是南宋對金作戰的最前哨，這時主戰派既已失勢，主和君臣亟謀南幸，無暇顧及北方，更無人敢於接替宗澤職務，使其得以獨任其事，少受朝廷牽制[19]。

宗澤以保鄉禦敵激勵民心，使各地百姓一致對外。譬如楊進與王善，兩人雖受招安，仍相鬥不已，甚至各率千餘人相戰，經宗澤曉諭「爲國之心固如是耶！當戰陣立功時，勝負自見」[20]，兩人乃慚愧而退。義軍既有對金作戰經驗，對金兵較無畏懼之心，因此在宗澤經營期間，能對金兵形成心理威脅，屢傳捷訊。如翟興、翟進兄弟一再挫敗金兵，終於收復洛陽。王彥的八字軍以太行山爲據點，橫行河北。馬擴在五馬山奉信王榛爲首，結集了數十萬兩河忠義。李彥仙復陝州，邵興敗金兵於解州。這一連串的軍事勝利迫使金帥宗翰初攻洛陽後，即屯兵該地，「恐澤邀其後，故自據西京與澤相持，使漢上之寇無後顧之憂也」[21]。

14　《宋史》卷24，〈高宗本紀〉，建炎元年冬十月庚申條，頁449。

15　徐松輯，《宋會要輯稿》，〈兵〉2之58，忠義巡社，建炎元年十二月二十五日。

16　《宋史》卷360，〈宗澤傳〉，頁11279。

17　同上註，頁11280-11281。

18　見徐夢莘，《三朝北盟會編》卷117，引《林泉野記》之文，頁8。

19　鄧廣銘，〈南宋對金鬥爭中的幾個問題〉，頁23。

20　不著撰人，《宋史全文續資治通鑑長編》（台北：臺灣商務印書館，1983，景印文淵閣四庫全書本，以下簡稱《宋史全文》）卷16，頁29下。

21　徐夢莘，《三朝北盟會編》卷114，引張匯《金虜節要》之文，頁5。《金史》卷

宗澤苦心經營，以地方武力牽制金兵，使金無法達成覆宋之志。史稱宗澤：

> 一呼而河北義旅數十萬眾，若響之赴聲。實由澤之忠忱義氣有以風動之，抑斯民目睹君父之陷於塗淖，孰無憤激之心哉！使當其時澤得勇往直前，無或齟齬牽制之，則反二帝復舊都，特一指顧間耳[22]。

可惜宗澤死後，由「喜功名、性殘忍好殺，而短於謀略」的杜充繼任東京留守，兩河民心士氣為之一挫。宋廷指示杜充「鎮撫軍民，盡瘁國事，以繼前官之美，遵稟朝廷，深戒妄作，以正前官之失」[23]，他卻視義軍如盜賊。如張用已受招安，杜充卻恐其難制，竟令部眾圍攻，引起王善等人不滿，一齊叛離[24]。杜充作法令義士寒心，《要錄》指其「酷而無謀，士心不附，諸將多不安之，馬擴、王彥既還朝，餘稍稍引去」[25]，以致「澤在則盜可為兵，充守則兵皆為盜」[26]。

在杜充的打擊下，宗澤辛苦團結的兩河豪消失殆盡。一方面，義軍內部開始產生結構性變化，原有的大團體也分化為許多獨立的小群。如韓世忠在沭陽潰敗後，其部眾分化成分由李彥先、輔逵、李在等人領導的小團體[27]。另方面，義軍型態也趨於繁複。部分意志堅定者如邵興、翟興兄弟及李彥仙等人，仍固守孤城或山水寨，在北方從事游擊，牽制金兵。部分受杜充打擊，就食困難的義軍，如張用、馬友、王善、李宏、郭仲威等人，淪為盜賊，騷擾江淮。還有一部分潰散的義軍則為朝廷納入正規軍，如丁進餘部分隸韓世忠及劉正彥軍中，靳賽降於劉光世等。

義軍分化也日益明顯，昔日維繫眾團體一致對外的群體意識隨之崩解，義軍

(續)

74，〈宗翰傳〉也說：「是時河東寇盜尚多。」（頁1697）。

22　《宋史》卷360，〈宗澤傳〉，論贊，頁11295。

23　李心傳，《建炎以來繫年要錄》卷16，建炎二年七月甲辰條，頁13下。

24　李心傳，《建炎以來繫年要錄》卷19，建炎三年正月乙未條，頁3上。又見徐夢莘，《三朝北盟會編》卷120，頁3-4。

25　李心傳，《建炎以來繫年要錄》卷18，建炎二年十月癸酉條，頁5上。

26　不著撰人，《宋史全文》卷17，頁4上，引《呂中大事記》。李心傳，《建炎以來繫年要錄》卷16，建炎二年七月甲辰條亦引《呂中大事記》，唯詞句稍異。

27　李心傳，《建炎以來繫年要錄》卷19，建炎三年正月庚子條，頁6下。

與官軍、義軍與義軍之間關係漸趨疏遠，常因些許小事爭鬥不已。如趙立與張榮、翟興兄弟與楊進、劉位與趙瓊、王維忠與史康民、韓世忠與丁進，便經常發生衝突。諸多勃谿既降低了義軍間安危相仗的力量，削弱了抗金實力，更影響到義軍對南宋政府的向心力。然而，宋廷非但不思補益，反而多方打擊。金人遂趁宋人自我削弱之機，予以各個擊破，瓦解北方義軍。建炎二年(1128)七月，金兵乘馬擴南下，攻破五馬山諸寨，消滅了北方義軍擁戴信王、恢復故土的希望[28]。次年(1129)一月，金兵再克陝州，剷除了李彥仙等反金勢力[29]，邵興也被迫退軍盧氏縣。

雖然如此，建炎三年金兵南下後，義軍活動依然十分頻繁，也立下不少的戰功。如邵興連敗金兵於陝州夏縣、絳州曲沃縣、潼關等地，進克虢州；牛皋曾敗金人於宋村，擒其大將，李彥仙也曾一再擊敗進襲的金兵。這些牽制金兵的行動，配合義軍之各自為戰，分散了金的兵力，使金人無法達到亡宋的目標，反而遭遇不少挫敗。建炎四年(1130)秋，金改變政策，「以和議佐攻戰，以僭逆誘叛黨」[30]，一方面扶持劉豫齊政權，以之對付南宋，進而專心穩定黃河南北；另方面，秦檜逃歸南宋則為宋金和議開路。

三、皇陵之爭：華北地方武力的政治認同

皇陵是中國帝制時代統治政權的核心象徵，也是帝國威權及禮儀典章制度的主要表徵。太祖趙匡胤肇建趙宋後，即追封其父趙弘殷為宣祖，並於乾德元年(963)將其陵墓由開封遷葬於鞏縣[31]，名為永安陵[32]，此後各代帝后均葬於此。

28　徐夢莘，《三朝北盟會編》卷117，建炎二年七月，頁5。

29　李彥仙在陝州抗金的事蹟及對金所造成的威脅，見洪邁，《容齋隨筆》五筆，李彥仙守陝條。又見《宋史》卷448，〈忠義傳〉，李彥仙。參見楊效曾，〈艱苦抗金的民族英雄李彥仙〉，《文史雜誌》2卷1期(1942・1)，頁55-62。

30　宇文懋昭，《大金國志校證》卷7，〈太宗紀〉，天會九年，頁2下。華山，〈南宋初年的宋金陝西之戰〉，《歷史教學》1955年6月號，頁21。

31　《宋史》卷1，〈太祖本紀〉，乾德元年閏十二月辛未，頁16；卷122，《禮志》25，頁2847。

32　徐松輯，《宋會要輯稿》，〈帝系〉1之2；河南省文物考古研究所編，《北宋皇

宋眞宗景德四年(1007)，割鞏縣、偃師、緱氏、登封等地，建永安縣專奉皇陵；徽宗政和三年(1113)，升永安縣爲永安軍。此地共安葬北宋七帝八陵，附葬皇后二十二人，加上近千座皇室陪葬墓，形成龐大的陵墓群[33]。南宋趙彥衛在《雲麓漫鈔》一書中描述：「永安諸陵，皆東南地穹，西北地垂，東南有山，西北無山。……七陵皆在嵩少之北，洛水之南，雖有岡阜，不甚高，互爲形勢。自永安縣西坡上觀，安、昌、熙三陵在平川，柏林如織，萬安山來朝，遙揖嵩少三陵，柏林相接，地平如掌。計一百一十三頃，方二十里云。」[34]

靖康元年十一月十八日，金國粘罕攻陷洛陽後，曾引導女眞人窺看永安諸陵，並派人謁眞宗、仁宗陵，卻不謁太宗與神宗皇陵，並有焚毀之意，同時又禁諸兵不得劫掠陵廟的器物[35]。靖康二年(1127)四月十三日，高宗趙構即位前也曾差遣御史一員，前往西京洛陽，探視祖宗陵寢[36]。皇陵爲趙宋皇權承襲的重要象徵，北宋淪亡後，南宋王朝等於捨棄祖宗陵墓，避居南方。與此同時，作爲侵略者的金國卻敬謁宋室皇陵，其尊宋陵而收華北人心之意，不言可喻。此後，南宋王朝、金國與其附庸政權對宋皇陵的守護或破壞，在在象徵各政權統治能力的消長，同時也與洛陽各地方勢力發展息息相關。

(一)平賊守陵：翟氏家族勢力的興起

兩宋之際，洛陽一帶武裝集團紛起。金廷雖占領此區，但無法有效控制，高宗所代表的趙宋政權乃積極爭取先後主宰河南地區的各地方武力，委之爲守護皇陵的主要力量。這些武裝勢力爲數眾多，但多屬流動性部眾，包括王再興、閻勃、楊進等人；在地集團中，則以翟興和翟進兄弟所領軍者爲要。

翟氏家族世居河南伊陽，祖父翟宗和父親翟榮都是平民[37]。翟興字公祥，少有勇名，熟知地形。當地盜賊王伸興亂，興、進應募擊賊，翟進後因功補下班殿

(續)────────────
　　　　陵》(鄭州：中州古籍出版社，1997)，頁5。
　33　《北宋皇陵》，頁6。
　34　趙彥衛，《雲麓漫鈔》(台北：世界書局影印，1959)卷9，頁123。
　35　徐夢莘，《三朝北盟會編》卷63，頁15下-16上。
　36　徐夢莘，《三朝北盟會編》卷93，頁6上。
　37　陳柏泉，《江西出土墓誌選編》，頁171。

侍，累功充京西第一將，改河北第四將，曾隨劉延慶與契丹戰於幽州盧清河等地。靖康元年九月，金兵二次攻圍汴京前，宋廷置四道都總管，召天下兵馬勤王。詔中任命南陽人王襄爲西道總管，據守河南[38]，並授予能拒金守陵者官職，翟晉遂以保護陵寢之功，補承信郎[39]。王襄雖奉詔率兵援京，但他只派遣翟進統領在城軍馬西進，自己棄河南遁走襄漢，導致洛陽陷落[40]。

當時陝西五路宣撫使范致虛以勤王兵次潼關，辟翟興爲京西北路兵馬副鈐轄，翟進爲陝西宣撫司前軍統制管，由翟氏兄弟負起執行收復洛陽的任務[41]。十一月一日，宋臣高世由以澤州降金[42]，被金廷任命爲西京留守[43]，翟氏兄弟乃召集鄉兵七百人，兼程至洛陽，於靖康二年三月十九日，擒世由等斬之[44]，再捷於伊陽。孫昭遠由京城至洛陽，宋廷任之爲西京留守及西道都總管，以翟進戍澠池界，便宜授武義大夫、閤門宣贊舍人[45]。

建炎元年(1127)五月丁酉，宋廷詔令京西統制官翟興團結義兵，保護祖宗陵寢[46]。建炎元年十二月癸亥，金帥宗翰自河陽攻河南，西京留守孫昭遠知城危，命其親信王仔奉啓運宮神御，間道赴行在，翟進率軍民上山保險[47]。翟進扼守清河白磊，金兵不能渡，後轉由九鼎渡河，背攻南城，洛陽陷落，西京留守孫昭遠無力調動兵員，引餘兵南去。翟進率軍民千人保守伊陽山寨[48]，相繼擒殺盜賊，擊退金兵。

38　李心傳，《建炎以來繫年要錄》卷1，頁35上、下。《宋史》卷23，頁431。

39　張道超修、馬九功纂，《伊陽縣志》(台北：成文出版社，1976)卷4，〈人物〉，頁355。

40　李心傳，《建炎以來繫年要錄》卷1，頁35下。《宋史》卷23，頁432。

41　《宋史》卷452，頁13301；李心傳，《建炎以來繫年要錄》卷3，頁20下。

42　徐夢莘，《三朝北盟會編》卷61，頁4上。

43　徐夢莘，《三朝北盟會編》卷63，頁15下。

44　《靖康稗史》之四，《南征錄彙箋證》頁168作「高世則」，誤；李心傳，《建炎以來繫年要錄》卷3，頁21上；《宋史》卷432，頁13301、13302-13303。

45　《宋史》卷432，頁13303。

46　李心傳，《建炎以來繫年要錄》卷5，頁15上。徐夢莘，《三朝北盟會編》卷103，頁4下。

47　李心傳，《建炎以來繫年要錄》卷11，頁4。

48　李心傳，《建炎以來繫年要錄》卷11，頁4上、下；此山寨在伊陽城南三里瑞雲山腰，見《伊陽縣志》卷1，〈地理‧古蹟〉，頁131。

　　二年(1128)三月，宋命韓世忠率所部萬人赴西京。金將聞報，焚西京而去，翟進率眾自山寨復攻入洛陽，其子亮戰死。東京留守宗澤呈報，宋廷命進為閤門宣贊舍人、知河南府、充京西北路安撫制置使[49]。四月，翟進襲擊洛陽失利，宋東京留守宗澤奏以保寧軍承宣使主管侍衛步軍司公事閻勍為保護陵寢使[50]。五月，金人分道渡河，宋廷詔韓世忠、閻勍率眾迎敵，宗澤命東京留守司統制官楊進赴援[51]。宗澤建議派遣歸附朝廷的王再興率兵，由鄭州直接到洛陽護西京陵寢[52]。次月，韓世忠至洛陽，與翟進及孟世寧會師；進等與金戰失利，退出洛陽。

　　同年七月一日，宗澤病死，宋廷命杜充接任東京留守，然杜充盡反宗澤的做法，以致地方勢力離心，紛亂再起。由於事勢丕變，閻勍、王再興未能順利赴洛陽維護陵寢安全。原歸附宗澤的榮州防禦使知河南府楊進[53]，號「沒角牛」，因不滿杜充領導，率數萬人叛變，殘害汝、洛間，殺翟進，據守鳴皋山[54]。翟興收餘兵保守伊陽山寨，宋廷贈進為左武大夫、忠州刺史，官其後五人[55]。此後，楊進成為洛陽民間武裝團體的統領者。宋廷為制衡楊進勢力，命翟興為京西北路安撫制置使兼京西北路招討使兼知河南府，協調洛陽地區各地方武力，成為河南地區護宋的最高長官。

　　建炎三年(1129)三月，明受之變事發，苗傅、劉正彥二將為籠絡邊將，穩定政局，乃將京西北路安撫使知河南府，兼控扼河陽的楊進升為汝州觀察使，專一保護陵寢[56]。興與其子琮遂率鄉兵出擾楊進[57]，五月殺之，收復洛陽，並親率將吏至永安軍朝謁陵寢，「軍士皆掩泣」[58]。這是兩年來翟興再次祭掃皇陵，宋廷

49　李心傳，《建炎以來繫年要錄》卷14，頁13下-14上，《宋史》卷452，頁13303。

50　李心傳，《建炎以來繫年要錄》卷15，頁8上

51　李心傳，《建炎以來繫年要錄》卷15，頁22上、下。

52　李心傳，《建炎以來繫年要錄》卷15，頁22下

53　李心傳，《建炎以來繫年要錄》卷16，頁18上。

54　李心傳，《建炎以來繫年要錄》卷18，頁7上。

55　李心傳，《建炎以來繫年要錄》卷18，頁75上、下；《宋史》卷452，頁13303。

56　李心傳，《建炎以來繫年要錄》卷21，頁21下。

57　李心傳，《建炎以來繫年要錄》卷19，頁1上、下。

58　李心傳，《建炎以來繫年要錄》卷23，頁14上。

爲此特派遣樞密院準備差遣程寶「賷御封香，間道往京西諸陵祭告」[59]。翟氏父子後又招撫義軍領袖李興、王俊等人，當地盜賊相繼平息，京畿一帶再獲安寧，且重新遙奉趙宋王命。翟興等人在敵後拒險守禦的情形，對於在江南地區屢戰屢退的宋文武官員而言，是一大激勵。宋臣周望對高宗說：「臣觀翟興、李彥仙輩，以潰卒群盜，猶能與金兵對壘，拒守陝洛。臣等備位宰執，若不能死戰以守，異日何顏見彥仙輩。」[60]不過到了是年十二月丁亥，金人陷開封，任命王䕫爲留守，四京又相繼淪陷，翟興避守伊陽山寨，處境艱辛，但仍奮力苦守[61]。

建炎四年(1130)五月，宋相范宗尹建言，「今日救弊之道，當稍復藩鎮之法，且裂河南江北數十州爲之，少與之地，而專付以權，擇人久任，以屏王室」[62]，獲得高宗認可。於是，宋廷仿唐藩鎮之制，在京畿、淮南、湖北、京東西等地，設置鎮撫使，「有民有社，得專制於境中，足食足兵，聽專征於閫外，若轉移其財用，與廢置其屬僚，理或應聞，事無待報，惟龍光之所被，既並享於終身，苟功烈之克彰，當永傳於後裔。」[63]宋廷從此承認地方武力的合法地位，任命他們爲號令一方的方面大員，作爲救亡圖存之策。翟興被任命爲河南孟、汝、唐州鎮撫使、兼知河南府[64]，是宋廷任命的第一批鎮撫使，也成爲宋廷在洛陽地區任命的最高軍政大員。

這時河東、河北雖爲金所陷，但金人並不能有效統治，當地土豪仍聚眾保險，擁有主導力量。翟興遣蠟密結約之，於是向密、王簡、王英等數十寨，都願聽從翟興的節制。八月，宋廷乃命興爲節制應援河東北軍馬使，與節制河東路的王擇仁共同策動恢復事宜，河東忠義領袖盧師迪、韓進也都渡河與興計事[65]，於是汾、澤、潞、懷、衛間的山寨首領都紛紛應命[66]。當時，金人派兵侵犯陵寢，

59　李心傳，《建炎以來繫年要錄》卷35，頁10上下，建炎四年七月辛酉。

60　李心傳，《建炎以來繫年要錄》卷27，頁6上、下，建炎三年閏一月丁亥條。

61　李心傳，《建炎以來繫年要錄》卷31，頁22上-23上。《宋史》卷452，頁13301。

62　李心傳，《建炎以來繫年要錄》卷33，頁2下-3上。

63　李心傳，《建炎以來繫年要錄》卷33，頁18上、下。

64　李心傳，《建炎以來繫年要錄》卷33，頁20上。

65　李心傳，《建炎以來繫年要錄》卷36，頁14上、下，16下-17上。

66　《宋史》卷452，頁13301。

翟興父子及統領官趙林率兵自河陽南城，至鞏縣永安軍邀擊之，屢戰皆勝[67]；不過，金兵進犯仍爲洛陽地區附宋勢力帶來極大壓力。

十月，其子翟琮率部將李興渡河敗金人，復陽城縣，乘勝取絳州之曲垣，降附橫山義士史準，進至米糧川[68]。翟興父子所領導的武裝力量，在河東、河北地區勢力不斷擴大，效忠宋廷的聲勢高漲，成了金廷、尤其是新成立的劉齊政權的一個威脅。翟興在洛陽地區組織民間武力、艱辛抗金，引起江南文臣注意。宋臣汪藻在上「馭將三說」時，呼籲宋廷效法翟興的做法，指出「日者翟興在西洛，什伍其民，爲農爲兵，不數年，雄視一方。彼起於卒徒，猶能屹然自立於敵巢之中，而不可犯，況吾以東南二百郡，欲強兵禦敵，而不能爲興所爲乎？」[69]

此時的翟興儼然成爲洛陽地區效忠宋廷的典範。他除祭掃皇陵外，更維護以高宗爲主的趙宋政權，對當時不時出現的僭越稱制之人，予以制裁。如於紹興元年四月，鄧州人楊某，率千餘人在河北僞稱信王，興即命將領延致之，並厚其供饋。九月，楊某自稱爲欽宗，翟興即遣都統制董先追殺之[70]，並派遣幹辦公事任直清率領契丹降人到臨安面見高宗。高宗聽了西京洛陽與陵寢情況，「欷歔久之」，由此亦可知在伊陽山寨餉道斷絕、糧食不繼下，翟興護衛陵寢的任務實難以爲繼。了解翟興殺僞王、祭掃皇陵的效忠之忱，以及守寨抗金的艱危情況，高宗除了進封翟興三官，爲武功大夫、忠州團練使之外，更賜他所率部隊爲「忠護軍」，以嘉許他對宋廷的忠勤[71]，並命翟興兼營田使，讓他直接號命軍民在河南營田，以減輕戰亂的破壞[72]。

劉豫建立政權後，金廷爲了齊的穩定政局，一則以各種方式招降各地武裝力量，一則以萬騎犯河南，對地方武力造成威脅。此時，宋廷並無法有效統領京西、淮北地區，各地民間自衛武力爲了自存，彼此不免爲爭奪生存資源，相互爭

67　李心傳，《建炎以來繫年要錄》卷36，頁23上。
68　李心傳，《建炎以來繫年要錄》卷38，頁20下-21上；《宋史》卷452，頁13301。
69　李心傳，《建炎以來繫年要錄》卷42，頁16上。
70　李心傳，《建炎以來繫年要錄》卷43，頁25上；《宋史》卷452，頁13302。
71　李心傳，《建炎以來繫年要錄》卷47，頁5上下、頁19下，紹興元年九月壬寅、辛酉。
72　李心傳，《建炎以來繫年要錄》卷48，頁14下，紹興元年十月戊寅。

鬥。金與劉豫一面攻擊各自衛武力，一面招降納叛，董先等人相繼迎降，僞齊政權勢力漸盛[73]。紹興元年(1131)冬，劉豫謀遷都開封，當時金也將陝西之地歸其管轄，但以翟興屯守伊陽山寨，阻斷劉豫與陝西之聯絡，還勞金兵設官屯眾，防他成爲心腹大患，並派人以王爵之位相招，興不從。豫無計可施，乃於紹興二年(1132)三月暗中派人以厚利誘使翟興部將楊偉，計殺翟興，攜其首級投奔劉豫。翟興死時年六十，宋廷贈興爲保信軍節度使[74]。

翟琮收拾翟興的餘眾，雖退保伊陽山寨，仍想重振父親聲勢，宋廷任之爲河南孟、汝、唐州鎮撫使兼知河南府[75]。他分兵收復西京、潼關等地，也殺害降附劉豫的孟邦雄，並派遣幹辦公事雷震至臨安奏事。宋廷派遣樞密院計議官任直清至襄陽、商、虢、河南諸地撫諭，賜河南鎮撫司黃金百兩，作爲祭告諸陵之費[76]。不過，翟琮收復洛陽是與李橫北伐一齊發動，由於部眾渙散，戰鬥力不足，很快就敗退下來，梁衛之地再度淪陷。翟琮屯守伊陽的鳳牛山，無法立足。琮感於道路梗塞，緩急救援不易，乃請求隸兵於宣撫處置使張浚[77]。

在孤力乏援的情況下，勢難再守，翟琮最後率部突圍到襄陽，轉到江西南昌，依附趙鼎。翟琮南歸時，也奉諸陵帝后的牌位同行，宋廷命將諸帝后神牌送到臨安。翟琮與所部百餘奉詔到臨安，高宗聞其貧，賜以銀百兩、帛百匹，並任命他爲江南東路兵馬鈐轄、宣州駐劄[78]。翟琮南歸時顯然是舉族南遷的，包括他的親弟翟琳和堂兄弟翟襄、翟高等，同到江南，後代在江西發展[79]。

(二)降齊盜陵：孟邦雄勢力的崛起與轉變

孟邦雄字齊國，洛陽永安縣人，是宋金戰亂中在洛陽地區崛起另一地方豪強。孟氏世代以農爲業，曾祖孟順，祖孟晏，父親孟恩，均不仕。邦雄出身於平

73　李心傳，《建炎以來繫年要錄》卷51，頁31上。

74　李心傳，《建炎以來繫年要錄》卷52，頁11下-12上。

75　李心傳，《建炎以來繫年要錄》卷56，頁6下。

76　李心傳，《建炎以來繫年要錄》卷65，頁4上、下。

77　李心傳，《建炎以來繫年要錄》卷52，頁11下-12下；《宋史》卷452，頁13302。

78　李心傳，《建炎以來繫年要錄》卷75，頁17上。

79　見〈松滋簿尉翟高墓地銘〉，《江西出土墓誌選編》，頁171-174。

民之家，自幼介剛不群、爲人強鷙，善騎射，以氣聞於鄉里，喜兵略，知曉兵法大義，是一位性格豪邁，知兵能武的人物。在宋代以讀書入仕爲主的承平時期，如孟邦雄者頂多只是地方豪橫之士，難以在仕途上有所發展。然而，金兵南侵，釀成靖康之亂，社會秩序解體，黃淮地區相繼出現了保鄉衛土的民間自衛武力，各據一方，相互爭雄的局面。邦雄就在這個亂局中，招集亡命，得眾萬人，號稱義師，保全一方，成爲社會的穩定力量。

初西京城留守孫昭遠[80]嘉許孟邦雄忠義，希望他能維護皇陵安全，便宜借補進義校尉兼權永安縣尉，其後相繼任命其爲權知永安軍事，京西、河北、河東路招捉使，河南府西六縣都巡檢等職。邦雄爲永安豪傑，當翟進兄弟被任命守護宋皇陵，邦雄成爲直接肩負守陵寢的將領。因此，當明受之變，楊進被任命爲京西北路安撫使，保護陵寢時，便圖謀改派邦雄知汝州寶豐縣，以遠離守陵之責。及翟興殺楊進，收復洛陽，率將士朝謁皇陵，乃於四年二月遷邦雄爲武功大夫、榮州刺史，仍差權知河陽南城兼管內安撫使，旋差京城留守司同簽書判官廳公事，兼主管侍衛步軍司；相繼遷翊衛大夫、中亮大夫、改忠州防禦使。

孟邦雄所獲的官職，顯然都是翟興任河南孟汝唐鎮撫使之後，便宜授任的。邦雄仕途發展順利，與他所擁有的武裝實力關係密切。由於這時趙宋政權避守江南，退避求和猶不可得，並無實力穩定長江以北任何地區的安全。洛陽地區的情勢，更爲危急，全靠效忠宋廷的各個地方勢力，凝聚苦撐。翟興雖然是當地最有實力的地方領袖，而且被宋廷任命爲當地最高長官，負責穩住洛陽一帶的防衛力量及皇陵的安全，但翟興能眞正統轄的地區相當有限，因此藉著一連串的任命與升遷，拉攏負責維護宋皇陵第一線人物孟邦雄。

建炎四年(1130)七月丁卯，金正式冊封劉豫爲大齊皇帝[81]，在大名建立政權，孟邦雄一生的事業也開始出現極大的轉折。劉豫爲了穩固政局，積極招納各方豪傑勢力。孟邦雄觀察時勢，決定棄翟興和宋廷而改投劉豫，墓誌說他是以「中亮大夫、忠州防禦使權知河南府，兼西京留守管內安撫、馬步軍總管司公

80　墓誌作京城留守使司，當指西京留守孫昭遠，而非東京留守宗澤。
81　李心傳，《建炎以來繫年要錄》卷35，頁13上-下。

事、兼管內勸農使」的身分，歸順劉豫，而被封爲中侍大夫。此說當非事實，孟邦雄是歸順後才獲該職，用意是在名義上完全取代翟興在洛陽地區的地位。邦雄歸順後，極力展現對齊政權的忠誠，墓誌作者引述他的話說「大丈夫事主，當一心建功立名期不朽，豈可乍服乍叛，以速夷滅哉」。

孟邦雄效忠新王朝的積極表現之一，就是協助劉豫剷除阻礙齊統治的地方勢力。〈墓誌〉記其「厲志竭忠，乘機奮發，勸督將士，協力赴功，竟致渠魁，破蕩巢穴，厥績顯著」，所剷除的對象正是效忠宋廷的翟興；惟此記載明顯誇大邦雄的功績，與事實不符。〈墓誌〉又言此後「西至關中，南至漢土，凡兵火隔絕曠日，人跡不通之地，一旦水陸舟車，田野耒耕，賈游於市，商通於路，朝廷得以轄隴右，開拓巴蜀，皆公之力也」。以當時金、齊的情勢及翟興的活動看來，翟興勢力對劉豫政權的威脅和影響是相當巨大的，這也是劉豫要收買翟興的部下楊偉殺害翟興的重要因素。不過，從後來劉豫能穩定河南地區社會秩序的情況看來，邦雄顯然也有功勞，因此不僅升爲徐州觀察使，並獲劉豫賜予金帶，以示光寵。紹興二年(1132)六月，劉豫更宣邦雄到開封，特授「依前中侍大夫、徐州觀察使知河南軍府事兼西京留守、河南路安撫使、馬步軍總營兼管內勸農使」，賦予正使封號，以增重其統帥權，這是邦雄權勢最盛的時候。

孟邦雄效忠劉豫的另一表現，也是他一生中的大事，就是執行盜掘永安陵。劉豫建立政權，並掌控洛陽地區之後，宋皇陵相繼遭到開掘。當宋室南遷之後，汴京、洛陽一帶墓墳被盜相當嚴重，當時已有洛陽士兵賣玉注盌給劉齊三路都統之事。劉豫疑非民間之物，勘鞫之，知得於山陵中，遂以劉從善爲河南淘沙官，發山陵及金人發不盡棺中水銀等物，以谷俊爲汴京淘沙官，發民間埋窖及無主墳墓中物[82]，劉豫齊政權建立後，更對北宋皇陵，進行大規模盜掘[83]。實際爲劉豫執行挖掘宋皇陵任務的，則是降歸劉豫的永安豪強孟邦雄。

盜掘宋皇陵卻也爲孟邦雄招來殺身之禍。孟邦雄爲向齊政權輸誠，盜掘宋陵，對效忠宋廷且長期守陵寢的翟氏勢力而言，自是一大刺激，翟琮「憤不能

---

82 《大金國志》卷31，頁436。
83 《北宋皇陵》，頁20。

平，思出奇以擒之。」[84]當時宋襄陽鎮撫使李橫由於乏糧，以恢復為名，引兵北上，敗齊軍於楊石店，收復汝州。原先降齊的董先亦與知虢州董震及翟琮相互呼應，聲勢頗壯。與此同時，據守洛陽的孟邦雄與總管樊彥直派兵攻長水，為宋將張玘所敗。翟琮與董震遂發動山寨部眾，入潼關，抵洛陽，攻圍城邑，擬擒殺孟邦雄[85]。事出突然，援兵未集，邦雄方醉臥，就被張玘所擒[86]，而為董先所殺，享年四十六歲。其父孟恩及其子孟安世等一千多人同日遇害，戰馬二百多匹亦被奪，後歸葬於永安軍芝田村之原[87]。劉豫為褒獎他的忠心，贈為通侍大夫，賜錢千緡等，並差諸縣夫役百人以助葬，允許其弟孟邦傑，不妨本職，以領葬事。邦雄的墓誌後來被當地人掘井時發現，才得重見[88]。後來他的弟弟邦傑又降宋，約在紹興八年(1138)曾執殺金知永安軍雙虜[89]。

　　不過，宋諸陵被掘並未因為孟邦雄被殺、劉豫被廢而終止，反而越演越烈。紹興九年(1139)鄭剛中赴西安途中經鞏縣，目睹仁宗與英宗陵園的景況是「昭陵（仁宗陵）因平崗、種柏成道，道旁不坦，而周以枳橘，陵四闕角樓觀雖存，顛毀亦半；又號下宮者，乃酌獻之地，今無屋，而遺基歷歷可問……，餘陵規模皆如此。永厚陵（英宗陵）下宮為火焚，林木枯立。」[90]韓淲亦曾記紹興十八年(1148)，哲宗永泰陵被掘慘狀，「紹興戊辰，太常少卿方庭碩使金，展陵寢，先是諸陵皆遭發，哲宗至暴骨，庭碩解衣裹之，惟昭陵如故。」[91]從這些紀錄，可以看到翟氏家族守護宋皇陵的艱苦，及皇陵在金朝統治下的遭遇。

　　孟邦雄助劉齊盜宋陵之事，《建炎以來繫年要錄》、《中興小紀》、《大金國志》等南宋重要史籍均有記載[92]，但不見於孟邦雄墓誌之中，當然是撰誌者為

84　李心傳，《建炎以來繫年要錄》卷61，頁18下，紹興二年十二月辛亥。

85　徐松輯，《宋會要輯稿》，〈兵〉14之24。

86　《宋史》卷453，頁13328。

87　劉蓮青、張仲友纂，《鞏縣志》（台北：成文出版社，1968）卷20，〈叢載〉，頁21上。

88　劉蓮青、張仲友纂，《鞏縣志》卷17，〈金石〉，頁42下。

89　《金史》卷90，〈張九思傳〉，頁2004。

90　鄭剛中，《北山集》卷13，〈西征道里記〉，頁13下-14上。

91　韓淲，《澗泉日記》卷上，頁6。

92　李心傳，《建炎以來繫年要錄》卷61，頁18下；《中興小紀》卷13，頁172；《大

墓主隱晦之舉。孟邦雄遵循劉豫命令，發掘西京冢墓，是效忠新政權的具體表現，但也同時是對舊王朝的不忠不義之舉，難謂之爲光明磊落，載入表彰個人事蹟的〈墓誌〉之中。不過，孟邦雄既選擇歸附新政權，效忠新對象，對待新舊政權乃至同僚，認同自然有所轉變。

撰寫孟邦雄墓誌銘的李杲卿曾任劉豫政權的朝奉大夫，他從特定立場去描述墓主戲劇性的遭遇及面對政權轉移的方式，有別於同時期其他墓誌的記載與評述。墓誌批評孟邦雄的昔日長官翟興，「阻兵負險，隔絕道路，跳軌不軌，殘忍尤甚」，說宋官李橫等人是「西賊叛逆，順、商、虢三州相繼變亂」，用詞充滿貶抑，但對邦雄在宋朝的仕歷簡略帶過，對趙宋舊王朝無隻字批評，甚至由守陵者變成盜掘者一事也隻字未及，爲死者諱並與舊政權劃清界線的企圖相當明顯。

反之，由於孟邦雄是由宋投齊，又爲新政權犧牲的少數大將，因此墓誌極力稱頌他爲齊政權締造的戰功，褒揚他的忠誠與死節，強調孟氏父子家族被殺是「三世忠孝，萃於一門，舍生取義，不失全節，方之古人，殆無媿也」，並認爲與一般將領「心挾二三，幸勝則要功，力屈則降敵，安能死節王事，願死馬革以報效國家哉」相比，邦雄則是「卒死忠義，並驅古人，非天賦英烈，未易如是也」[93]。從這塊墓誌銘所描述的孟邦雄，和他從宋投齊、由守陵盜掘陵、戲劇又多變的一生，看到政局變動不僅影響個人政治抉擇，也涉及對政權認同與忠誠問題的詮釋，是一個值得探討的課題。

四、結語

洛陽是宋王朝的西京，也是皇陵所在，對趙宋政權而言，具有統治上的重要意義。靖康之亂以後，這個具有政治象徵的地區，既非宋廷所能掌控，也不盡屬新興金政權所統轄，而是在戰亂局勢中由幾個各自的地方勢力所把持。這些地方武力的領導者，都是在亂世中以武力保護鄉里而崛起的豪傑之士，像翟興、翟進

(續)————————————

金國志》卷8，頁125。

93 黃寬重，《南宋時代抗金的義軍》(台北：聯經出版公司，1988)。

兄弟與孟邦雄等人，原是大宋的子民，在世局混亂中，以護衛鄉土，擁護宋王朝而被任命爲官員。他們之間雖以擁有實力的大小擔任不同等級的官員，其實沒有上下隸屬關係，而是在宋金政治版圖的眞空地區，各自以實力填補版圖的空缺，豎起擁宋的旗幟，成爲宋王朝遙遠的領土，彼此的聯繫是鬆散的。由於翟氏家族和孟氏家族同時是宋皇陵的守護者，對宋政權更具政治意義，因而受到宋廷的優寵更多。

　　但是，這些淪陷地區，卻隨時受到內外因素的衝擊。這些因素包括：南遷宋廷中主和派的掣肘、義軍領導中心的自我削弱、義軍內部的分化，以及金、齊政權壓縮生存空間和招納策略，使得義軍的生存處境變得分外艱難。當宋室南遷，且自顧不暇時，孤懸在外的地方武力，面對新舊王朝的更替，生存與發展的挑戰就更爲直接與敏感，對舊王朝與新政權的顧念和忠誠的認同問題就變得更爲現實。當金王朝倚靠劉豫所建立的齊政權來穩固華北政局，劉齊政權以更大的名位和利益招納、吸引各方豪傑，直接與宋廷爭取地方勢力的支持時，也會讓地方勢力產生效忠遙不可及的宋王朝，還是對新政權輸誠的新抉擇。這既是地方勢力生存的迫切問題，也是理想和現實的衝突。在這種權力爭衡之際，洛陽地區出現了仍效忠宋朝的翟氏勢力與效命劉豫的孟邦雄勢力的對峙與廝殺。伴隨著皇陵的守護與掘毀，成爲兩股勢力恩怨情仇交互攻伐的局面，最後兩敗俱傷。

　　從兩宋之際，翟氏與孟氏勢力在洛陽地區的發展與變化看來，地方勢力固然崛起於新舊政權交替的變局之中，他們所處的環境和面對生存發展的現實情況，以及爲維護自身的利益所作的抉擇，和一般人所熟知或宋人所強調的春秋大義、民族意識或忠君觀念的道德價值觀，存在著很大的差距，而且並非孤立存在或個案。在當時，不乏游移於宋金乃至宋金齊之間的個人或地方勢力，像許多被宋人尊爲「義軍」、「歸正人」的依違叛附，都是活生生的例子。事實上，身處淪陷區的當地人士，對生存的關切勝於一切，所謂國家認同和忠君的觀念，都是他們面臨生存競爭的現實壓力下，所堅持或作爲生存的理由。由此，地方勢力對政權有不同的選擇，對國家認同也有不同的詮釋，反映其對自身存在的考量。從撰寫孟邦雄墓誌的作者，對忠的解釋和迴避掘皇陵的記載，就可以看到「認同」、「生存」的意義了。

第二章

四明風騷——宋元時期四明士族的衰替

　　唐代以降，科舉成爲國家拔擢人才的重要途徑。此制不僅加強了皇帝權威，改變了中古門第社會的傳統，更是個人與家族榮衰的關鍵指標；與之相關的教育、經濟、婚姻、人際網絡等因素也連帶影響著個人與家族的興替。到宋代，科舉擢才更爲公開而競爭激烈，不論個人或家族，均難如中古時代常保繁盛。已崛起的家族爲維持原有優勢，除積極經營產業、教育子弟外，更藉由參與地方公益、慈善活動，以維繫地方聲望；即便如此，面對科舉社會的現實環境，家道仍受經濟環境、人際關係等變化所左右。諺語「富不過三代」所反映的家道陵夷之易，和各家族爲維繫家業榮景，極力塑造有利發展條件的努力，相互交織在自唐迄今的歷史中，成爲一千多年來中國社會的寫照[1]。

　　士人家族興衰與地方社會發展息息相關，然其發展是地方家族間彼此互動的結果，而非單一家族的表現。士人家族內部的流動情況不僅是理解社會流動的關鍵，也是探討地方社會權力組成及其如何影響地方發展的重要線索。本章立基於既有的家族研究基礎，嘗試從「衰替」的角度，探討長時期地區士族之間的關係與變化，掌握四明地區士人家族間的互動及其對個別家族和地域的影響。以此觀點切入，既可由反面凸顯維持家族榮景的關鍵因素，同時也顯示家族的實際發展結果。實際檢視士人家族衰替過程，更有助釐清以統計數字呈現「社會流動」所無法說明的菁英階層內部流動情況，和個案與整體描述間的差異與斷裂[2]。

1　拙著對此議題已有闡述，此處不再贅論。黃寬重，《宋代的家族與社會》（台北：東大圖書公司，2006），頁251-270。

2　過去討論宋代家族發展，或著眼於科舉所帶動的社會流動，或討論各家族如何透過發展策略，鞏固其社會力量，延續菁英地位。然而，以統計數字呈現的社

　　除了家族成員的仕途表現與對地方事務的參與，士族榮枯尚取決於成員興趣、家風、家族內外人際關係，以及國內外政治情勢等因素的變化。四明士族長期在南宋政局中扮演舉足輕重的角色，與朝政關係特別緊密，如果將這些家族與地域社會放在歷史發展脈絡中去理解，更能將家族興衰、菁英階層內部流動，與地方社會結構三者間的變化密切結合，同時也有助理解國家政治局勢與家族榮枯、地域社會發展之間的連動關係，更能藉以呈現南宋中晚期的整體歷史面貌。

一、四明士族的興起與文化形塑

　　宋代四明家族中，名望甚盛的大家族包括史家、樓家、兩袁家、汪家、高家和舒家等六、七個家族，這方面的研究，包括本人、Richard L. Davis(戴仁柱)、石田肇、包偉民、伊原弘、Linda A. Walton(萬安玲)等人的論文，都有所探討。綜合這些研究，吾人可以對南宋四明家族的崛起，歸納出幾個較具一致性的看法，而這一看法和宋代其他地區士人家族崛興的現象相當一致：科舉考試，不僅是改變個人命運的起點，也是一個家族崛起的重要關鍵，它像磁鐵般，吸引著有意改變命運的家族邁向科舉。

　　教育是通往科舉考試的必要途徑，但需要龐大經費及長期投資。因此，從家族的發展策略而言，一個家族經過幾代努力經營，達到小康之境以後，多經由安排，讓家中一、二名聰慧子弟到家塾、私塾、書院，乃至州縣官學接受教育。從地域社會的角度而言，這些教育的場域，讓鄉里或族人中年齡相近的幼童，因學習而建立了深厚的鄉黨同學情誼，一旦成為進士，這些曾經共學的士人，很容易因同窗兼鄉誼關係形成集體力量，在仕途上互為奧援。而這種個人之間的結合，

(續)

　　會流動，因學界對何謂菁英階層莫衷一是，連帶對宋代的社會流動也難有定論。即使如Robert Hymes在其著中，以寬泛定義討論菁英階層的延續性，也僅能說明相對於科舉「朝為田舍郎，暮登天子堂」式的劇烈提升，通過菁英階層的上升過程則是較為曲折、緩慢的流動，修正過去認為科舉造成社會階層快速流動的印象。Thomas Hong-Chi Lee, "Book Review: *Statesmen and Gentlemen: The Elite of Fu-chou, Chiang-hsi in Northern and Southern Sung* by Robert Hymes," *Journal of the American Oriental Society*, Vol. 109, No. 3 (1989), pp. 494-497.

不僅有助於個別家族的發展，也促進了地方集體的興盛。就四明而言，家族興起的同時，也是地方興起的過程。像北宋中期，樓郁在四明所教的學生舒亶、袁轂、羅適、豐稷等人，即共同為四明士人打開邁向政治發展的途徑。南宋四明士子之間的關係，更為明顯，像汪大猷與史浩是同鄉、同學，又是同科進士，關係十分密切。樓鑰說：「(汪大猷)其在行朝，史文惠公(史浩)有同年之好，錢公(錢端禮)知獎最深，魏成公(魏杞)少小相處如兄弟，蔣丞相(蔣芾)同為宮僚，王侍御伯庠實為姻家，前後同時。」[3] 這種同鄉之誼，表現出來的即是提攜後進，或在政壇上互相扶持、支援。史浩辭官時，向孝宗推薦了袁燮、楊簡等四明士人，全祖望稱讚史浩「吾鄉史氏，一門五宰執，忠定雖以阻恢復事，為梅溪所糾，然其立朝能力薦賢者。乾淳而後，朱、陸、陳、呂、楊、舒諸公，皆為所羅，而使諸子與楊、舒諸公遊，尤可敬」[4]。此外，汪大猷推薦過錢象祖、史彌大、潘時、沈銖、鄭鍔等五位四明同鄉[5]，樓鑰也向寧宗薦舉楊簡、高似孫、馮端方、樓昉[6]，這是四明士人在寧宗朝形成群體力量，影響朝政，而被視為當時最具實力之地域的主要因素。

登上進士的士人，為了穩固家族基業，一面以自己經歷舉業的經驗，透過教育，培育子弟，一面經營產業，厚植經濟實力，甚至成立家族義莊，以維持競爭優勢，經由任職、官歷，建立多元的人際關係，並藉由婚姻的締結，開展更堅實的人際網絡。經過一、二代的努力，幸運者便能開創個人的政治高峰，同時讓家族成為地方名門。此後，由於蔭補的保障和婚姻、人際關係的擴展，使家族發展趨於穩定，如此一來則能與新興的挑戰者，保持一定的競爭距離。這些家族在地方上既已累積了豐沛的人脈與社會資源，自然成為當地實至名歸的名門望族[7]。

3　樓鑰，《攻媿集》(台北：臺灣商務印書館，1979，四部叢刊正編本)卷88，〈敷文閣學士宣奉大夫致仕贈特進汪公行狀〉，頁18上。

4　全祖望，《鮚埼亭集外編》(台北：華世出版社，1977)卷28，〈跋宋史史浩傳後〉，頁1054。

5　樓鑰，《攻媿集》卷88，〈敷文閣學士宣奉大夫致仕贈特進汪公行狀〉，頁19。

6　樓鑰，《攻媿集》卷31，〈舉楊簡劉仲光狀〉、〈除顯謨閣直學士舉馮端方自代狀〉、〈除給事中舉高似孫自代狀〉、〈舉馮端方江疇樓昉狀〉。

7　黃寬重，《宋代的家族與社會》，頁251-256。

而從地域社會的角度，這些名門望族正是影響地方社會發展的主要骨架。

個別士人或家族的崛起，固然需要靠個人的努力與際遇，但要維持競爭優勢，更需要與各方合作，援引各種資源，才能成功。因此，參與鄉里的文化與公益活動，乃至慈善救濟事務，都是培養個人乃至家族聲望的重要手段，而鄉里公共活動的推動，則讓各個家族由重視自身發展的經營策略，走向與鄉里共謀發展的社會活動，也因此形成了具在地特色的地域文化。

宋代士人在追求個人事業發展的同時，也活躍於鄉里社會。這一點從鄧小南教授討論宋代蘇州士人家族交遊圈的論文，及本人研究有關四明、江西的家族個案中，都可以看出來[8]。在南宋，由於對金和戰及政治路線經常變動，進士錄取名額多而官僚員額有限，使得官員留在鄉里待闕或辭官歸鄉者增多，高官也多因政見不同，難以久任高位，而提早告老返鄉。四明人中，像高閌、史浩、汪思溫、汪大猷、樓鑰等人，都是長期居鄉。他們鄉居期間，不免有因私而干預地方事務的事例，如史彌正奉祠就養後，仍介入明州事務，以致宋廷在制書中譴責史彌正「爾奉祠就養，宜無預於公府。知篤葭莩之好，而忘瓜李之嫌」而被罷祠宮之官[9]，以及錢端禮與民爭產事。然而更多的是透過個人乃至家族間的合作，推動具有特色的文化與社會活動。如史浩在淳熙八年(1181)告老返鄉之後，曾延致沈煥居竹溪，楊簡講學於碧沚，袁燮、舒璘和呂祖儉等人也一齊帶動講學辯論之風，讓四明成為南宋教育學術活動中心之一。史浩、汪大猷則先後推動以怡情遊賞、賦詩唱和為主的詩社如：五老會、八老會，乃至真率之集等，他們同時透過聯誼，達成關懷、推動鄉里文化活動，興復以尊老序齒，具有團結士人及建立集體意識的鄉飲酒禮。元人程端禮說：「鄉飲酒禮，……廢墜之久，在宋淳化間，四明獨能行之，朝廷取布之天下。紹興以後，賢守相繼，訂禮益精，且立恆產，以供經費。風俗之美、文獻之盛，遂甲他郡。」[10]這些活動能行之長遠，固

8　鄧小南，〈北宋蘇州的士人家族交遊圈——以朱長文之交遊為核心的考察〉，《國學研究》，3期(北京，1995)，頁463-466；黃寬重，《宋代的家族與社會》。

9　樓鑰，《攻媿集》卷34，〈直敷文閣史彌正為高燮奏屬雄公事落職罷宮觀〉，頁20。

10　程端禮，《畏齋集》(台北：新文豐出版公司，1989，四明叢書本)卷3，〈慶元鄉飲小錄序〉，頁4下-5上。參見山口智哉，〈宋代鄉飲酒禮考——儀禮空間として

然需要地方長官的支持，但要持續舉行，形成文化傳統，則像王伯庠、汪大猷、何炳、陳卓等四明重要家族的成員，長期推動，及鄉人的積極參與，更為關鍵。

　　四明士族除了個別家族參與修建州縣學校、造橋鋪路，乃至救濟慈善活動等地方公共建設外，更進一步組成超越家族義莊，具有地域色彩的「鄉曲義莊」。四明士族之間，得利於因同學、同事，乃至婚姻關係，逐步建立的綿密人際網絡，只要有人從中鼓吹發起，就極易從個別士人家族的行動，形成集體力量。四明的鄉曲義莊即是此類具有集體意義的社會福利措施。這個構想由史浩先在紹興府推行，他的同鄉好友沈煥贊同此一理念，建議在家鄉實行，以砥礪四明士人，建立廉能政治。經由集體力量，建立超越個別家族的地方經濟互助體系，並透過制度化的組織，常態持久地運作，以發揮長期幫助四明地區窮困的知識分子和官僚子弟，來達成崇尚廉恥，培養廉能官僚的目的。鄉曲義莊關懷照顧的層面，是從個別家族，延伸到整個鄉里的士人階層。

　　史浩的意見得到同輩好友汪大猷、沈煥的積極支持，於是展開勸募、制訂規章以及實際執行的工作。鄉曲義莊由四明士人如汪大猷、史浩、樓鑰、沈煥、袁樞、高文善結合當地富人如邊氏等共同籌劃推動。其以民間為主、官府為輔的運作模式，是四明士人及其家族走出各自的藩籬，經由合作而創下的重要舉措。在鄉曲義莊的推動過程中，除了史浩領導外，其他參與者也都恰如其分的扮演應有的角色，顯然是成功的要因。然而，從理念的提出，到規劃運作、付諸執行，前後歷時十餘年，顯示在當時社會環境下，要創造突破個別家族的集體成果，是需要費時溝通、捐棄成見，並非一蹴可幾[11]。從這裡，我們看到南宋中期以前，四明家族的興起與四明地區的發展相為表裡，相輔相成，這和地區家族之間的合作，及四明政治文化的集體表現是一致的。

　　因此，我們可以說，四明士人家族在南宋崛起後，經由教育、婚姻，乃至鄉里情誼等方式，讓士人官僚之間相互合作援引，形成集體力量，這種力量不僅在

（續）───────────────

　　　みた人的結合の「場」〉，《史學研究》，241期（廣島，2003・7），頁66-96。

11　梁庚堯，〈家族合作、社會聲望與地方公益──宋元四明鄉曲義田的源起與演變〉，《中國近世家族與社會學術研討會論文集》（台北：中央研究院歷史語言研究所，1998），頁213-237；黃寬重，《宋代的家族與社會》，頁124-131。

政壇上互相扶持，即便辭官返鄉，仍一齊攜手，共同關懷鄉里。他們從個別人物或家族出發，不論對慈善救濟、鄉里建設，或詩社、鄉飲酒禮，乃至鄉曲義莊等地域性的公共事務，都展現了群體合作的成果。這樣的成績，大約在慶元黨禁之前，展現出來，使四明成為全國最富特色的地方。這些名門望族，不論在政治與學術，乃至文化思想的表現上，都在此時達於顛峰，形成四明士族群體表現的最佳時期。

從嘉定以後，四明士族中，個別士人或家族，在政治乃至學術的表現，都有再創高峰之勢。特別是史家，在史浩之後，有史彌遠、史嵩之叔姪，分別在寧、理宗二朝任相，壟斷朝政，其政治影響力更勝於史浩之於孝宗。袁燮、袁甫父子在寧、理宗二代，不論政治與學術的表現，也遠超過其父祖輩。同樣地，高氏家族中，高文虎、高似孫的政治影響力也較高閌、高開為重。不過，從整個地域社會的角度來看，四明士族開始走向分化，乃至對立，家族內部也因個人興趣、家風的轉變，使整體凝聚力和向心力有式微的趨勢，也不同程度地導致家族的沒落。以下，分別從不同的面向，討論南宋四明家族內外所面臨的挑戰、家道轉變的因素及其與地域社會的關係。

二、政見歧異衍生對立

從前文的說明顯示，南宋四明地區家族得以崛起，並形成地方社會的集體繁興，與意見領袖及各家族之間的通力合作，有密切關係。其中史浩更是重要角色。史浩是孝宗的老師，二次任相，在孝宗朝雖因和戰問題，與其他朝臣及孝宗意見不同而不能久任，但他能薦賢、能用人、能任事。除推薦四明同鄉人之外，也廣薦賢能之人，如他於淳熙五年(1178)三月再相後，即急於薦用朱熹、呂祖謙、張栻等人。他有理念又有執行力，雖罷官歸鄉，其意見受到朝野的尊重，有一言九鼎之勢；他熱心參與鄉里事務，而其同鄉好友汪大猷、樓鑰、沈煥、袁燮等人，也都能和衷共濟、協力辦事。從鄉曲義莊的動議到執行的過程中，我們看到在四明領袖人物推動下，家族之間合作無間的氣象，這是四明地區文化蓬勃發展的重要因素。

在人際複雜的社會中，要成就眾人的事業，除了有可推動合作的議題與人才之外，能化解疑慮，減少彼此的摩擦也很重要。孝宗淳熙年間，執政的王淮，與道學家的關係相當緊張，幸賴王淮的女婿姚穎從中調和，才能化解成見。袁燮記其事說：「時士大夫各從其類，有黨同伐異之風，君深病之，調和其間，不立畛域。既與葉公定交，又併葉公之友爲魯公（王淮）言之，所以消融植黨之私，恢張吾道之公也。」姚穎是四明人，他的祖母則是史浩的姑姑，這樣的身分有助於消弭王淮與史浩間的歧見，延遲黨爭發生。袁燮認爲姚穎若長壽，則「天下異同之論，將泯然不見其跡，豈復有後來若是之紛紛哉！」[12]但隨著史浩、姚穎這樣正面領導或在背後化解疑慮的人物逝世之後，當不同政治風浪來襲時，四明地區領袖人物由於政見的歧異，極易由親轉疏，甚而轉爲對立，遂使個人乃至家族之間的鄉黨情誼面臨挑戰。

第一個浪潮，來自韓侂胄推動的慶元黨禁。在慶元黨禁的風暴中，四明人分別居於不同立場，形成對立之勢，有被列爲黨人而遭打擊的袁燮、袁韶、樓鑰等人，也有爲韓侂胄打擊黨人張目的高文虎、高似孫父子。高氏族人一向在政治立場上，與當政者關係較近，如高閌曾被趙鼎提拔，也被評附秦檜。高閌得罪秦檜，罷官回鄉後，仍有仕進之心，曾致書秦檜述其窮困之狀，意圖「覬復恥名，庶幾祿及後人」，以致被朱熹評爲「一向苟合取媚」。到高文虎、高似孫父子，攀附權貴的心態更爲明顯，他們迎合韓侂胄，是推動慶元黨禁的要角。文虎於慶元四年（1198）奉命草詔禁僞學，與胡紘合黨，攻擊道學，貶逐正人，「學校諸生語言小異，輒坐僞罪」[13]。高似孫則於慶元元年（1195）六月著〈道學之圖〉，羅織道學之人，亦曾獻九錫詩爲韓侂胄祝壽，被評爲諂佞者，因而不見容於道學家。明人何喬新即批評文虎，說他「不過欲阿時宰，以速富貴耳，豈復顧名義，而知人間有羞恥事哉」[14]。雖然韓侂胄對慶元黨禁執行不嚴，但高氏父子與四明

12　袁燮，《絜齋集》（台北：臺灣商務印書館，1983，景印文淵閣四庫全書本）卷15，〈通判平江府校書姚君行狀〉，頁10上。

13　黃寬重，《宋代的家族與社會》，頁180。

14　何喬新，《椒邱文集》（台北：臺灣商務印書館，1983，文淵閣四庫全書本）卷6，〈削前秘閣修撰朱熹官竄處士蔡元定於道州〉，頁30下。

道學人士，一同捲入這場政治衝突之中，彼此針鋒相對，使高氏與四明士族的人際關係日益疏遠[15]，也降低了四明家族之間協同合作的空間。

　　與此同時，樓鑰和葉適門人王大受的衝突，也將四明樓昉和史彌遠捲入爭端之中。樓鑰和樓昉是四明兩個不同房系的宗親，樓鑰曾舉樓昉自代，顯示兩人或兩家關係的密切，但後來樓鑰兄長樓鏽和王大受發生衝突，樓昉似乎支持王大受，使彼此的關係有微妙的變化。而在樓、王互相攻擊的背後，也牽扯到前後兩任宰相韓侂冑和史彌遠。樓鑰先前曾期望史彌遠「竄大受」，但王大受與韓侂冑的女婿顧熹相善而不能如願，以致樓氏兄弟憤恨難平，最後是在韓侂冑為爭取樓鑰的歸心，以逐大受，返樓鏽所削之秩，才結束一場爭紛。事情雖小，但多少也牽涉到四明幾個士族之間的關係，影響彼此的和諧。

　　隨著韓侂冑被殺，史彌遠繼相之後，不僅南宋政局趨向平穩，對四明士族而言，則有更大的發展空間。史彌遠執政初期，積極招攬人才，重振士氣，《吹劍四錄》即說：「學黨五十九人，無非端人正士，盡入劉珏一網。侂冑既誅，史衛王當國，一切擢用，悉至顯官，無一人遺者。天地閉塞之氣，在此一舒，四方憤鬱之情，至此一快。其於國脈，豈小補哉。」[16]四明士人也在彌遠的牽引下大量進入朝中，形成一股新的政治勢力。當時相府宴客，唱雜劇的藝人將「滿朝朱紫貴，盡是讀書人」的詩，改作「滿朝朱紫貴，盡是四明人」[17]，就相當清楚地凸顯嘉定初期四明人在政壇上獨居優勢的現象。

　　嘉定十年之後，不論南宋的外在局勢，或四明士族之間的關係，都有極大的轉變。蒙古迅速崛起，並發動南侵，不僅敲起金亡的喪鐘，也讓宋廷陷於紛擾之中。宋與金、蒙之間形成鼎峙之狀，如何聯盟、抗拒，成為南宋朝廷必須面對的新情勢，對金的和戰也成為朝臣關注爭議的焦點。史彌遠殺主戰的韓侂冑而秉政，主和持重，成為他執政的主軸，但主和之說卻招來主張恢復的清議分子的批

15　石田肇，〈南宋明州の高氏一族について──高閌、高文虎、高似孫のこと〉，收入宋代史研究會編，《宋代の社會と宗教》（東京：汲古書院，1986），頁246-250。

16　俞文豹，《吹劍四錄》，收入《宋人札記八種》（台北：世界書局，1963），頁97。

17　張端義，《貴耳集》（台北：木鐸出版社，1982）卷下，頁77。

評，其中理學家如眞德秀、魏了翁，以及袁爕，都屬慷慨激昂之輩，相繼對當時執行的對金政策提出批判[18]。嘉定十年起，宋金戰火再啓，兩淮、荊襄，乃至四川都先後遭到金兵攻擊。雙方的戰爭雖互有勝負，但倡議主和的工部尚書胡榘則批評這些軍事行動的背後是「內因廷臣橫議，外而邊臣邀功」，致使「邊境久未安」[19]。這樣的言論引起袁爕的反擊，也爆發四明家族因政見不同而對立的現象。袁爕提出不同意見，他認爲「今日邊陲不靖，非朝廷有意用兵，緣被其擾，不得不應」[20]。兩人針鋒相對。袁爕在侍講時，對於四川的緊張情勢，向寧宗提備邊的建言，並指斥和議之非，此舉引起史彌遠的不悅。其後，太學生、宗學生及武學生三百餘人相繼伏闕上疏，斥主和誤國，要求殺胡榘以謝罪。袁爕自恃一代老儒，好持論，不滿胡榘所言，當廷欲以笏擊榘，爲眾所奪。臺諫劾袁爕與胡榘各執偏見，求勝報怨，兩人均被罷。太學生三百餘人不滿宋廷的處理方式，設宴於都門外，向袁爕賦詩餞別，更引起史彌遠不快[21]，此即袁氏與史家關係轉變的開始。

　　繼袁爕之後，攻擊當政史家最力的，就是他的兒子袁甫。袁甫自嘉定七年(1214)以進士第一入仕，即成爲四明地區受矚目的名人。他承襲其父衣鉢，發揚陸學，個性耿直，在朝則秉持所見，評議朝政。端平二年(1235)，袁甫任起居舍人、兼崇政殿說書、兼中書舍人，他在奏論中，對蒙古兵犯四川，百姓受兵禍之苦，有很深刻的批評。他指出四川的處境，正是「和戰不決，舉措不審，而至召釁納侮」，將肇禍責任歸咎於史彌遠，認爲「故相當國，以言爲諱，詞臣揣摩意見，多所避忌」，使人民感受不到朝廷德意。因此，建議在推動端平更化政策時，更應該徹底矯正史彌遠的作風，「庶幾遠民知上心，亦使軍士生其氣勢」[22]。

18　黃寬重，《晚宋朝臣對國是的爭議──理宗時代的和戰、邊防與流民》（台北：國立台灣大學文學院，1978）。

19　劉克莊，《後村先生大全集》（台北：臺灣商務印書館，1967，四部叢刊初編本）卷82，〈玉牒初草・寧宗皇帝〉，頁6下；《宋史》（北京：中華書局，1985）卷40，〈寧宗本紀・四〉，頁773；黃寬重，〈貫涉事功述評──以南宋中期淮東防務為中心〉，《漢學研究》20卷2期（台北，2002・12），頁174。

20　劉克莊，《後村先生大全集》卷82，〈玉牒初草・寧宗皇帝〉，頁1下。

21　徐松輯，《宋會要輯稿》，〈職官〉73之52；俞文豹，《吹劍四錄》，頁109。

22　袁甫，《蒙齋集》（台北：臺灣商務印書館，1983，文淵閣四庫全書本）卷6，〈乞

袁甫也對理宗爲感念史彌遠擁立之恩，在史彌遠死後，對史家多所迴護，如要求中外臣僚的奏章「不得攔摭，務存大體，以副朕終始元臣之意」的作法，提出嚴厲的批評。他認爲史彌遠在理宗一朝秉政十年，使「太祖、太宗之綱理天下者，幾至大壞而不可收拾」，「今保全元勳、禁絕人言之札一頒，天下必又潛疑竊議曰：『是將更端平元年以來之化矣。』」因而要求理宗，「欲全史氏一門，則當使之常有忌憚公議之心，如一撤其閑，將以愛之，適所以禍之也。況宅之兄弟，久處富貴，涉歷未深，正當左右詩書，遵蹈繩檢，不致貽譏清議，乃可植立門戶。故御札未必福史氏，而公議乃可全史氏也。」[23]

此時秉政的丞相鄭清之以國用不足，下令「人戶有田一畝者，輸會一貫，分爲六限，三月而足」。袁甫反對鄭清之的做法，他指出州縣不體朝廷之意，使中下戶先受督促之苦，而豪家巨族與胥吏相爲表裡，不按時繳納，造成極大的流弊。他也將造成這一景象的責任，歸於「故相當軸，士大夫不義而取之者多矣」所致。爲扭轉時弊，他建議「乞睿斷行下諸監司，專主先督勢家之說，過期不納者必罰無赦。如州縣奉行不虔，縱胥吏與勢家爲地，抵拒拖延慢上之令，則監司定將守令按劾。如監司曲爲庇護，則不即發覺，許臺諫糾察以聞」[24]。

袁甫對史嵩之的攻擊，更甚於史彌遠。先是，端平元年趙葵兄弟興兵入洛，謀收復三京時，史彌遠的姪兒擔任江西安撫使的史嵩之，力主與蒙古議和，袁甫曾極力反對[25]，更不書嵩之刑部尚書之誥命，因而出知江州，改知婺州。嘉熙元年(1237)，袁甫遷中書舍人，指議和誤事，並反對史嵩之出任京湖沿江制置使，說他「輕脫難信」[26]。可以說，袁甫到死前都反對史嵩之或是史家的當權派。理宗雖未全接納他的意見，卻尊重他的想法，全祖望即說：「廣微(袁甫)最荷理宗之眷，而所值時相皆鄉人，前後無一語阿私者。其於史彌遠，言其老當還政；於鄭清之，言其履畝害民；於史嵩之，言其不可爲相。嘗因邊遽，條指時務，無不

<hr />

(續)

　　　　降招撫論西蜀劄子〉，頁12上。

23　袁甫，《蒙齋集》卷5，〈論史宅之奏〉，頁11上-14上。

24　袁甫，《蒙齋集》卷6，〈再論履畝劄子〉，頁4上。

25　《宋史》卷405，〈袁甫傳〉，頁12241。

26　《宋史》卷405，頁12241；黃寬重，《宋代的家族與社會》，頁81。

切當。李宗勉薦其可以大用，理宗方欲相之，會以病終。」[27]袁甫向理宗說：
「臣與嵩之居同里，未嘗相知，而嵩之父彌忠，則與臣有故。嵩之易於主和，彌
忠每戒其輕易。」[28]這句話說出了史家內部與史、袁兩家之間的矛盾，貼切的反
映理宗以來四明家族關係的疏遠了。

　　牽動更大的，則是鄭清之、趙葵兄弟與史嵩之三家由友好而交惡，不僅影響
四明士族之間的關係，更是理宗朝政極大紛擾的開始。鄭清之與史彌遠同為四明
人，因史彌遠的拔擢，以理宗老師的身分，在仕途一路扶搖直上。端平元年
（1234），理宗親政，鄭清之繼史彌遠為相。為了化解史彌遠執政時朝野的緊張關
係，扭轉理宗的形象，鄭清之一方面揭示「端平更化」的旗幟，招納真德秀、魏
了翁等理學名家，推動政治改革；一方面則在其弟子趙葵、趙范兄弟的鼓動下，
欲趁蒙古軍北退，執行恢復汴京、歸德、洛陽三京的軍事行動。此舉與一向主張
蒙古和議，而且剛聯蒙滅金的史嵩之想法完全相反，也與朝臣期待相違，不僅引
起激烈的攻擊，也改變三姓四人的關係。史家與湖南橫山趙方早年關係素融洽，
史嵩之的父親史彌忠任咸寧縣尉時，與任蒲圻尉的趙方友好，兩家先後生嵩之和
趙葵，乃持羊酒相賀。趙方任青陽知縣時，其直屬長官為史彌遠，兩人曾對論為
治之道。由於這樣的關係，使趙方在史彌遠當權後，得以一展長才[29]。其後，史
嵩之與趙葵先後在襄漢立功，均為理宗早期負有盛名的邊將。不過，二趙與史嵩
之對北方政策歧異，如在對付金朝與蒙古兩股勢力的意見上，二趙兄弟傾向與金
聯合，史嵩之則主張與蒙古接觸。二趙反對史嵩之聯蒙滅金，並想利用蒙軍北
退，中原空虛的機會，收復三京，據守關河以抗蒙古，而嵩之對端平入洛之舉不
僅反對，更觀望不助，遂致入洛之師敗退而回，從此三家交惡，也牽動了理宗
親政以後，一連串的政治鬥爭[30]。

27　全祖望，《鮚埼亭集外編》卷24，〈寧波府儒學進士題名碑〉，頁306。

28　《宋史》卷405，〈袁甫傳〉，頁12240-12241。

29　方震華，〈軍務與儒業的矛盾──橫山趙氏與晚宋統兵文官家族〉，《新史學》，17
　　卷2期（台北，2006‧6），頁5。

30　周密，《癸辛雜識》（北京：中華書局，1988）別集下，〈史嵩之始末〉，頁288-
　　289；袁桷纂，《延祐四明志》（北京：中華書局，1990，宋元方志叢刊）卷5，
　　〈人物考中‧先賢史嵩之〉，頁1212；方震華，〈軍務與儒業的矛盾──橫山趙氏

　　當然，在史氏當權時，四明士人固然有因政見不同而與之疏遠，甚至對立的情況，但也有部分鄉人仍依附權勢尚盛的史家。這種現象在史彌遠死後仍然存在。顯然與鄭清之迴護史彌遠的後人有關，史宅之主持的「田事所」即是一例。理宗爲感念史彌遠擁立之功，親政後除了不准朝臣批評史宅之等故相家屬外，也積極地爲史氏後人創造維繫名望的政績，好讓朝臣折服。當時殿步司所轄有蘆蕩地，臣僚認爲可以闢爲良田，增加國庫收入。史宅之時爲都司，遂創括田之議。宰相鄭清之當國，也想增加收入，遂成立「田事所」，將天下沙田、圍田、圩田、沒官田等，撥隸該所，由宅之任提領官，分派官員到江浙諸地打量圍田。四明人汪之埜任檢官，趙與懬爲參議官，各郡也都差朝臣任其責。然而，由於實施時刻剝太過，以致怨嗟滿道，刑罰慘酷，死於非命者甚多，執行甫一年，有擾無補，高衡孫就對史宅之盡括浙西公田的做法，深表不滿[31]。朝廷也知不可行，但不敢遽停，批評者相繼被罷罪，一直到宅之逝世，才併歸安邊所[32]。

　　四明士人之間的不和，自然影響人際互動與社會和諧。早期的明顯事蹟，像樓鑰與王大受的爭紛，就牽扯了當朝幾個重要人物。史嵩之的內弟陳塤任處州教授時，與知處州高似孫不合，後來也因批評史彌遠的政策而辭官，並爲袁燮議諡[33]。另一個例子，就是晚宋余晦與王惟忠二位四明人，同樣由於私人恩怨而反目。余晦以王惟忠棄戰逃遁爲名，命其黨人陳大方、丁大全攻惟忠，興大獄。最後，以惟忠任知閬州判西安撫府時，喪師庇叛、遣援遲緩等罪被處斬[34]。顯示到了晚宋，所謂鄉里情誼，早已在政治紛擾與個人人事鬥爭中消磨殆盡。

　　早期四明社會的凝聚力，也表現在鄉里士族組成的社群活動上。四明社會發展的主要因素，是當地家族無私的合作之外，也能接納外來的寓居者，營造共容發展的局面。樓鑰在〈祭趙侍郎〉所說「四明尚齒，猶存古風，雖有鄉老，亦賴寓公」的話[35]，正說明和諧是四明社會發展的主因。一旦這種族際凝聚力消退，

（續）────────────

　　　與晚宋統兵文官家族〉，頁10-22。

31　袁桷纂，《延祐四明志》卷4，〈人物考上‧先賢高閈〉，頁44上。

32　周密，《癸辛雜識》別集下，〈史宅之〉，頁292-293。

33　《宋史》卷423，〈陳塤傳〉，頁12639-12640。

34　周密，《癸辛雜識》別集下，〈王惟忠〉，頁297-298。

35　樓鑰，《攻媿集》卷83，〈祭趙侍郎〉，頁7下。

甚至轉爲對抗時，許多對立的情勢就會發生，最明顯的表現在詩社上。全祖望對宋元四明詩社的變化，有很詳細的描述。他認爲北宋元祐、紹聖間，是四明詩社興起之時，建炎以來則有五老會，以孝友倡鄉里敦厚之俗，而唱酬亦日出。及乾道、淳熙間，史浩、魏杞相繼告老歸鄉，不論鄉居或寓居士人均與盛會，篇什極盛。人際關係甚爲和諧，鄉里凝聚力強，因之能共同經營、組織地方公益活動。但慶元、嘉定以來，一方面有道學家在史家碧沚館的詩社，及另樹一格的樓鑰詩壇，高似孫、史友林別有詩壇，另外史宅之兄弟與趙汝楳等人，在湖上又爲一社。從全祖望的描述與五老會、八老會，乃至眞率之集的詩社相較，顯示嘉定以後詩的內容趨於多元，詩社也多了，其中固然有學術品味與文風多元發展的現象，但詩社分立與人事關係的複雜化、人際關係的淡薄化相結，則可看出四明家族之間的競合，影響了家族的發展與地域社會的諧和。雖然咸淳年間被賈似道廢罷的六十多位四明士人，在高衡孫等人組織下，凝聚成一個每月一集的詩社，這是在當權者的壓力下形成的，且只能消極地以詠詩排遣時光，無法也無力再發揮集體的影響力了。況且，這已是趙宋政權步上敗亡的最後階段，隨之而來，則是另一場浩劫了。

　　雖然，自慶元以來，四明士人在一波波的政治活動中，相繼被捲入，而影響彼此關係與地區的和諧。不過，這段時期不和諧的現象，尚屬個人或個別家族之間的關係，而且仍不斷有人攀登高位，影響的層面尚小。況且，史彌遠執政的嘉定初期，積極招攬黨人，使四明人在朝廷的影響力與日俱增，所謂「滿朝朱紫貴，盡是四明人」，固然是唱戲者表面上恭維的話，其實也有諷刺的意味，這對史家而言，自然是一種警訊。史彌遠就由於這句話，在此後二十年，宴客時不再用雜劇[36]，史彌遠此舉，可能也是有感於南宋以來，如饒州人士短暫形成地域性優勢政治集團，而招來「得饒人處且饒人」的譏評有關，而有所顧忌[37]；也可能鑑於紹熙三年(1192)時，他的兄弟史彌正奉祠家居時，以望族高官的身分，干預地方事務，與知州高燮有瓜田李下之嫌，而被罷職的敏感性有關，因此謹慎地處

36　張端義，《貴耳集》卷下，頁77。
37　陸游，《老學庵筆記》(北京：中華書局，1979)卷11，頁5。

理各項人事[38]。此後的政治發展，四明士族之間雖因政見不同，形成對立，但在外人眼中，自嘉定以來史彌遠長期任相，專擅朝政，用人有地域考量，益使四明等地形成優勢政治集團，構成其他地區政治群體發展的障礙。如從劉克莊在給事中丁柏桂的神道碑中就記到：「寶（慶）紹（定）間，一相擅國，所拔之士，非鄞即婺。其言曰：『閩人難保，尤惡莆士。』如陳宓、鄭寅之流，皆掃影滅跡，於是朝無莆人。」[39]這句話固然顯示四明士族的優越地位，但同時也預示四明士族在表象優勢之中，已潛藏的危機。

到理宗淳祐年間，鄭清之再相，他年歲已高，政事多由其姪孫贊可否。當時賈似道任京湖制置使，統軍對抗蒙古軍，為壯大聲勢，「數張軍旅」，向朝廷要脅費用。鄭清之不支持。賈似道忌恨鄭清之及其姪孫，同時遷怒四明人，因此在任相後，即提出浙東唯溫、處人士可任事，四明士不宜用的說法，並以強力手段迫使當時在朝任官的四明人，像高衡孫、趙汝楳以戶部侍郎，汪之埜以知汀州，陸合以軍器少監，章士元以太常少卿，趙孟傳以知贛州，從執政官至州縣官等，凡六十餘人，皆遭罷黜家居[40]。這些鄉居的四明士人，為避免惹禍上身，雖每月定期聚會，但只討論先哲言行，不敢議論敏感的時事，才稍卻除當政者的疑慮，但從此四明人在朝者少，家族與地區性的優勢明顯消退。誠如袁桷所說：「吾鄉盛時，比屋皆故家大官。咸淳，賈相擅國，絕惡四明，由是衣冠皆為月集，悉不敢議時事。」[41]全祖望評論此後四明人殉難者少的原因，是「宋之將亡，四明以賈氏摧折之餘，鮮豫於軍師國邑之寄，故殉難者寥寥」[42]。這句話有兩層涵義，一是賈似道對四明士族打擊的力道很強，是晚宋四明政治勢力與家族沒落的重要因素，一是四明士人位居要津，並以其位抗蒙殉節者不多，相對地，蒙元政權建立後，也沒有刻意打擊四明士族。

---

38 史彌正與高覺，見樓鑰，《攻媿集》卷34，〈直敷文閣史彌正為高覺奏屬雄公事落職罷宮觀〉，頁20。

39 劉克莊，《後村先生大全集》卷141，〈丁給事〉，頁1上。

40 袁桷，《清容居士集》（四部叢刊初編本）卷33，〈先大夫行述〉，頁8上。

41 袁桷，《清容居士集》卷50，〈書世綸堂雅集詩卷〉，頁12上。

42 全祖望，《鮚埼亭集外編》卷23，〈宋忠臣袁公祠堂碑銘〉，頁289。

三、家族與宗族內部失和

　　四明同鄉士人互相援引、提攜的合作關係，在南宋後期日益激烈的政爭中不復得見，反之家族之間乃至家族之內部出現歧異的聲音，本節將首先觀察家族內部的情形及其對家族發展的影響。

　　枝開葉茂象徵家族的興隆，但在開枝的同時，也具有家族成員意見不一、利益衝突，甚或引發內部不和，使內聚力消退的隱憂。當然，造成家族內部不和，可以是政治或經濟的因素，但不論原因為何，其結果都可能使家族不能共謀發展，反而因房支分立，造成資源內耗的不良後果。這種家族內部不和的現象，包含同一世代各房支之間，或上下世代之間，以及同宗之間的矛盾等。在四明地區而言，情況最明顯的是史家、高家和屬於同宗的袁氏家族。

　　在南宋的四明大家族中，史家無疑是最顯赫，但族內的情況也最為複雜。從史浩開始，三代任相，權傾中外，家族成員任官者最多，枝葉繁盛，而且以史浩的名望，與地方上各個士族都維持密切的關係，是四明地區在政壇上最具影響力的望族。不過，自史彌遠任相以後，由於和戰問題，及因擁立理宗，造成湖州兵變、冤殺濟王等一連串事件，不僅引發朝臣攻擊其外交政策與專擅朝政的言論，在史家內部同樣對史彌遠推動爭議性的政策和壓制異議分子的作風，也有批判聲浪。史嵩之任相，再次因對蒙古和議的政策，與朝臣對立，也同樣引起家族成員的批評。這兩代都是因為政策方向與權力鬥爭的因素，導致家族內部不和。反對者包括史彌堅、史彌鞏、史彌忠、史守之、史彌應等人。史家的例子顯示，家族關係的存在並不必然意味政治的連結或力量的擴張，相反地，政治立場與主張可能影響家族的團結與發展。

　　史彌鞏，字南叔，紹熙四年（1193）入太學。在史彌遠秉國時，「寄理不獲試」，淹抑十年始得進士第。任州縣官時，刻濂洛諸賢訓語，以教邑人。他對史彌遠和戰政策與殺濟王案，相當不滿。彌遠死後，鄭清之繼相，招攬被貶名臣如真德秀、魏了翁等人，彌鞏亦在列。他面見理宗，剴切論時政，為濟王案平反，認為「霅川之變，非濟王本心，濟邸之死，非陛下本心」，直指史彌遠之非。及

其兄彌忠之子嵩之入相，即引嫌乞祠，返鄉後絕口不提時事，自號「獨善」。袁桷稱他「以儒學致顯，當貴盛時，獨卑退自持，鄉人稱爲獨善先生」[43]。眞德秀說他「三十年不登宗衮之門，未仕則爲其寄理，已仕則爲其排擯，皭然不汙有如此」[44]。

史彌堅，字固叔，爲史浩幼子，史彌遠幼弟，娶孝宗同母兄崇憲靖王趙伯圭之女爲妻，以軍器監尹臨安。史彌遠爲相，他以嫌出爲知潭州湖南安撫使，與批評史彌遠甚力的眞德秀關係很好，也曾薦劉宰。彌遠久在相位，朝議不滿，彌堅勸其歸辭，彌遠不聽，「遂食祠祿於家，凡十六年」[45]。他敏以判案，案例曾入《清明集》。死後，吳泳所撰〈史彌堅賜諡忠宣制〉中有「在熙寧則不黨於熙寧，如安國之於安石，在元祐則不趨於元祐，如大臨之於大防，雖鍾和樂之情，不替箴警之義」，說明彌堅與彌遠兄弟之間政見不和[46]。

史彌忠，字良叔，是史嵩之的父親。他曾爲楊簡所薦，任郡守有能聲，提舉福建常平鹽茶公事時，薦陳韡平亂有功，名儒眞德秀遺書讚美。當時，從弟彌遠久在相位，朝臣多所抨擊，彌忠勸其歸，未果，乞致仕。

史彌應是史浩從子，號自樂翁，嘉定七年(1214)進士。他的個性恬退不求進。陳塤稱其詩說：「余外家赫奕寵榮，蟬鼎相望，獨舅氏自樂翁，常罷讒退，閉門求志，行吟空山。有詩數卷，宣患難之所志，傳逸度於將來。」全祖望稱史彌應「亦史氏之君子也」[47]，將他列爲與史氏當權派意見不同的人。

從有限的資料，我們看到史彌遠同輩的兄弟中，有四個人對他的執政表示不滿。他們除了提早乞祠，不理時事之外，更與史彌遠的政敵如眞德秀交好；子姪輩中，如其姪史守之，因不滿彌遠所爲，退居湖上，請楊簡在家塾中講學，「終

43 袁桷，《清容居士集》卷28，〈靜清處士史君墓誌銘〉，頁24下-27下。

44 王厚孫、徐亮纂，《至正四明續志》(北京：中華書局，1990，宋元方志叢刊)卷2，〈人物補遺〉，頁23上。

45 全祖望，《鮚埼亭集外編》卷28，〈跋宋史史浩傳後〉，頁1055。

46 吳泳，《鶴林集》(台北：臺灣商務印書館，1983，景印文淵閣四庫全書本)卷10，〈史彌堅賜諡忠宣制〉，頁8。又見袁桷纂，《延祐四明志》卷5，〈人物考‧先賢史彌堅〉，頁22下-23上。

47 全祖望，《鮚埼亭集外編》卷28，〈跋宋史史浩傳後〉，頁1055。

年避勢遠嫌，退居月湖之陽，著《升聞錄》以寓諷諫，與慈湖先生講肄不倦。」守之受楊簡之教，終身不應召命，乃是直接表示對史彌遠的抗議。守之積極營建故居真隱觀，觀中林泉極盛，全祖望說：「湖上之勝，遂盡歸史氏，蓋史氏自嘉定以後，不爲清流所與，而忠宣(史彌堅)、子仁(史守之)則雞群之鶴，克守忠定(史浩)家法，不以宗衰累其生平，慈湖(楊簡)、絜齋(袁燮)諸公過從不絕，而又重以端憲之精舍，故洞天爲之增色。」[48]

到了史嵩之當政時期，史氏家人公開反對史嵩之，衝突更爲嚴重，如史宅之、史璟卿等人，皆有上書直陳史嵩之之惡，甚至涉及家務醜聞。《癸辛雜識‧史嵩之始末》記宅之上書攻嵩之起復事，說：「嵩之從弟宅之，衛王(史彌遠)之長子也，與之素不咸，遂入箚，聲其惡，且云：『先臣彌遠晚年有愛妾顧氏，爲嵩之強取以去。乞令慶元府押顧氏還本宅，以禮遣嫁，仍乞置嵩之於晉朱挺之典。』」[49]史嵩之最後在內外反對聲浪中，起復不成，只好乞退。史嵩之的致仕，不僅象徵著史家三代在南宋秉政的結束，同時家族內部由失和走向沒落，也肇始於史彌遠、史嵩之執政表面上最顯赫的時期。

前述史氏由家族內部的不和以致對立，也同樣影響到家族外部的關係。史浩曾延請楊簡教其子弟，包括史彌遠、史彌堅、史彌忠、史彌鞏，史彌林、史守之、史定之等七人[50]。史彌遠就是楊簡的學生，但楊簡並不認同史彌遠的做法，他曾向理宗直言：「臣平日所以教彌遠者不如此，彌遠之置其君如弈棋。」[51]可見師徒關係之緊張。史璟卿上書陳述其叔父史嵩之之惡，更使另一位世家子弟應文煒受到史嵩之的遷怒。應文煒與史璟卿、袁桷的父親袁洪相友好，史嵩之認爲璟卿的上書與文煒的教唆有關，命下屬掠治，此舉無疑亦加深史家當政的一系與當地士族的衝突[52]。

48　全祖望，《鮚埼亭集外編》卷18，〈真隱觀洞天古蹟記〉，頁901。

49　周密，《癸辛雜識》別集下，〈史嵩之始末〉，頁288-289。

50　黃宗羲，《宋元學案》(北京：中華書局，1989)卷74，〈慈湖學案〉，頁2459-2465；全祖望，《鮚埼亭集外編》卷16，〈碧沚楊文元公書院記〉，頁871。

51　全祖望，《鮚埼亭集外編》卷16，〈碧沚楊文元公書院記〉，頁871。

52　袁桷，《清容居士集》卷33，〈先君子蚤承師友，晚固艱貞，習益之訓，傳於過庭，述師友淵源錄〉，頁16上-下。

　　除了史家之外，高氏家族內部的不和也是一個顯例。高氏家族自高閌任國子
司業禮部侍郎起，即成為四明士族。高文虎、高似孫父子兩代，在寧宗一朝官位
更高於高閌，是家族發展的盛世。然而，高文虎、似孫父子不僅為人處事迭遭批
評、仕途多變外，父子關係亦不和。史稱似孫對其父不孝，父子爭財，並曾刪改
文虎所做〈蘭亭博議敘〉兩篇，及改文虎之序等事，洪業雖為文為之辯護，但家
族內部不和則為事實[53]。嘉定以後，衍孫、衡孫雖仍任官，但衍孫一房移居嘉
定，枝葉離散，顯示至此四明高氏家族已難再現整體的發展了。

　　另一個同姓不和的例子，則是四明三個同宗的袁氏。鄞縣袁氏有三支，一是
鑑橋袁氏，又稱城南袁氏；一是西門袁氏，又稱城西袁氏；南袁氏，則又稱南湖
袁氏。鑑橋袁氏的代表人物，即是陸學的重要傳人袁燮、袁甫父子。自袁轂發跡
以來，袁氏從教育著手，打開科舉之路，追求仕途發展，並藉婚姻穩固人際網
絡，袁燮父子兩代既任高官，又致力於學術，以發揚陸學為職志，在鄉里聲望甚
著，是南宋晚期三袁氏中最顯赫的家族。南袁氏居鄞的確切時間不清楚，但袁轂
與袁轂同試進士，則已落籍四明，後遷祥符，靖康之亂後再遷回四明。西門袁氏
在唐代，即有任宰相、執政、侍從的顯官。宋高宗南渡時，袁子誠自南昌扈駕遷
居四明，最晚落籍於鄞縣。

　　南宋四明三袁氏中，鑑橋袁氏與南袁氏的關係較為密切。興復南袁氏的袁
韶，三歲便從袁燮學，他曾摹寫袁燮夫人戴氏所摹顏真卿的碑體，兩人在韓侂冑
推動慶元黨禁時，均被貶抑，患難見真情，這是兩家關係最密切的時候[54]。元代
南袁氏的代表人物袁桷在〈先大夫行述〉一文中，述說袁燮和袁韶的關係：「祖
諱韶，幼學於族父正獻公燮，登淳熙丁未(1187)第。嘉泰禁道學，自趙忠定(汝
愚)以下皆入黨，正獻公坐廢。越公為吳江丞，得罪蘇師旦，俱家居避禍。嘉定
改元，襃敘趙忠定公、朱文公，於是相次被召，先後為侍從，縉紳榮之。」[55]袁
韶更透過合譜的方式，來加強兩個袁氏家族的關係。袁桷即說：「衛公之子越公

53　黃寬重，《宋代的家族與社會》，頁182；洪業，〈高似孫史略箋正序之一〉，《史
　　學年報》，1卷5期(北京，1933・8)，頁6-7。
54　袁桷，《清容居士集》卷3，頁1上。
55　袁桷，《清容居士集》卷30，〈先大夫行述〉，頁5下-6上。

（袁韶），從正獻（袁燮）游，考兩家南北之分，使得合譜。……正肅公見越公鄉薦，時年始九齡，自是敦敍不絕。」[56]這是兩家關係最密切的時候。

不過，到嘉定以後，兩家敦敍情誼逐漸轉疏。史彌遠當權之初，招攬群賢，四明名士盡在其中，袁韶因與史家聯姻（袁桷的叔父娶史浩的孫女）之故[57]，關係密切。及史彌遠對金蒙和戰政策得罪清議，濟王案起，又盡貶清議朝臣，這些舉動都使清議領袖袁燮不值其作爲，起而攻之。但袁韶則轉而投靠彌遠，得任高官，被譏爲「史氏之私人」[58]，兩個袁氏家族的關係轉爲疏淡。

然而到理宗紹定年間，袁韶與史彌遠關係又有轉變。周密對兩人關係的改變，有清楚的說明，他說：「袁彥純同知始以史同叔（彌遠）同里之雅，薦以登朝、尹京，既以才猷自結上知，遂絲文昌，躋宥府、寖寖乎炳用矣。適誕辰，客又獻詩爲壽，此詩既傳，史聞惡之，旋即斥去。」[59]顯示袁韶受理宗賞識，而得罪史彌遠之事實。袁桷對袁韶與史彌遠、袁燮關係的變化曾有解釋，見於他給袁燮後人袁瑛的詩中[60]。但全祖望認爲袁桷對此事仍多所隱諱，說：「袁越公韶爲執政，世皆指爲史氏（彌遠）之私人，而卒以史氏忌其逼己而去。蓋嘗考其事而不得也。《延祐志》云：『李全反山陽，時相欲以靜鎮。公言揚失守，則京口不可保，淮將如崔福、卞整皆可用，……相疑，不悅，卒罷政歸。』是傳出於越公曾孫清容之手，……越公少爲絜齋之徒，不能承其師傳，呈身史氏，以登二府，其晚節思扼其吭而代之，進退無據，雖所爭山陽事，史屈袁申，然以越公之本末言之，要非君子也。史、袁卒爲婚姻，故亦共諱其事，清容亦欲爲祖諱，故言之不盡。」[61]此後，鑑橋袁氏沒落，南袁氏轉盛，兩家雖仍時相往來，已不像嘉定前熱絡。

另一方面，南袁氏與西門袁氏則因對蒙元政權的認同問題而交惡。西門袁氏

56　袁桷，《清容居士集》卷50，〈跋正肅公手澤〉，頁1下-2上。

57　袁桷，《清容居士集》卷33，〈西山阡表〉，頁1下。

58　全祖望，《鮚埼亭集外編》卷24，〈二袁先生文鈔〉，頁981。

59　周密，《癸辛雜識》前集，〈袁彥純客詩〉，頁42。

60　袁桷，《清容居士集》卷3，〈再從姪瑛幼孤學道龍虎山，自傷不能鞠攜，述祖德以勉之〉，頁1下。

61　全祖望，《鮚埼亭集外編》卷28，〈跋宋史袁韶列傳〉，頁1059。

在南宋的名望不如其他二袁，但宋元之際，袁鏞倡議抗蒙不成，最後爲國死難；反之，南袁氏的袁洪則是四明主降及與蒙軍談判的要角，一抗元，一降元，這是兩個家族入元以後家道興衰的關鍵所在。全謝山認爲兩家交惡之因是袁桷向西門袁氏求通譜不遂，懷恨在心，及爲掩飾其父袁洪降元事蹟，遂在《延祐四明志》中，遺漏袁鏞死難事蹟，反而爲降人趙孟傳、謝昌元及他的父親袁洪立傳。全祖望批評袁桷「清容文章大家，而《志》頗有是非失實之憾。如謝昌元、趙孟傳皆立佳傳，而袁鏞之忠反見遺，蓋清容之父亦降臣也。」[62]

元人戴良在〈四明袁氏圖譜序〉中所謂：「世之氏族，孰非古帝王盛德之後哉？然歷世浸遠，支派日分，盛衰、隱顯之跡，有不齊矣。死生患難，慶弔收恤之禮，不能以相及矣，同氣相視如途人矣。」[63]雖然是針對氏族長遠發展下，支派分立而疏遠所作的說明，其實從三個同宗的袁氏的關係變化看來，宗誼族情會因爲政治立場的歧異，而由親轉疏，或由淡而交惡，甚至整個地域社會的和諧互動，均敵不過現實環境的考驗，彼此關係相當脆弱，從史氏、高氏，乃至袁氏宗族內部關係的變化，可以得到證明。這種關係雖是個別發生或逐漸變動的，但家族的凝聚力就在逐漸變動中鬆弛、分解，一旦有外力衝擊則迅速崩解。

四、家族與社會風氣的轉變

如果四明士族之間，到南宋中晚期，因政見歧異，引發對立，影響家族及地區的整體發展，是一種外在的衝擊，那麼子弟興趣的轉變以及家族與社會風氣的轉移，則是影響家族興衰的內在因素。如前所述，科舉考試不僅讓朝廷藉以拔擢有能力的士人參與朝政，以改變世家大族壟斷社會政治資源的現象，更是個人、乃至家族的興替重要指標。在科舉社會，在科舉和仕宦上有成就的家族，在競爭上具有優勢。他們具有經濟條件，可以購買圖書，延師教子弟，也有考試的經驗。同時，透過婚姻、師友關係，所開展的人際網絡，有利開拓新的事業。高位

62　全祖望，《鮚埼亭集外編》卷35，〈延祐四明志跋〉，頁1169。
63　戴良，《九靈山房集》（文淵閣四庫全書本）卷21，〈四明袁氏譜圖序〉，頁4下。

者，更具蔭補條件，可以讓子弟免受科考的煎熬，即能擁有官位，保有仕宦之家的榮銜與名聲，這些都是名門望族的有利條件。不過，科舉畢竟是開放的，具有競爭優勢的家族，仍需有諸多條件相配合；如子弟資質足夠，聰明肯學，而且志在舉業，願意延續長輩的心願，更重要的是才質與運氣配合，才能確保優勢[64]。一旦內在的意願與能力，和外在的因素不能搭配，則仍然難以維持家族的榮景。況且，即便具蔭補條件者，除少數特殊者外，通常不能任高官。如賈似道的父親賈涉，以蔭補入仕，仍能擔任淮東制置使兼京東、河北路節制使[65]，程鄰以父蔭官至廣南西路經略安撫使，趙葵、趙范兄弟也因父蔭而任高官，但這些人多因戰功或守邊而任官。在承平時期，這樣的例子並不多見[66]。因此，舉業是家族累代都不能鬆懈，需要有高昂的鬥志和耐力，長期全力以赴，才能持續維繫家道。

　　不過，富盛之家有更多樣的生活面向吸引子弟的注意。名門望族的子弟在舉業上雖具優勢，但身處富貴之家，也擁有教育以外許多豐厚的資源，吸引他們，如任官的父兄，為顯示身分或休閒養性或為結交名流，培養許多如購書玩物，乃至吟詩唱戲等文藝活動的興趣與嗜好。這些休閒嗜好，既可調節身心，也是交際的手段。更有甚者，則在功成名就之後營建庭園，藉以提升生活品味或誇示榮耀。這些做法，顯示官僚有寬廣多樣的生活空間，置身其中的子弟，也會被這些豐富多樣的生活事物所吸引，況且高官子弟又可蔭補任官，維持社會聲望，未必願意長期從事孤寂又無把握的舉業。這種個人興趣乃至家風的傳承與轉變，同樣也影響家族的發展。

　　從四明幾個著名士族興衰隆替的過程中，都可以看到家族成員有意或無意地將心力關注在科舉之外的其他方面。這種因興趣的轉變，乃至家風的轉移，經過一、二代，就會導致家道的沒落；有的經歷子弟的回歸舉業，可以再振家聲，有的則一去不回了。這種變化，依每個家族的情況，而有遲速之不同，並非一成不

64　梁庚堯，〈宋代福州士人的舉業〉，《東吳歷史學報》，11期（台北，2004・6），頁175-213。

65　《宋史》卷40，〈寧宗本紀・四〉，頁777。

66　見黃寬重，〈賈涉事功述評──以南宋中期淮東防務為中心〉，頁165-188；〈宋代浮梁程氏家族的興替〉，收入《中國近世家族與社會學術研討會論文集》，頁195-212。

變。鑑橋袁氏在袁堈、袁文兩代，家道中衰。袁堈喜詩文，不熱中功名，不治產業，篤信佛教，樂善好施，出手大方。他的母親石氏一臂劇痛，他發願修補隨州城內所有佛像和寺廟，所費不貲，遂使經濟狀況每下愈況。其子袁文，幼時深受父親期待，努力舉業，卻不能如願，轉而致力經學研究，「一書精通，始閱他書，歷代史、諸子若集及叢編、小說，咸采取焉」，著有《名賢碎事錄》三十卷、《甕牖閒評》八卷，後者涉及小學、經、史、天文、地理、宋朝時事及詩、詞、文章，至今仍流傳，是一部具有學術價值的筆記作品[67]。除了讀書，他的主要興趣是鑑賞古物，袁燮說他：「頗喜古圖畫器玩，環列左右，前輩諸公遺墨，尤所珍愛，時時展對，想見其人，雅尚清致。」[68]

　　袁文的從兄弟袁方是另一個例子，他幼時放蕩不學，婚後受到妻子范氏的鼓勵，始刻志向學，精於詩學，但考試不得志，以教授生徒維生。袁方為了生計，東奔西忙，「東涉大海，雪浪浩渺；南踰粵嶺，風木淒吼」，非常艱苦，五十歲時已體弱多病。他的同學樓鑰憐憫他貧痛，常送藥慰問[69]。這是袁氏第三、四兩代族人舉業不順後，興趣轉移而至家道中落的情形。

　　到了第五、六兩代，由於袁文一系出現了袁燮、袁甫父子俱中進士，又任高官，且為陸學重要傳人，聲名顯著，是鑑橋袁氏家道興復之時，但其他人官位不高，興趣偏於教育及著作。袁甫的兒子袁俒僅知曾任潭州通判，事蹟不明，其孫袁裒曾任安定書院的山長。袁裒雖曾和同宗的袁桷討論到宦族久當圮，宜蘄為傳遠計，但不久袁燮舊宅遭火，家藏盡燬，到晚年則「以憂窘困躓」[70]。袁氏另一後人袁瑛，為袁裒姪輩，年幼喪父，出為道士，學於龍虎山[71]。顯然，袁氏不待新政權的政治壓迫即已衰落了。

　　四明樓氏自樓鑰以後，家族成員多以文藝活動為重，不再專事舉業。四明樓氏自樓郁起家以來，經歷數代努力，在科舉上屢創佳績，已是當地頗富聲望的士

67　袁文，《甕牖閒評》（上海：上海古籍出版社，1985）。頁3。

68　袁燮，《絜齋集》卷16，〈先公行狀（代叔父作）〉，頁266。

69　黃寬重，《宋代的家族與社會》，頁75。

70　袁桷，《清容居士集》卷30，〈海鹽州儒學教授袁府君墓表〉，頁20下。

71　袁桷，《清容居士集》卷3，〈再從姪瑛幼孤學道龍虎山，自傷不能鞠攜，述祖德以勉之〉，頁1上-3上。

族，尤其樓异與樓璹兩代，不僅歷任高官，營建豪宅，蒐集名家書畫，結交兩宋知名文士名賢與書畫家，極力塑造足以襯托名望的文化藝術環境，作爲交友與培養子弟藝文氣息與素養的環境。其中，樓璹兄弟結交善畫的魏元理、徐兢和劉岑三位藝壇名家，就對樓鑰兄弟的書法風格具啓迪作用。加上家族先輩小學字書的訓練，培養了樓鑰這一代對蒐集書畫文物、結交書畫名家、營造藝文氛圍的家族傳承[72]。

樓鑰是樓家成爲四明重要家族的代表人物，他雖擅長行政，處事圓融，支持理學，但他晚年最感興趣的，殆爲追隨他的祖父樓异的足跡，在原址重建奎畫、錦照等堂，並以東樓爲藏書之所，「集古今群書於其上，累奇石於其前，嶄然有二十四峰之狀」[73]。同時，他也藉由修葺祖墳、重塑佛像，及積極蒐集、保存和整理先人遺物或相關資料，來串建家族發展軌跡，形塑家族傳承[74]。錦照、東樓是他讀書會友之處，他喜歡蒐集骨董，自稱「余每見舊物，無不愛玩」，積極蒐藏其祖父的舊物，包括從権場買到其祖父所刻的〈嵩嶽圖碑〉[75]。可見樓鑰晚年興趣及生活的重心，是讀書、怡情、玩賞、交遊。

樓鑰的後人多由蔭補入仕，並不熱中仕途，沒有爭取參與中央朝政的想法，而是謹守家規，在鄉里從事文藝活動，維持地方聲望來延續家風。嘉定三年（1210），樓鑰堂兄樓鎧之子樓洪與樓深曾重繪樓璹《耕織圖》，將之進呈皇太子，並刻於石[76]。樓鎧的幼子樓深喜歡蒐藏書畫，大約樓璹所藏的文物都歸樓深[77]。樓鑰死後，樓鑰三子樓治將其詩文彙整爲一百二十卷的文集，請眞德秀作序，以家族之力刊刻成極爲精美、具有嘉定時代文物代表性的《攻媿先生文

72　黃寬重，〈以藝會友──樓鑰的藝文涵養養成及書畫同好〉，《長庚人文社會學報》4卷1期（2011・4），頁55-92。

73　袁燮，《絜齋集》卷11，〈資政殿大學士贈少師樓公行狀〉，頁184。

74　黃寬重，〈串建歷史記憶、形塑家族傳承──以樓鑰及其族人的書畫文物蒐藏與書籍刊刻爲例〉，《故宮學術季刊》28卷3期（2011・4），頁52-53。

75　樓鑰，《攻媿集》卷75，〈跋黃刺史公移〉，頁2下；〈跋先大父嵩嶽圖〉，頁18上。

76　黃寬重，〈串建歷史記憶、形塑家族傳承──以樓鑰及其族人的書畫文物蒐藏與書籍刊刻爲例〉，《故宮學術季刊》28卷3期，頁54-55。

77　樓鑰，《攻媿集》卷72，〈跋從子深所藏吳紫溪游絲書〉，頁5上-下；卷74，〈跋從子深所藏書畫〉，頁3上-8下。

集》[78]。這種由家人刊刻文集的風氣，被視為家族傳承的要事。朱迎平教授指出，這類被稱為家集的文集材料最完整，校對最精審，是別集中的精品[79]。由於樓治並不在意經濟生活，以致死時家無餘金[80]。

宋元之際，更是樓氏衰替的關鍵。樓氏從開慶元年(1259)起，既未見第科紀錄，也未見族人相關活動的記載。樓家的義莊在至元二十四年(1287)及大德十年(1306)，又兩次遭族人盜賣瓜分，乃至為富民侵占，導致畫錦義莊幾乎荒廢[81]。樓氏部分族人遷居義烏；留在明州的族人則顯然退出士族的行列，以致為樓氏撰寫〈畫錦樓氏義田莊〉的慶元路總管府推官況逵，在訴說義莊訴訟過程時，雖指出經此一勝訴後，族人可以「復食於畫錦，築祠堂以奉先祀」[82]，但這顯然也只是假象而已，其實入元後的樓氏家族已是「族寡且弱」了[83]。

四明高家不像史家一樣累世高官，但能成為名門望族，除了以善於觀望政治風向，向執政者靠攏之外，就是家學傳承甚遠。觀望風向固然讓高氏得以一時取得高位，卻也得罪士人，在政治環境變化之後，往往也成為被批判的對象，而因此與鄉人疏離。高閌續承洛學，致力禮學研究與發揚春秋學的風格，雖一度為他帶來仕途的不遂，卻也讓他與四明士族更為親近。高文虎除延續修史的傳統外，對文學及蒐集各類文物都有興趣。他的著作包括《天官書集註》、《史記註》一三〇卷、《續莱經》、《百菊集譜》、《蘭亭考》及《續考》等[84]。高似孫見聞廣博，關注事物頗多，勤於蒐羅文物，著作豐富，包括《騷略》、《蟹略》、《硯箋》、《史略》、《陰符天機經》、《緯略》、《刪定桑世昌蘭亭考》等。

---

78 《攻媿先生文集》原刊共120卷，裝印精美，現藏北京大學圖書館。張玉範，〈《攻媿集》宋本、文淵閣四庫全本書、武英殿聚珍本之比較〉，《國學研究》11期（北京，2003‧6），頁351-364。

79 朱迎平，《宋代刻書產業與文學》（上海：上海古籍出版社，2008），頁149-150。

80 王梓材、馬雲濠，《宋元學案補遺》（四明叢書本）卷79，頁47上。

81 見黃寬重，《宋代的家族與社會》，頁112；梁庚堯，〈家族合作、社會聲望與地方公益——宋元四明鄉曲義田的源起與演變〉，頁231。

82 王厚孫、徐亮纂，《至正四明續志》卷8，〈學校〉，頁19-21。參見李家豪，〈沒落或再生——論元代四明地區的士人與家族〉，頁48。

83 王厚孫、徐亮纂，《至正四明續志》卷8，〈學校〉，頁19-21。

84 黃寬重，《宋代的家族與社會》，頁181。

似孫的著作以博雜與快速著稱，但多屬彙理抄攝之功，不是專精之作。其鄉人戴表元則認為他的詩可與陸游並列齊觀。袁桷即說：「似孫父子皆以文學致清顯，……衡孫等人為端平正士，修儀偉貌，年八十餘，手抄見聞及方技諸書。」[85] 衍孫更講究生活情趣，袁桷說：「吾鄉嘉定以後，故家諸賢，獨高君衍孫，興寄冠珮，清逸儼整，如晉世圖畫賢士，宅旁植水竹奇石，號曰竹墅，食必按本草，其居處必順敘寒燠，銖分脈法，如指諸掌，往時搢紳類能夸詡之。」著有《五音總韻》、《脈圖》[86]。顯示從高閌以降，高氏族人的著作反映他們興趣，有由經史向詩文、博物、醫學轉變的傾向，說明高氏家族家境富饒以後，族人追求精神層面的文藝活動，且趨於多元化。

最值得觀察和討論的另一個四明名族，則莫過於三代居相的史家了。史家是南宋四明地區透過科舉追求功名的典型家族，史浩、史彌遠、史嵩之等人的事蹟多在政務上。從史籍上，我們看到的多是他們主持軍國大政和政爭的一面，鮮少看到對他們生活和興趣的一面。不過，在龐大家族中，各房各支的情況不同，我們可以在史彌遠、史嵩之專政期間，從其他史家的人，為避免政敵牽扯，或參與抵制兩人的做法中，看到他們避世的一面，及富盛家族族人的興趣和不同生活樣貌。

史浩退休後，是以詩社與推動地方公益慈善活動為生活的重心，史彌遠曾從楊簡習心學，從政之後，作法與道學之士期待相違，甚至引起楊簡的譏評，他亦無暇再理學術。他的同胞兄弟，凡反對他的人均回鄉家居，或延師講學，或分組詩社[87]。史浩曾孫史文卿，字景賢，也相當講究生活品質。袁桷說他：「儀觀清朗，超然綺紈之習，聚四方奇石，築堂曰山澤居，而自號曰石窗山樵。……石窗手執烏絲欄書展玩，疑有所構思……屏後一几，設茶器數十，一童偏背運碾，綠塵滿巾，一童籌火候湯，蹙脣望鼎，若懼主人將索者，如意塵尾，巾壺硯紙，皆纖悉整具，羽衣烏巾，玉色絢起，望之眞飛仙人。」[88]史浩的從姪史彌應，是史

85　袁桷，《清容居士集》卷21，〈高一清醫書十事序〉，頁23下。
86　袁桷，《清容居士集》卷48，〈書高使君脈圖後〉，頁12上-13下。
87　全祖望，《鮚埼亭集外編》卷25，〈句餘土音序〉，頁1008-1009。
88　袁桷，《清容居士集》卷7，〈煮茶圖並序〉，頁1上-下。

家的特異之士，他雖進士及第，但和積極參政的族人不同，號自樂翁，不喜歡談論時事，而志在追求行吟空山的恬淡生活。他喜歡作詩，陳塤說他：「有詩數卷，宣患難之所志，傳逸度於將來。……以爲耿介拔俗之語，瀟灑出塵之作，世所傳《自樂山吟》者也。」[89]

此外，袁桷的祖父袁韶年輕時，家貧不能買書，任官以後則積極買書，「凡二十有五年，乃務置書，以償宿昔所志，其世所未有，則從中祕書及故家傳錄以歸，於是書始備矣。」[90]至於汪氏家族之爲四明名族，除汪思溫、汪大猷父子任官之外，更重要的是，他們兩代是地方社會文化的主要推動者而享聲名。其家中成員在仕進和其他方面的表現都乏善可陳，茲不贅述。

從文虎、似孫、衍孫，和上述樓鑰父子講究喜好玩物、骨董、生活品質，袁韶勤於蒐集圖書，都揭示出嘉定時期四明地區高門大族所追求的，已不是科舉功名、有形的事功或經營產業及利潤，而是崇尚文藝性的風潮。這在嘉定年間，也是江南官宦士族的主要風氣所在。袁桷即說：「於時國家承平，四方無兵革之虞，多用文儒爲牧守，公私閒暇，擊鮮享醴會寮屬，以校讎刻書爲美績，至於細民，亦皆轉相模鋟，以取衣食。」[91]這種社會時尚，姑且稱之爲「嘉定現象」，而其轉變與當時的政經環境有密切關係，是值得進一步討論的課題。總之，四明士族到南宋中晚期，有的捲入政治紛擾的對立環境中，有的則不以舉業或仕途爲重，淡出政治，轉而注重文物蒐集，發展文藝，講究生活品質的提升，士族發展目標既已轉變，從家族興衰的角度看來，在蒙元入主江南之前，四明士族已處於家道不振的階段。

從四明士族家風的傳承與轉變中，我們可以看到改變家族最大的因素，是內在的，即是家族成員能力與意願，最爲重要。能否從事科舉靠能力和意願，即便中舉入仕，是否願意爲高位而奔忙，也取決個人條件。況且，從政也有很高的風險，因此任官者多置產，期能惠及子孫，或致力於文化活動，但這些做法，都影響著子孫的學習方向。因此，即便沒有家族內外的變化，或者雖有種種制度化的

89　本句文字引自全祖望，《鮚埼亭集外編》卷28，〈跋宋史史浩傳後〉，頁1055。
90　袁桷，《清容居士集》卷22，〈袁氏舊書目序〉，頁11上-下。
91　同上註，頁11上。

安排，對家族的發展而言，也不是決定性因素，只有興衰遲速之別而已。從四明各家族對科舉進取心的差異，以及追求生活趣味的不同程度，決定了家族興衰的遲速。

五、結論

以南宋的四明而言，文化高度發展、長期的政治優勢，是一個明顯的表徵，而這都是四明士族共同創造的歷史業績，但到蒙元政權入主江南後，這些名門望族就如土崩瓦解似地消散殆盡，其變化之巨大，讓人直以為政權遞嬗是家族衰替的主要關鍵。但實情如何，須突破朝代的藩籬，進行長時期的觀察才能理解。本文就是試圖以衰替的角度，觀察四明士族從南宋到蒙元期間的消長現象。這樣的觀察就是把四明地區的士族視為一個群體，強調在現實的政治社會環境中，實際的人際關係，對個人、家族乃至地方社會發展的重要性，因此特別將家族研究與現實的政治發展結合觀察，相信較之以往只對婚姻社會網絡作抽象性通則性的觀點，更能貼近現實環境，有助於理解歷史發展的樣貌。

關於入元以後，四明家族新、舊交替的情況，李家豪已有研究。他雖認為四明士族中，有的不待蒙元政權入主，就已有衰弱之勢，但仍舉出舊家族沒落、新家族興起的具體事例與原因，說明新政權對舊家族的破壞。他提出蒙元軍進逼四明時，只有袁鏞抵抗殉國，反之知慶元府的宋宗室趙孟傳和其部屬謝昌元，及士人袁洪、臧夢解等人，則選擇降元。說明當地人對新政權沒有抱持敵對的態度，他們的選擇，既符合四明人的利益，也得到其他四明士人的諒解。因此，四明是在沒有太大的抗拒下就歸順元朝[92]，也避免了一場浩劫。

雖然如此，但四明士人在新政權統治下，仍時時感受威脅。李家豪指出，四明人即使免去了一場屠殺，新政權對四明士人的疑慮仍是存在的。蒙元將領王世強率兵監視四明士人，並以重賞鼓勵告密，於是產生「舊不快意於衣冠者，爭相上變入爵」的情事。曾任宋沿海制置使參議的陳允平，便在仇家誣陷下被疑，而

92　李家豪，〈沒落或再生──論元代四明地區的士人與家族〉，頁10-13。

且牽連許多士人。最後，在袁洪向張弘範建議「安反策，定新國，當絕告詰羅
織」，才和平收場。陳允平案顯示，士人家族在蒙元政權統治下，不時面臨威
脅。這點，可以從四明士人陳著給袁洪的信中，看出政權遞嬗下士人所承受的衝
擊與壓力。他說：「我輩自有所可寒心者，凶狡滔天，名分掃地，關係非小。某
等如章甫已敝，不足以存屨，恐萍虀荳粥之家，皆奴輩仇噬所及，……甚可畏
也。」[93]除了元政權監控外，四明士人還要面對降元將領范文虎的掠奪土地，及
胥吏的欺壓，「里胥蹂躪士族，著片紙叱名，立召庭下」[94]。顯示在新的政治環境
中，以往四明士族獨享尊榮的時代是過去了[95]，更從一個側面揭示戰亂與改朝換
代對士人家族的衝突。

　　從元初文獻中，仍能看到許多舊家大族在新政權入主之初、天下未靖時，逃
難的艱辛與危險。如戴表元在〈王丞公避地編序〉中，提到他和王子兼面對亂時
的處境，說：「越明年，兵聲撼海上，村郊之民往往持橐束緼而立，伺塵起即
遁。余與公勢不得止，倉皇棄其故業，指山中可舍者為之歸。蓋其事不能相謀，
而流離轉徙，困頓百折。」[96]袁桷也說：「咸淳閱十禩，諸縣獨奉化號多士流，
出入太學上南宮亡慮十餘人，於時蜚聲秀穎，旁縣皆斂手避讓，一時傳誦習讀，
謂清選不歲月可馴致。未幾，皇元合一，皆失仕歸里，挾策授徒，疏糲自給，俱
不能享中壽，子弟不自振飭，復歸為農。陳君亦咸淳甲戌進士，不自矜襮，接幼
待賤，謙挹愈加，混跡蒿翳，不知其為故官。」[97]他更感慨鄉里儒士於新政權統
治初期困辱而死的現象，說「嗚呼，甲族鼎貴，莫盛吾里，薨棟接耀，郡守丞監
官議婚對，未肯齒擬華腴，爭高姿，度悅澤，可愛念。遇大變故，困辱不自完，
業無依歸，貿貿以死者多矣」[98]，在在揭示戰亂與改朝換代對家族興衰的衝擊。

93　陳著，《本堂集》（文淵閣四庫全書本）卷80，〈與袁竹初（洪）〉，頁10上。

94　袁桷，《清容居士集》卷26，〈資善大夫資國院使贈資政大夫江浙等處行中書省
　　左丞上護軍順義郡公謚貞惠呂伯里公神道碑銘並序〉，頁7。

95　李家豪，〈沒落或再生──論元代四明地區的士人與家族〉，頁16。

96　戴表元，《剡源戴先生文集》（四部叢刊初編本）卷11，〈王丞公避地編序〉，頁1
　　下。

97　袁桷，《清容居士集》卷28，〈陳縣尉墓誌銘〉，頁24上-下。

98　袁桷，《清容居士集》卷30，〈海鹽州儒學教授袁府君墓表〉，頁20上。

這種情形甚至延續達十五、六年之久，可見作爲亡國之臣的淒苦與所承受的折磨是相當深刻的[99]。

不過，如果細審個案，則四明幾個重要家族，如樓氏、袁氏、高氏、汪氏在宋末就已勢衰，即使是繁盛百年的史家，到宋末雖然枝葉仍茂盛，其實只是個別房支的榮景猶存，整個家族的衰敗之象已露。蒙元進入明州，並沒有特別運用政治手腕對付這些舊時王謝之家。這些舊時富盛家族，受到歧視與折磨和一般士人家庭是一樣的。只是這一折磨無疑是加重了這些家族的淪落，這種現象尤以史家最爲明顯。因此，新政權並非導致四明舊家族沒落的最主要因素。

在我的研究中，顯示即使對個別家族而言，科舉對家族的興衰發展仍極爲重要。中舉入仕是家族興盛的基礎，而追求仕進更屬關鍵；婚姻、地方活動固有利於擴大人際關係，增加發展的資源，但如果自身不具備發展的條件或意願，婚姻與人際關係的助益不大。地方活動的參與，固然有利於聲望的累積與提升、人脈的擴展，但這些地方公務的推動，是要在彼此合作、和諧，大家關注共同的議題、彼此願意付出的情況下，才能成功。如果關心議題不同、做法不一，更重要的，家族之間如果不能合作，則地方事務很難有具體的成果，地方社會也很難有整體性的發展。四明地區的公益事業，如鄉曲義莊、鄉飲酒禮等，都是南宋中期當地士人家族在地方領袖倡議下合力促成的，有其特定的時空環境。一旦家族內外都出現緊張或不和的時候，原有的和諧關係難以維繫，守成即屬不易，甚至在家族內都可能發生侵占、盜賣，而要訴諸官府。宋末元初，四明地區許多地方事務和家產爭紛，都和族內或鄉里人際關係的改變有密切關係。一旦家族不和或沒落、社會對立時，婚姻關係所能發揮的效果就相當有限。因此，如果，不深一層考量人際關係的實際情況，只看表面抽象的「策略」原則，未必能符合現實的發展與變化。

科舉是個人爭取功名、從政，乃至家族發展的重要基礎，世家大族在這場競逐中雖具有優勢，但能否通過考試，仍取決於個人的能力和意願，並沒有絕對的把握。同時，世家子弟身處優渥的環境中，除了有利於讀書考試之外，也有許多

99　包偉民，〈論元初四明儒士的遺民心態〉，《中國史研究》2011年1期，頁163。

引人入勝的多元發展空間，如宗教、學術、購買圖書、骨董文物，乃至習醫或追求文學及閒逸的生活情趣等，都會影響子弟對舉業的進取心。況且，涉入仕途，仍有許多政治風險，如因政治結盟而釀成黨爭，既非個人所樂見，對家族發展也未必有利。因此，個人興趣的發展或家學，乃至社會風氣的轉變，都會影響個人乃至家族的發展。

　　從上面幾個角度觀察南宋四明士族的發展，可以發現影響家族興衰的諸多因素中，家族成員參與科舉競爭的能力、意願等內在因素，更為重要，而家族內部和鄉里族際的和諧，則是導致家族乃至地區社會共同發展的重要因素。四明地區的大家族有別於其他地區家族發展的，殆為四明士人家族經由團結，所共同塑造出具有特色的地域文化和優越的政治影響力。這一優勢，給四明士人帶來全國性的知名度，但其所形成的政治優勢，也讓其他地區的人，感受到極大的發展壓力。因此，當賈似道當政時，為了鞏固自己的權勢，他可以用打算法整肅趙葵、向士璧、李曾伯等宿將，而刻意培養自己屬意的軍事新秀如呂文德等，更可以壓抑四明人而拉攏溫州、處州士人。在政治力的壓迫下，任官的四明士人只得辭官鄉居，諱言時事以避風頭。這股政治壓力，對原已脆弱衰敝的四明士族而言，其打擊之大，相信較之蒙元政權進入江南更為直接而且嚴重。

　　此外，四明士人興趣與家風的改變，也影響家族的衰落。當然，個別家族有不同的情況和發展，但嘉定年間，則是家族與社會風氣改變的主要時期。從諸多的資料顯示，嘉定年間，除局部爆發戰事，或討論備戰之外，仍處承平時期，江南地區更見升平景象，文化活動特別興盛，士人家族注意購書、買骨董，講究生活品質，甚至連醫療的品質也都注意。這方面，南宋中晚期許多重要文集如樓鑰《攻媿集》、周必大的《文忠集》、袁燮《絜齋集》、袁甫的《蒙齋集》乃至劉克莊、眞德秀、魏了翁等人的文集，都透露了這是一個文化活動頻繁、文化多面向發展、文風興盛的時期。由於社會風氣的轉變，居文化領導的四明士人，開風氣之先，關注舉業以外的事物，各項文藝、文化活動在士族之間開展、流傳，形成風潮。此時，舉業雖屬末流，卻仍是影響家族發展的要素，士人不講求此道，對個別家族或地方社會而言，自屬不利。因此，在賈似道當政之前，四明士人多已棄功名而轉就文化生活了，只是四明士人的政治勢力，對賈似道而言，仍是極

大的陰影，有如芒刺在背，當然要擊之而後安。

　　因此，從總體來看四明的士族發展，他們所以能在南宋崛起，源於四明教育的發達和經濟條件的優厚。個別家族崛起之後，所形成的集體力量，則得力於彼此的提攜合作，這方面史浩之功甚大。在他的倡導下，四明地區的士人和士族走出家族，共同關懷鄉里、經營地方，不僅爲各家族建立在地聲望，更爲四明地區創造了具有特色的地方文化，形塑了四明的優勢。不過，到了韓侂胄執政之後，爲壓制政敵，興起黨禁，四明士人高文虎、高似孫父子投靠韓侂胄，攻擊道學家，四明士人遂由合而分。史彌遠當政之初，大規模招攬黨人，四明士人再度集結，成爲眞正具有優勢的政治團體。故有「滿朝朱紫貴，盡是四明人」之說。然而，隨著宋與金、蒙關係的轉變，史彌遠的和戰政策不但引起朝廷的爭議，也引起袁燮的攻擊，從此兩家關係由緊張而對立。袁燮父子對史彌遠、史嵩之兩代的攻擊始終嚴苛，自然影響四明地區的和諧。其後，史彌遠擁立理宗、冤殺濟王，及史嵩之對蒙主和等，均引發更大的波瀾，竟至釀成政爭。此時，不僅四明其他士人，連史氏族人也要嚴加批評，或求退隱。此外，其他家族內部也紛擾不斷，均使地域發展呈現危機。因此，四明家族在南宋時期的發展，可以說是「成也政治，敗也政治」。四明的例子顯示，家族發展策略中致力鞏固的地方基礎仍然受到政治風波的穿透，無論婚姻、親屬或師友關係網絡，都可能受到動搖，換言之，四明士族人際或婚姻「網絡」所凝聚的集體力量與地域意識，在一波波政治風浪摧擊下，逐漸鬆動乃至解體，以致先前一體共榮的現象不見了。以詩社所反映的人際關係也是由合而分，這和嘉定以來文化多面向發展的風尚相契合。但分立、對立，加上對科舉或參與朝政的冷漠，非但對舊有的個別家族的發展不利，對整體四明地區更是危機四伏。因此，從長時期變化去觀察四明地區個別家族乃至整體發展，都可以說在入元之前，舊家大族已逐漸由「舊時王謝堂前燕」，「飛入尋常百姓家」了。

第叁編

政局變動與訊息流動

　　有宋一朝的國防政策，充分展現趙宋集權政制將軍事權限收攏於中央的核心精神。南北宋對內外形勢差異甚大，對廣西邊務的態度也各有不同，但檢視兩宋西南政策，卻都反映出令決於中、將從中御的政策導向。軍事防禦或外交事務本需長程布線，一貫經營，然而前線悉具由中央控御的邊事原則，反致使宋廷的經邊政策動輒受國內政局或君主意向變動而反覆不定。

　　在這樣的認識下，本編首章以北宋晚期程氏父子對廣西的經略，探討政局變動與政爭對北宋西南邊策的影響，其次則由南宋晚期宋、蒙廣西戰役，觀察訊息傳遞在決策形成過程中所發揮的效益。透過這兩章的討論，可觀察到南北宋時期國力與中央權威的差異，對西南經營成效的影響。北宋外在情勢較爲舒緩，使宋廷尚有空間，選擇對廣西積極拓殖或消極羈縻。南宋長期面對強鄰壓境，無力經營西南，以致當地成爲邊防虛隙，致倉促間只能被動抵抗蒙古攻勢。再者，中央政局或國防考量的變化，也左右了廣西邊防政策的一貫性；觀察戰時中央與地方、朝廷與前線、君與臣之間的互動，尤能反映出政治立場與軍事部署，以及資訊取得與帝國統治的連動關係。

　　本編結合制度與人事，嘗試從邊防事務的動態運作，掌握第一線執行者面對瞬息萬變的軍政挑戰，如何因應中央政策，透過溝通，形成對策，藉以理解政策與對策的實質關係。

第一章

令決於中——北宋晚期程氏父子對廣西的經略

宋代武備雖較漢唐盛世疲弱，但疆土拓殖仍有所進展。其中，以東南開發最為突出，西南地區則因接鄰少數民族眾多，情況複雜多變，績效不如東南。神宗熙寧(1068-1077)變法以來，宋廷對廣西實施鎮撫兼施、軍事侵略和政治經營交相並用的政策，此地遂逐漸由化外之地，轉而為宋廷的西南門戶。然此之後，新舊黨交替執政，宋廷內外政策頻繁更易，致使廣西經略在積極拓邊與保守退縮間擺盪；這種情況到哲宗、徽宗二朝，更為明顯，北宋晚年新舊黨執政的變化與南宋記述中，可略窺當時廣西開發的痕跡。

現有廣西研究成果豐碩，學者在少數民族政策、漢族與少數民族關係以及經濟發展等議題，用力最深[1]；南宋廣西研究更因資料豐富，成果斐然，曾冠雄〈從化外到門戶——論政權南移與南宋廣西的發展〉及梁庚堯〈南宋廣南的鹽政〉可為代表[2]。相較之下，北宋廣西研究則較為匱乏，此則與西南邊陲事務並

1　如陳偉明，〈宋代嶺南主糧與經濟作物的生產經營〉，《中國農史》（南京：農業出版社）1990年1期，頁20-31；吳永章，〈論宋代廣西羈縻州制〉，《廣西民族研究》1989年2期，頁44-53；張雄，〈宋代廣西左江羈縻州概說〉，《中南民族大學學報（人文社會科學版）》1990年3期，頁5-10；覃成號，〈宋代南丹蠻、撫水蠻、環州蠻之社會型態〉，《廣西民族研究》1991年1期，頁87-91；日本學者河原正博，《漢民族華南發展史研究》（東京：吉川弘文館，1984）；陳冠文，〈宋代廣西漢壯民族間的文化交流〉，《廣西民族研究》1989年4期，頁68-71。

2　曾冠雄，〈從化外到門戶——論政權南移與南宋廣西的發展〉（新竹：清華大學歷史研究所碩士論文，1996年6月）。梁庚堯，〈南宋廣南的鹽政〉，《大陸雜誌》（台北：大陸雜誌社）88卷1期，頁7-19；88卷2期，頁14-17；88卷3期，頁15-

非北宋朝廷關切要務，復以《續資治通鑑長編》、《宋會要輯稿》等重要史籍對北宋廣西經略所記甚少有關。目前除宋與交趾關係，以及神宗變法涉及宋廷對外政策之處，有較多資料及研究成果外，北宋西南地區的開發與民族關係等議題仍有探討的空間。

　　本章擬透過兩位長期在廣西擔任最高長官的廣南西路經略安撫使程節(?-1104)、程鄰(?-1120)父子的生平事蹟，與其廣西經略事蹟，重建並討論北宋晚期宋廷經營廣西的實況，期藉以掌握新舊黨爭與執政更迭對宋廷推動邊疆政策的影響。程氏父子在廣西任職前後近三十年，是北宋晚期開拓廣西最具影響力的人物。可惜宋史無傳，無從得知兩人生平，也使北宋晚期的廣西經略幾成空白。所幸，1991年出版的《江西出土墓誌選編》中，收錄了程氏父子及其夫人等四人墓誌銘，詳細記錄程氏父子開拓廣西事蹟，可以填補這一頁歷史記載。本章希望透過蒐集、整理這幾件重要的墓誌資料和宋代典籍，試圖經由北宋晚期政局變動與政爭情況，及其對宋廷經略廣西政策更迭的影響，檢討漢人拓殖對其民族與文化所造成的衝擊，以期掌握宋朝對西南地區，特別是廣西拓展的樣貌。

一、從安邊到保疆：北宋前期的西南政策

　　北宋的國防重心與對外關係密切相扣。宋代的外患主要來自遼與西夏，為穩定北方，宋廷對西南邊疆採取了寬待當地民族、不生事端的安邊弭兵政策。尤其在太宗太平興國五年(980)出兵征交趾受挫後，宋廷在西南邊防改行安寧保疆策略[3]，但後來也逐漸受到兩種力量的挑戰而需要調整，其一是交趾。交趾趁晚唐五代中原紛亂、政權更迭之際，逐漸疏離中國；趙宋建立政權之後，雖向宋朝貢，但以「內帝外臣」的模式，積極圖謀自主獨立，並趁宋北方多事，向北推動開疆拓土的政策，廣西首當其衝。其二是民族衝突導致儂智高之叛。由於商業的

(續)─────────────────────

　　　27。

　3　黃純艷，〈宋朝對交趾和占城的政策──以朝貢貿易為中心〉（台北：中央研究院人文社會科學研究中心，第十屆海洋史國際學術研討會會議論文，2008年8月25-26日），頁17。

發達，貿易往來及軍事政治力的推動、移民的墾殖、交趾的招納等諸多因素，使中原王朝與原多爲羈縻州的少數民族，有更多的互動與衝突。皇祐二年（1050），儂智高（1025-1055）據勿陽洞稱叛，興兵攻宋，是最大規模的變亂。儂智高率部席捲嶺南各地，使宋南疆邊防的空虛完全暴露。這兩種情況在仁宗（1022-1063）時期都浮現出來，因而引發朝臣熱烈討論邊務，認爲原有的姑息羈縻政策，難於安邊，需要積極面對，檢討因應，遂使原處帝國西南邊陲，介於交趾與蠻部之中的廣西，越發凸顯其重要性。

　　爲了邊防需要，勢須加強西南地區的軍事部署，但北兵南調卻衍生許多問題。宋廷爲防交趾侵擾及蠻洞亂事，原派三萬四千多人屯戍。儂智高亂起，宋廷發北兵逾萬人戍守嶺南[4]，到英宗治平三年（1066），派駐北兵共達五萬一千餘人[5]。在變亂平息已久，仍駐屯這麼多正規軍，顯示宋廷對西南邊防仍存有隱憂。但正規軍多屬北人，駐守嶺南瘴癘之區，不服水土，多致病而死。狄青爲此曾建議「命彼處守土重臣，多方詢察久謫彼地之人壽而健者，問其所以起居調攝之方，詳稽備述，刻梓以頒士卒，每隊伍中，選一人專司其事」[6]，但效果似乎有限，以致「每至歲滿戍還，瘴死者十有三四」[7]。廣西稅收甚少，糧食無法供應軍需，以致糧餉均由內地轉輸，增加宋廷的財政負擔。況且防戍的北兵，以鎮攝爲職，期滿輪調，對當地環境缺乏了解與掌握，易造成軍隊與居民的緊張關係，反使西南地區疏離宋廷。可見調兵防戍的方式，也不利於邊防與統治政策的長期實施。

　　爲了改善此一情勢，自仁宗以來，宋臣在廣西相繼推動較積極的做法。像狄青（1008-1057）、文彥博（1006-1097）等人都先後提出建議，乃至具體推動團結土人及增置鎮寨，以加強守禦能力。狄青在奏章中建議「得善吏十數人，分置諸州，募土人爲鄉軍，復其租調，視州大小、戶多少爲數，統以步伍，教以進退，

4　狄青，〈論禦南蠻奏〉，收錄於汪森，《粵西文載》（文淵閣四庫全書本）卷4，頁19上-20上。

5　文彥博，〈奏減廣南東西路戍兵〉，收錄於汪森，《粵西文載》卷4，頁21上-22上。

6　汪森，《粵西文載》卷4，頁20下。

7　文彥博，〈奏減廣南東西路戍兵〉，收錄於汪森，《粵西文載》卷4，頁21下。

皆以彼所長技，相與追逐」[8]，宋廷也以重金招攬人才[9]。不過，宋廷終究因疲
於應付與遼、夏關係，無力兼顧西南邊防，雖偶有積極作爲，但事平之後，即歸
原狀，對廣西邊陲之地，缺乏進取性的經營拓展策略[10]。但自太宗迄英宗時期，
宋廷終究檢討、實施過安邊弭兵、北兵南調及募土人爲鄉軍等策略，用以因應西
南邊疆內外情勢的變化，也爲其後的西南邊政開啓序幕。

二、從征伐到談判：神宗時期對廣西的經略

　　神宗即位後，爲追求富國強兵，一改以往怯懦消極的對外政策，積極開拓邊
疆。在君臣合作下，一面加強軍政革新，一面強化邊區軍力及開邊政策[11]。不
過，宋廷的四鄰中以遼、夏最強，西、南兩方較弱，因此，在應付外在形勢變化
時，須考慮自身的實力與現實環境，訂定不同的策略與實施方式。總體而言，宋
對遼較爲穩重，即使被人指爲積極開邊的王安石，在對遼外交政策上也顯得理性
而靈活，並非一意主戰[12]。

　　但宋廷在對付西夏及西南諸夷，顯然表現得更爲積極。首先，爲了箝制西夏
經營河湟地區，自种鍔取綏州之後，韓絳取銀州，王韶更在王安石屬意下開熙
河。其後，沈括(1031-1095)、徐禧(1043-1082)等人相繼拓展西北[13]。對西南邊
疆也以拓墾的方式積極向羈縻州推進。如章惇(1035-1106)開五溪、熊本(?-
1091)用兵瀘、渝等地，對荊湖廣南之地，展開大規模開邊行動，以武力將羈縻
州改置爲州縣，遂行直接統治，並謀透過寨堡的設置，作爲建立軍事拓展的據

8　文彥博，〈奏減廣南東西路戍兵〉，收錄於汪森，《粵西文載》卷4，頁19上下。

9　湯佩津，〈北宋的南進政策——以交趾爲中心〉(嘉義：國立中正大學博士論
　　文，2004年9月)，頁94-97。

10　關於宋仁宗時代宋與交趾之關係之變化，參見黃純豔，〈宋朝對交趾和占城的政
　　策——以朝貢貿易爲中心〉，頁17-20。

11　湯佩津，〈北宋的南進政策——以交趾爲中心〉，頁145-149。

12　陶晉生，《宋遼關係史研究》(台北：聯經出版公司，1984年7月初版)第六章，
　　頁131-167。

13　安國樓，《宋朝周邊民族政策研究》(台北：文津出版社，1997年8月初版)第二
　　章，頁23-24。

點，而以教化來推展漢人文化價值，擴大趙宋王朝在西南邊疆的政治影響力。司馬光(1019-1086)曾指出：「神宗繼統，材雄氣英，以幽、薊、雲、朔淪於契丹，靈武、河西陷於拓跋，交趾、日南制於李氏，不得悉張置官吏，收籍賦役，比於漢唐之境，猶有未全，深用爲恥，遂慨然有征伐、開拓之志。」[14]從中國對疆土擴展的角度看，神宗一連串對西南開邊的作爲，對兩湖、兩廣的開發具有歷史意義。

神宗對廣西的經略與武力拓殖，除了要彰顯變法圖強的決心，更直接的因素，是防止儂智高之亂重演及解決交趾不斷北上發展的危機，也就是改變仁宗朝推動的安邊弭兵政策，積極在廣西建立一個緩衝的藩籬[15]。

神宗自即位之初，便有「綱紀海內，鞭撻四夷之志」[16]，對交趾擾邊造成邊界的不安，深爲不滿。他認爲「交州小丑」無不可取之理。因此積極接納來歸蠻部，獎勵歸化，封酋長爲歸明官，更任命被仁宗罷黜的蕭注(1013-1073)、石鑑(生卒年不詳)等人經略嶺南、廣源附近之地，爭取族群的支持，阻止交趾的蠶食[17]。由於蕭注的駐防經營有成，宋在西南邊防趨於穩定。此後，神宗對廣西漸採進取之策。熙寧六年(1073)正月任命曾任陝西轉運使、度支副使的沈起(1017-1088)爲天章閣待制知桂州兼廣西經略使，取代熟悉民情風俗，對交趾動靜有充分掌握而採持重安邊政策的蕭注[18]。神宗更換邊帥，「密經制交趾事，諸公皆不與聞」，有關廣西邊事，沈起得依陝西四路的方式，「凡所奏請皆報聽」，只需申經略司專委處置，又可主動差人出界外了解邊情，剝奪了原廣南西路轉運司與聞邊事的權力[19]。沈起的任用，宣示了宋廷對交趾政策的轉變，神宗謀以積極進取的態度，展開行動，統一交趾，因此也開啓了經略廣西的新頁。

沈起任職後，在廣西採取了幾項積極作爲。一是派官深入蠻界巡歷，招諭蠻

14　李燾，《續資治通鑑長編》卷363，元豐八年十二月己丑，頁8689。
15　湯佩津，〈北宋的南進政策——以交趾爲中心〉，頁158。
16　蘇轍著，曾棗莊等點校，〈進御集表〉，《欒城集》(上海：上海古籍出版社，1987年3月初版)卷47，頁1032。
17　湯佩津，〈北宋的南進政策——以交趾爲中心〉，頁158-159。
18　《續資治通鑑長編》卷244，熙寧六年四月戊寅，頁5933。
19　同上註。

部，入峒點檢教閱兵甲，組織保甲，團結溪峒，如遣澧州司法參軍謝延甫(生卒年不詳)，深入融、辰州溪峒，轉運判官杜璞(生卒年不詳)巡歷邕州左、右江溪峒，並以組織邕州五十一溪峒峒丁排成保甲，派官教閱[20]。二是闢地建寨。沈起在招諭蠻夷之後，將之籍爲省民，並補蠻酋爲職官，納入宋廷統治範疇。爲了便於統攝管理，進一步建置州縣城寨。沈起在熙寧六年十一月即希望「於新地內創建五七寨，大者屯兵六七百人，小者三五百人」[21]，遂於融、宜州疆界置城寨[22]。三是招納交趾臣民[23]。沈起聽從都巡檢薛舉之議，擅納交趾逃民儂善美等六百餘人，請任爲歸明官。儂善美的隸屬身分相當複雜，沈起認爲他們所居是宋地，被交趾侵取，遭賦役誅求，因而請求歸宋，沈起將之改爲恩情州。但交趾王李幹德(1072-1127)，卻認爲他們是交趾定邊州人，移住恩情州後逃入宋七源州，故要求遣還。宋廷納儂善美，引起交趾不滿，遂有縱兵進犯宋地之舉；加上先前沈起派安撫都監劉初領兵到正誠州，置城寨，開道路，引發蠻夷不滿[24]。上述事勢的發展，顯示沈起的開邊作爲，有爲宋燃起戰火之虞。在廣西轉運使張覲(生卒年不詳)的檢舉下，熙寧七年(1074)三月，神宗有意以在瀘州經劃夷事有成的熊本，取代沈起。但王安石等人認爲廣西情勢緊急，瀘州距離太遠，建議由知虔州劉彝(1017-1086)就近替代。於是，神宗以沈起「於南方幹賞妄作，引惹蠻事；若不早爲平治，則必滋長，爲中國巨患」，將他調知潭州，改任劉彝知桂州[25]。

劉彝繼任後，仍持續沈起強硬的開邊政策。神宗對南方邊政雖然較前朝積極，但爲避免因交趾的衝突，引爆四邊烽火，希望藉劉彝的安撫以緩和邊事；不料劉彝妄測宋廷有攻取交趾之謀，接任之後，急於立功，積極派遣官員進入溪峒，點集土丁爲保伍，授以陣圖，要求定期練習，禁止沿邊州縣與交趾貿易，命

---

20 《續資治通鑑長編》卷244，熙寧六年四月壬辰，頁5939；《續資治通鑑長編》卷246，熙寧六年八月丁亥，頁5993；《續資治通鑑長編》卷247，熙寧六年九月乙亥，頁6021。
21 《續資治通鑑長編》卷248，熙寧六年十一月壬午條，頁6059。
22 《續資治通鑑長編》卷271，熙寧八年十二月丁酉，頁6639。
23 《續資治通鑑長編》卷247，熙寧六年十月丙申，頁6031。
24 《續資治通鑑長編》卷264，熙寧八年五月，頁6479。
25 《續資治通鑑長編》卷251，熙寧七年三月庚子條，頁6108。

督鹽運的舟師於沿海習水戰[26]。同時，建議宋廷招納儂智會，以斷絕交趾買馬
路，作爲邕州的屏障，共抗交趾，以固邊圉。此一作法得到神宗和王安石的正面
支持[27]。不過，劉彝一連串積極性的作爲，引起廣西蠻夷溪峒的騷動。知邕州蘇
緘探知交趾亟謀興兵，函請劉彝停止挑釁行爲，以免挑起戰端，彝不聽，反責緘
沮壞大事。劉彝的舉措引起交趾的不安，乃於八年(1075)十一月號稱集結八萬兵
丁，進犯欽、廉州，陷之[28]。旋即破邕州的太平、永平、遷陸、古萬四個要寨，
蘇緘率郡兵士卒二千八百人死守邕州四十二日，援兵不至，城破，士民死傷五萬
餘人；連同欽、廉之地，宋人死者十餘萬人[29]。交趾謀進一步寇桂州，嶺南諸州
告急，宋廷震動，改任邕人石鑑知桂州，石鑑與廣南西路轉運判官周沃與蔡燁等
人共同追究劉彝之罪。熙寧九年(1076)二月，責沈起爲檢校水部員外郎，郢州團
練副使，本州安置，劉彝責授檢校水部員外郎，均州團練使，隨州安置[30]。

　　劉彝引惹事端固然是造成宋與交趾反目相向的主因，但交趾經常招納沿邊各
部，擴大勢力，因而迫使宋廷採取更積極的攻伐策略。宋廷爲了抑制交趾的擴
張，於熙寧八年十二月下詔討伐交趾，成立安南道行營馬步都總管、本道經略招
討司，任命趙卨(1027-1091)和李憲(1042-1092)爲正、副使，同時調集河北、廣
東、江西、福建、夔州等路土丁、效用赴廣西[31]。熙寧九年(1076)二月，改任判
太原府郭逵(1022-1088)爲安南道行營馬步軍都總管、招討使兼荊湖廣南路宣撫
使，趙卨爲副使[32]。神宗諭令趙卨以重兵威臨溪峒，「選募精勁土人一、二千
人，擇梟將領之，以脅峒丁，諭以大兵將至，從我者賞，不從者殺。若果不從，
即誅三兩族。兵威既立，先脅右江，然後脅左江。此等既歸順，則攻劉紀(生卒
年不詳)巢穴不難也。」[33]並令於平定交州日，依內地列置州縣[34]。宋兵分由水

26　《續資治通鑑長編》卷271，熙寧八年十二月丁酉，頁6639。
27　《續資治通鑑長編》卷263，熙寧八年閏四月乙未，頁6425。
28　《續資治通鑑長編》卷271，熙寧八年十二月丁酉條，頁6639-40。
29　《續資治通鑑長編》卷271，熙寧八年十二月，頁6638；《續資治通鑑長編》卷
　　272，熙寧九年正月，頁6664。
30　《續資治通鑑長編》卷273，熙寧九年二月庚寅，頁6676。
31　黃純艷，〈宋朝對交趾和占城的政策——以朝貢貿易爲中心〉，頁22。
32　《續資治通鑑長編》卷273，熙寧九年二月戊子，頁6674。
33　《續資治通鑑長編》卷273，熙寧九年二月辛丑，頁6683。

陸二路進攻交趾，陸路從邕州到左右江、橫山寨等進兵，而以楊從先(生卒年不詳)爲安南道行營戰棹都監，謀由海道深入其西南隅，搗其空虛[35]。從這些舉措顯示，神宗是要以水陸並進、兩面包抄的方式，遏止交趾的進犯。

然而，廣源州的劉紀與楊光僭(生卒年不詳)等，尙挾持兩端，成爲宋攻伐交趾的絆腳石，此時遼廷也乘機邀索。神宗爲避免兩面受制，要求郭逵盡速行動「亟期殄滅，以尊強華夏，使邊隅自此稍知斂戢」[36]。郭逵積極在左右江州峒的要害處立寨柵，追集強壯溪峒，輪番訓練，與正兵合力備禦[37]。宋廷也擔心將溪峒之地改置郡縣的政策，導致「美利悉歸公上」，引起蠻部抗拒，要求郭逵對蠻夷「與其所利，誘之以爵賞，迫之以誅戮」[38]，以恩威並濟的方式爭取蠻部的支援。同時爲了緩和因戰爭徵調民力，引起反彈或加重宋廷的負擔，宋廷下令欽廉兩州須借用民力的部分，只在本州任役，不必搬運軍需糧草[39]。建城立寨之後，分兵戍守，要求只領部分打弩手，在要害處駐箚，不必派駐軍馬供應錢糧，以免「綴留大兵，有妨南討，害國重計」[40]。

宋廷以武力爲後盾，以利益招誘的措施，獲得各地州峒支持，軍捷屢傳。熙寧九年十二月，宋將燕達率兵由太平寨攻廣源州，迫降劉紀[41]，進兵富良江，交趾兵大敗，「蠻入於江者不可勝數，江水爲之三日不流。斬首數千級，殺僞大將洪眞，擒左郎將阮根。」[42]交趾領兵逆擊，宋軍未能突破富良江防線，遂退回廣源州[43]。但此次舉兵，也使交趾戰力受挫。李幹德遂奉表乞降，納蘇、茂、思琅、門諒、廣源五州之地，並歸還所掠子女。宋將也以十萬大兵及二十萬運夫，

(續)────────────

34 《續資治通鑑長編》卷273，熙寧九年二月甲寅，頁6689。

35 《續資治通鑑長編》卷273，熙寧九年三月癸未，頁6697；卷276，熙寧九年六月辛丑，頁6748；湯佩津，〈北宋的南進政策——以交趾爲中心〉，頁175-176。

36 《續資治通鑑長編》卷276，熙寧九年六月壬子，頁6753。

37 《續資治通鑑長編》卷275，熙寧九年五月，頁6725。

38 《續資治通鑑長編》卷277，熙寧九年七月己未，頁6767。

39 《續資治通鑑長編》卷277，熙寧九年七月癸亥，頁6769。

40 《續資治通鑑長編》卷277，熙寧九年七月，頁6771。

41 《續資治通鑑長編》卷279，熙寧九年十二月癸卯，頁6831。

42 范祖禹，〈檢校司空左武衛上將軍郭公墓誌銘〉，《范太史集》(四庫全書本)卷40，頁16上。

43 參見黃純豔，〈宋朝對交趾和占城的政策——以朝貢貿易爲中心〉，頁23。

冒暑涉瘴，死亡過半，存者皆病瘁，軍食且盡，無力再戰而班師[44]。宋與交趾終歸於和。

　　戰後，宋爲穩定西南形勢，將廣源州改爲順州，築城，任知邕州陶弼知順州。爲便於防守，宋廷准用熙、河、沅州沿邊之例，配罪人爲牢城軍[45]，並專置順州等地坑冶的機構，命官負責[46]。不過，廣西之地畢竟位處瘴癘，宋廷出兵交趾及建置州縣的過程中，官兵既困於水土不服，也在開發過程中，因爭奪地方利益，引起反彈。另一方面，交趾仍爭取的廣源之地，雖已設州，但地遠難治，戍兵重費，加重財政負擔[47]。神宗遂於熙寧十年(1077)七月要求趙高、李平一、苗時中(?-1091)等人共同檢討分析廣源州經營及固守之道[48]。此時，宋臣反戰之議頻起，而交趾李幹德於元豐元年(1078)上表請復修職貢，劃疆界、貢方物、不侵犯，及賜還廣源、機榔等州縣[49]。宋廷以交趾在富良江之役元氣大傷，已無力再犯邊，而且「順州所築堡寨，深在賊境，饋運阻絕，戍卒死者，十常八九，不如棄之」[50]。爲了維持南方邊境的安寧，以便全力應付北方，元豐二年(1079)冬十月戊申，交趾歸還所掠宋民，宋廷廢順州，以其地界交趾[51]。爲了避免衝突，宋廷遷徙原參與戰爭的邊臣、投靠宋的邊民及酋長，乃至可能勾結的邊境部族[52]。此後，宋與交趾之間，除了偶有劃地等小規模衝突外，關係相當穩定。而在劃界談判中已意謂宋朝放棄了神宗對交趾郡縣而治之的統一計畫。事實上，承認了交趾的獨立地位。

　　沈起和劉彝積極任事，卻有過於冒進之弊，引起交趾的反彈。即使神宗欲以進取之策圖謀西南，也不願在尚未準備妥當的情況下，貿然與交趾開戰。從這方

44　《續資治通鑑長編》卷279，熙寧九年十二月癸卯，頁6844。
45　《續資治通鑑長編》卷280，熙寧十年正月己卯，頁6886、6867。
46　《續資治通鑑長編》卷280，熙寧十年正月己卯，頁6856；《續資治通鑑長編》卷281，熙寧十年三月，頁6883。
47　湯佩津，〈北宋的南進政策——以交趾爲中心〉，頁180-189。
48　《續資治通鑑長編》卷283，熙寧十年秋七月庚午，頁6938。
49　《續資治通鑑長編》卷287，元豐元年正月乙卯，頁7011。
50　《續資治通鑑長編》卷300，元豐二年冬十月戊申，頁7310。苗時中奏。
51　《續資治通鑑長編》卷300，元豐二年冬十月，頁7310。
52　湯佩津，〈北宋的南進政策——以交趾爲中心〉，頁189-191。

面看，神宗的意志與邊臣的作為，似有傳達、指示與揣摩上的落差問題；朝廷的旨意與邊臣的具體施政無法準確榫接，邊策自然無法安定。最後因交趾進逼北向，宋廷不得不與之戰，也只獲得談和的結局。在神宗朝承認交趾的獨立地位後，經營作為兩國屏藩的廣西更形重要。然而，此後由於朝中黨爭伐異，廟堂執政輪替，朝廷邊策難以安定，經略西南尤顯吃力，下文討論的程節、程鄰父子以卓越的邊政長才，統略廣西，更顯不易。

三、開邊與退縮：哲宗時期程節對廣西的開發與其離職

　　神宗元豐以後，宋與交趾的關係雖趨穩定，但先前為抑制交趾入寇，籌備及發動戰爭的過程，均需對廣西邊防有所調整。王安石即指出邕州所轄兩江溪峒是邕州的藩籬，更是兩廣恃以為安的長城，以往由於宋廷不能善用溪峒之人，以致交趾兵圍邕州四十餘日而不能解，遂建議建城壁、闢道路及善用溪峒之酋，並團結係籍丁壯[53]。不過，加強軍備，設立城寨，供應糧餉，團結溪峒壯丁，羈縻或討伐蠻部的做法，固然使宋廷的統治力得以深入西南邊陲，卻直接面對複雜多元、叛服無常的蠻部，而先前為了對付交趾所部署的戰力，以勝利為要務，在戰時緊急處置下，許多作為都是權宜性的，非長久之策。一旦戰爭結束，邊境趨於穩固，則如何有效統治新納入的土地，或進而擴張成果，作為鞏固邊防的基礎，這是戰後宋廷所要面臨的。

　　然而，對廣西的積極開發是利是弊，具有高度的爭議性。加上推動積極開邊政策的王安石，是將它與變法改革的設計連結在一起的，雖然得到神宗的支持，得以積極推動，卻遭到反對派強烈的批評。蘇軾在元祐元年(1086)三月即指出：「熙寧(1068-1077)以來，王安石用事，始求邊功，生隙四夷。王韶(1030-1081)以熙河進，章惇以五溪用，熊本以瀘夷奮，沈起、劉彝聞而效之，結怨安南。」[54]張方平也認為熙寧戰爭是可痛心之事，主張回歸宋太祖「列之外番」，才是宋廷

53　王安石，〈論邕管事宜〉，《古今圖書集成‧職方典》(上海：中華書局，1934)
　　卷1397，《廣西總部‧藝文一》。頁1-2。本文不見於《王安石文集》。

54　《續資治通鑑長編》卷373，元祐元年三月己卯，頁9027。

長轡遠馭之術[55]。宋廷在廣西的經略，是國防政策中重要的環節，自然也隨著人事的改變而更易；從王安石罷相以後，再經歷哲宗、徽宗二朝，是新舊黨輪流執政，黨爭愈趨激烈的時期，在此情況下，宋廷對廣西的經營，一方面呈現了與熙寧戰時體制、緊急權宜性的作為有所不同，另一方面更呈現了時而積極，時而消極，政策搖擺的現象。因此，也出現在邊地實際執行者與中央決策者政策不同調，其所冒政治風險大，以及成果難以持久的窘境。

現存宋代史籍對哲宗與徽宗二朝在對廣西經略的記載相當有限，使研究者對這一時期宋廷經略事蹟的了解不足。幸好江西出土兩件程節、程鄰父子的墓誌資料，使我們對北宋晚期宋廷在廣西經營的變化有更深入的了解。

程節、程鄰父子是江西浮梁人，其先世約在五代時由徽州移居饒州浮梁。大約以漁業產銷致富，而成為地方大姓。程節的父親程遲積極鼓勵程節與程筠兩兄弟讀書進取。這時，德興富室張潛，為了讓子弟專心舉業，特別蒐集萬卷圖書，建立圖書室，設置學舍，延聘名師倪天隱任教；除了自家小孩外，也招納鄉里中有潛力的青年學子，如彭汝礪(1041-1095)、熊本、劉正夫(1062-1117)以及程節等人，與其子弟一起受業。這種聚集鄉里子弟共讀的機緣，不僅對程節兄弟的仕途崛起和家族發展，有關鍵性的影響，也讓這些年齡相近的學子建立了良好情誼，為他們未來在仕途發展，建立了強固的關係，甚至締結婚姻。程節與熊本的仕途機緣，就建立在同鄉同學的情誼上[56]。

程節是嘉祐八年(1063)中進士，時年三十一歲。中舉後，先任臨江軍司法等官，熙寧初年，荊廣察訪使任命他為義寧縣令，倚他招諭廣西諸蠻。他首創桑江寨，在知武岡縣時，勸使酋首楊光僭率眾請降。後以親老請求離開廣西。到元豐五年(1082)，廣西安化蠻叛，殺宜州守王奇、將官費萬，嶺南震動。神宗改命在瀘州平息羅晏之夷叛，在渝州平定南川猺人木鬥之叛有功，熊本以龍圖閣待制知桂州[57]。熊本有意以武力作後盾，來穩定廣西局勢。基於情誼，及程節對廣西情

55　張方平，〈論事論討嶺南利害九事〉，《樂全集》(四庫全書本)卷26，頁4上。

56　黃寬重，《宋代的家族與社會》(台北：東大圖書公司，2006年6月)第參篇第一章，〈鄉望與仕望〉，頁205-206。

57　〈熊本墓誌〉，收入陳柏泉編，《江西出土墓誌選編》(南昌：江西教育出版社，

勢的掌握，乃辟他為管勾機宜文字，協助處理宜州蠻犯等事，這是程節在廣西開創事業的開始。

　　熊本上任後，鑑於先前臨時性的作為無法長久，亟謀長治之道，以穩定廣西的統治為要。他明斥候、嚴禁約，戒邊吏勿生事，勞問溪峒酋長，練土兵取代正規軍，增加買馬以足騎兵，以威抑制興訟的土酋，恩威並用，終能平息亂事。如宜州戍兵擄降酋至桂州，要求歸屯湖南，熊本以武力鎮服，使桂州亂事消弭。當時，宋與交趾的疆界未明，交趾狃於小勝，謀乘宜州之叛，擬取儂智會所守勿陽之地，乃興兵逐儂智會，熊本添兵屯駐，並責問安南，交趾請罪。宋臣以新建的順州深入境外，不易守，熊本請以隘外宿桑八洞不毛之地給交趾，使嶺表無兵禍[58]。

　　程節積極任事，不僅協助熊本懷柔蠻夷，穩定廣西的政情，更為自己在廣西的仕途發展奠下基礎。先是，沈起以都懷失守，屠殺土兵。宋廷以前車之鑑，命熊本善處兩江事；熊本委程節措置，終能穩定兩江情勢。元豐七年(1084)五月，宋廷以程節招納潯、融、王江的溪峒蠻，及開闢道路，置驛站有功，改為朝散郎[59]。八月，程節又受命招納王江一帶，自大滽口以上接連檀溪諸蠻。當時荊湖相度公事孫覽建議宋廷築一堡寨以備守禦。程節則認為建城寨須派兵駐守，不如由沿江及中心嶺，各治道路漸進，先置堡鋪，留兵丁以防抄截糧道，為久安之計。程節的意見被宋廷接納，於是受命措置融州，由左右兩江打通湖南北飛山十州的道路，以備軍情之需。但所經都是蠻夷之地，程節遂以輕騎到蠻夷境上，說明宋廷懷柔遠人之意，諸酋頓首納款，將土地戶口歸於朝廷，從此桂、融、道、徽等數百里道路相通。程節在廣西的作為，頗獲神宗的肯定，認為他是奇才[60]，旋即被任命為廣南西路轉運判官。奉旨進築四堡寨，置佛寺，設學校，使蠻部習知禮法，鼓勵解辮、襲冠帶等華夏之風[61]。顯然程節在廣西的工作，除了鎮攝蠻

(續)────────────
　　　　1991)，頁62。
58　〈熊本墓誌〉，見《江西出土墓誌選編》，頁63。
59　徐松輯，《宋會要輯稿‧蠻夷》(台北：新文豐出版社，1976年初版)，頁5-89。
60　〈程節墓誌〉，見《江西出土墓誌選編》，頁77。
61　同上註，頁75。

部外，還關建道路、堡寨等，都是以宋廷深入蠻夷的統治權爲出發點。而設置學校、寺院，則以推動中原漢文化的教化爲主，這些舉措已然走出了軍事統治的陰影，而是爲久遠的政治統治奠定基礎。

不過，程節在廣西的作爲，隨著神宗逝世而有了很大的變化。哲宗即位之初，高皇太后攝政，任用司馬光爲相，反對新黨積極開邊的政策，熊本以劃捐八洞給交趾，被奪官[62]，程節改任湖北轉運判官，離開廣西。此時，荊湖蠻人叛服不常，時時入犯漢地，帥臣採消極退縮之策，程節先威後懷的建議，不被接受。次年八月，渠陽蠻入寇，宋廷仍無積極作爲，沿邊局勢紛擾。元祐三年(1088)十二月，因羅家蠻叛亂，樞密院指示程節申奏對策，並要求他在渠陽築寨及協助措置蠻事[63]，及時遏止了變亂，但他積極鎮邊的主張，仍並不爲當政者所接受。宋廷甚至改調程節爲江西轉運判官、江淮等路提點坑冶鑄錢、京東路提點刑獄公事等職，遠離邊境事務。總之，在元祐舊黨執政期間，鑑於前朝積極開邊，造成宋與蠻部之間的緊張關係，增加宋廷的財務負擔，改採安撫退縮的政策；原來推動積極開邊的官員或帥臣，相繼被罷或調職。程節自追隨熊本，參與邊事以來的主張與作爲，既與當道不合，被調離經營西南邊疆的職務，自然難以發揮他在邊政上的長才。

及至哲宗親政，程節重返廣西，締造事業的顛峰。元祐八年(1093)十月，哲宗親政，力主紹述之說，意在紹復熙寧新政，主張改革的新黨再度獲用。紹聖元年(1094)，程節被任爲朝奉大夫、廣南西路計度轉運副使，再回到兩廣任職[64]。他知道廣西地瘠民貧，主張審慎處理刑獄，「不該違道以干譽，而應以奉承董勸，察奸慝，裕歲計。」[65]由於勇以任事，元符元年(1097)被擢爲朝散大夫直秘閣，權知桂州兼經略安撫使[66]，是宋廷經營廣西的最高執行者。

62　〈程節墓誌〉，見《江西出土墓誌選編》，頁64。

63　《續資治通鑑長編》卷418，元祐三年十二月甲申，頁10137。

64　參見謝啓昆，《粤西金石略》(台北：新文豐出版社，1982，清嘉慶六年銅鼓亭刊本)卷4，〈胡宗南題名〉，頁9下-10上。

65　〈程節墓誌〉，見《江西出土墓誌選編》，頁75。

66　李燾，《續資治通鑑長編》卷496，元符元年三月乙亥，頁11812。徐松輯，《宋會要輯稿》，〈選舉〉33之2。作知潭州，誤。

　　程節在廣西任職前後十一年，對穩定邊防及加強宋廷的統治權，成績頗爲卓越。他以外嚴守備，內興教化爲施政主軸。這時廣西的邕、宜等州，地多瘴癘，緣邊的羈縻州峒達六、七十處，「險峻隱蔽」，遠來的正規軍既不熟悉地理環境，也無法適應當地的水土，難以有效維護治安，需要當地土人捍禦鄉土。程節深知此一狀況，爲謀有效維護邊疆安寧，乃於閒暇時召見當地土著、酋長，拔擢黃忱(生卒年不詳)和岑利強(生卒年不詳)兩位對宋忠誠的蠻酋爲歸明官。不久，安化蠻聚集龍城下，意在剽掠。程節遣黃忱預防，二年(1099)春，安化三州一鎭的蠻夷，結集了八千多人在卸甲嶺、吳村、蒙家寨等地作亂，黃忱領兵丁近三千人平亂，殺了近六百人，俘獲酋首蒙光有(生卒年不詳)等，蠻兵大敗，奪到牛羊器械三萬餘[67]。在程節的招撫下，又有三萬餘蠻人乞降。於是，復築四堡寨舊城，率領將士進至古融，夷人老幼拜服。

　　戰爭結束之後，程節進一步將所有驛鋪道路都加以整治，三路進築，強化了宋廷在廣西的統治能力。此外，更招撫蠻部，推動漢化；他積極在蠻部因俗設教，推動儒學教化，使宋與交趾息兵之後，廣西地方開發及風俗民情有很大的改變，以致轄境的士民說：「天子留程公以綏遠方，吾曹愼勿爲惡。」交趾的使人也說：「我眾何敢舍耕漁之樂，以利兵毒矢伺爲害，得全命洞穴，皆程公賜也。」[68]這都是程節在廣西任職前後十一年的成果。因此，爲他寫墓誌的程遵彥(生卒年不詳)盛讚他「因俗設教，督屬郡外，嚴邊備，除戎器，閱兵馬，號令肅然。內邵農安富，豐財恤貧。興學校，禮師儒。」所述不免過於誇飾，卻也反映他的行事作爲和成效。徽宗即位後，任程節爲朝請大夫直圖龍閣權知桂州，充廣南西路兵馬都轄兼經略安撫上護軍，集軍政大權於一身，是他權位最高的時候。不過長期經營邊陲，處置軍戎，體力與精神耗費巨大，遂於崇寧三年(1104)辭世，享年七十二歲。

　　縱觀程節經略廣西的事功，實起自神宗元豐五年(1082)，嗣後哲宗即位，舊黨執政，對外以保守爲主，程節因而離去廣西，改任他職，直至哲宗親政，他才

67　宋廷爲此獎勵有功人員，見謝啓昆，〈崇寧癸未獎諭敕書〉，《粵西金石略》卷
　　5，第四冊，頁233。
68　〈程節墓誌〉，見《江西出土墓誌選編》，頁76。

重返廣西，締造事業顛峰，至徽宗時期，並享有畢生最高的權位。造成程節仕途起落的因素，與朝廷中的新舊黨勢力消長及皇帝的意志直接相關。而程節在廣西的作爲，與前任幾位主事者相較，明顯的較能內外兼顧，既外嚴守備，又內興教化，在不輕啓戰端下，深化了宋廷統治廣西的力道。

四、撫蠻納土：徽宗朝程鄰對廣西的經營

接續程節爲宋經營廣西而有成的，正是他的兒子程鄰。程鄰字欽之，生於熙寧三年(1070)，是程節的次子。他以任子恩補太廟齋郎，弱冠試太學，曾獲鄉試第一，表現優異。紹聖元年(1094)程節由戶部員外郎改任廣南西路計度轉運副使時，鄰爲永州司戶參軍。徽宗即位，程節任知桂州兼廣南西路經略安撫使，再奏辟鄰以知延安府司錄參軍，充廣西經略安撫使司管勾書寫機宜文字[69]，正式追隨其父參與經營廣西邊務。當時，蔡京掌政，亟欲復熙豐鼎新之規，進行積極拓邊策略，程鄰參與其父築桂州義寧縣桑江等寨，以控扼蠻部，頗有成效，他的才能也受到肯定。崇寧元年(1102)與三年(1104)相繼丁其母沈氏及父程節之憂。

不久，宋廷爲便於統治新納蠻地，即以程鄰出任新設黔南路長官。當安化三州一鎮順服之後，廣西經略安撫司奏請將該地析爲溪、敘、馴、樂四州[70]。宋廷爲加強對廣西的控制，於大觀元年(1107)十二月，分融州和平州，加上觀州、柳州、宜州等新拓羈縻州，設置黔南路。以程鄰久歷嶺南事務，熟悉該地環境，乃授他爲宣義郎，提舉黔南坑冶。溪敘四州境界劃定之後，宋廷擬派遣寬厚有威望又得蠻部信服的官員，宣諭宋廷的德意，徽宗即命鄰出任。大觀二年(1108)，程鄰以三州一鎮戶口六萬一千上報朝廷，順利完成使命；宋廷正式任命程鄰知融州兼黔南路馬步軍總管，兼經略安撫使。蠻人寇圍觀州，鄰遣將授以方略，擊潰蠻人，守住觀州城。其後，宋廷評估增設新的路級行政區，會加重財政負擔，決議罷黔南路，將其所屬州縣還隸廣南西路。程鄰改任知永州、知夔州等職，雖離開

69　〈程節妻沈氏墓誌〉，見《江西出土墓誌選編》，頁80。

70　參見脫脫，《宋史・徽宗本紀》，(台北：鼎文書局，1978)卷20，頁379；卷90，《宋史・地理志》六，頁2239。感謝匿名審查人提供修正意見。

廣西，仍與蠻部事務有關。兩年之後，回任廣西，爲知桂州兼廣南西路經略安撫使[71]。程節、鄰父子兩代相繼擔任廣西帥臣，爲時人所稱道。

程鄰承繼其父在廣西的作風，以築寨駐兵與主動攻擊來壓制諸蠻。當時諸蠻中以南丹酋長莫公晟(生卒年不詳)最爲兇悍，附近蠻部都十分畏服。莫公晟怨廣西帥臣王祖道(?-1108)聽州都巡檢劉惟忠(生卒年不詳)之議，誣殺其兄莫公佞(生卒年不詳)，並改南丹州爲觀州，乃謀聯合諸蠻內犯，作爲報復。程鄰命岑利強守觀州。由於程氏父子鎮守南疆，威名在外，諸蠻無所獲，乃相繼派其子弟、部眾叩邊納款。程鄰爲穩固時局，又聽從黃忱之議，奏請宋廷增築高峰寨[72]，駐重兵，以堵南丹州的咽喉，使南丹州不敢逾寨，寇犯省地。此外，距桂州險遠的安化蠻最爲桀驁不馴，程鄰擔心地遠難遙制，親率兵，出其不意圍攻之。樂州之役，宋軍兵力單弱，鄰多張旗幟以疑敵，蠻部望風起疑，宋軍整隊而行，斬首數百，奪得萬餘器械，班師而回。一連串的強勢作爲，使邕州右江廣大地區的諸蠻都向宋歸服。

政和三年(1113)，宋廷任命程鄰爲集賢殿修撰知桂州，行經略安撫司事[73]。鄰蒞任後，平海南黎人及陸家寨蠻之亂，頒布宋廷的政和新樂予交趾。他主張「彼以誠來，當以誠應」[74]，命蠻酋廣州觀察使黃璘(生卒年不詳)辦理，招納右江諸蠻，由忠州團練使李坦(生卒年不詳)領軍負責招撫工作。從政和四年(1114)冬至次年春，「凡所錄州、縣、鎮、洞、村、團、隘共一千三百七處，丁口五十七萬四千一百餘人，鼎收賦金谷氈馬等物，每歲各以一千六百有奇爲定式。」[75]分建隆、兌二州，設置安江、金門、鳳憐、朝天、思王五寨，規劃有致，「井邑、居舍、城隍、樓櫓，不淹時，悉完具」、「溝池浚清、充實府庫、開設學

---

71 〈程鄰墓誌銘〉，見《江西出土墓誌選編》，頁100；謝啓昆，《粵西金石略》卷6，〈侯彭老程公巖記〉，頁2下。

72 明橐，〈請罷嶺南西路平觀二州奏〉，收入汪森，《粵西文載》卷4，頁24。

73 謝啓昆，《粵西金石略》卷6，〈李彥弼隆兌二州記〉，頁11下-12上；徐松輯，《宋會要輯稿》，〈選舉〉33之28。

74 〈程鄰墓誌銘〉，見《江西出土墓誌選編》，頁101。

75 謝啓昆，《粵西金石略》卷6，〈李彥弼隆兌二州記〉，頁10上。

校」[76]，爲記錄此一盛事，特別勒石「大宋建築隆兗州記」，並向朝廷進表。這時他的官職爲朝奉郎，充集賢殿修撰權知桂州軍州管勾學事兼管內勸農事，充廣南西路兵馬都鈐轄，兼本路安撫管勾經略司公事，借紫金魚袋，可說集軍政民政大權於一身，也是他一生事業的顛峰。

由於程鄰長年在嶺南從事撫諭與鎮壓的工作，深入蠻區，感染瘴氣致病，上表請求回鄉療治。政和五年(1115)八月，宋廷改命他爲提舉杭州洞霄宮。不久，湖北沅州蠻殺守臣張建侯(生卒年不詳)，宋廷以鄰長於兵戎，匆忙間召他再領荊南，以經制其事。他帶病上任，終能敉平蠻亂。政和七年(1117)宋廷命他爲右文殿修撰知廣州，兼廣南東路經略安撫使。宋廷爲倚重他的聲望，鎮守嶺南，相繼獎勵他昔日守廣西的功績，如以隆、兗建州，轉兩官，改朝請郎。敍海南功，加朝奉大夫，磨勘轉朝散、朝請大夫。他在廣逾年，以病再請宮觀。宣和二年(1120)卒，享年五十歲。

程鄰的子姪輩，也都參與廣西經營工作。他的姪兒程昊(生卒年不詳)，自幼喪父，是在程鄰妻子陳氏照顧下成長，以蔭入仕，被辟擔任廣西帥府的幕僚，昊擅長書法，政和五年(1115)，建隆、兗二州碑記時，他負責篆額。程鄰的長子程升(生卒年不詳)，也以蔭入仕，大觀三年(1109)宋廷以程鄰撫諭安化蠻歸順有功，改敍程升官職。次子程昪(?-1116)，政和年間(1111-1117)任廣西書寫機宜文字。五年，昪銜父命奉隆、兗圖籍赴臨安入奏，中途因病卒於荊門。可見程鄰的子姪在他擔任廣西經略安撫使期間，都追隨他任隨從機要的工作，職務並不高。由於程鄰英年早逝，加上宋廷因聯金滅遼所引發一連串軍事衝突，北方局勢緊張，無暇顧及南方，不久又有靖康之難，政權南遷的慘劇，當然便無力經營廣西。因之，在廣西發展的程鄰子孫輩，很快的在歷史上銷聲匿跡。

徽宗一朝，宋廷在廣西的經營是在宋與交趾關係緩和後展開的。程鄰也是在蔡京積極開邊的政策下，追隨其父程節的模式，以武力爲後盾，積極招納蠻夷，開拓疆土。宋廷謀加強對邊陲的統治，程鄰扮演先鋒的角色，招撫安化三州一鎮的蠻部，納入王土。宋廷因之增設黔南路，任鄰爲經略安撫使。後雖罷黔南路，

76　〈程鄰墓誌銘〉，見《江西出土墓誌選編》，頁101。

但鄰隨即出任知桂州兼廣南西路經略安撫使，以軍事的優勢和羈縻的手段，將邕州右江廣大的蠻地納爲版圖，並增隆、兌二州，這是北宋經略廣西最盛時期，而他對交趾的態度，也反映自熙寧戰爭以來，宋廷改以推動經濟交往呈現朝貢貿易政策爲主軸的基調[77]。然而宋廷內部黨派爭鬥不斷，對外政策屢變，缺乏一貫性，使負責邊防重任的帥臣動輒得咎，難以遵行。加上程鄰英年早逝，都使得宋廷對廣西的經營成效難以延續。

當然，程鄰積極開邊的作爲，是配合當時新黨執政的政策，但由於政爭及政局變化，使宋廷開邊政策瞬息萬變，也使得後人對程鄰在廣西的作爲，評價不一。宋室南遷後，爲重建統治權，高宗曾派朝臣至各路宣諭，並掌握政情；負責宣諭廣西的明槖，對程鄰的開邊作爲，採取批判態度。他在〈請罷嶺南西路平、觀二州奏〉中，批評由高峰寨改置的觀州，歲費錢一萬二千九百餘貫，米八千八百十七石，「州無稅租、戶籍，皆仰給鄰郡，非挽涉險阻，或遇蠻寇設伏，陰發毒矢，中人輒死。人畏賊，悉委棄道路，縱然達州，糜費亦不可勝計。」而由王江砦改置的平州，歲費錢一萬四千四百十八貫六百文，米一萬一千一百二十五石，「州無租賦、戶籍，轉運司歲移桂、融、象、柳之粟，以給之。」並說平州的存設是程鄰受到邊吏沈季垣(生卒年不詳)的欺騙，使得「百姓有征戍轉輸之苦，誠爲可憫」，因此建議罷平、觀州[78]。此議到紹興四年(1134)九月被宋廷接受，「廢觀州爲高峰寨，平州爲王口寨。」[79]不過到次年七月，又因邊吏指出廢州之後，提刑轉運司不究邊防利害，「鄰路盜賊未息，深慮諸蠻觀望，結集作禍」，建議依舊存留。於是宋廷聽從廣西經略使李彌大之議，於「二寨各置都巡檢使兼提舉諸堡寨盜賊公事，益戍兵各五百人」[80]。從這個角度看，程鄰在廣西設置州的行政區，仍有維護邊境治安以及宋廷的統治權的考慮。如果進一步從南宋在西南邊疆的發展，以及晚宋對抗蒙古的歷程看來，程節、程鄰父子的政策若

---

77 黃純豔，〈宋朝對交趾和占城的政策──以朝貢貿易爲中心〉，頁24。

78 明槖，〈請罷嶺南西路平觀二州奏〉，收入汪森，《粵西文載》卷4，頁23下-26上。

79 李心傳，《建炎以來繫年要錄》卷80，紹興四年九月癸丑，頁6上。

80 李心傳，《建炎以來繫年要錄》卷91，紹興五年七月丁酉，頁21下-22上。

有延續，宋廷在廣西的情勢更具優勢。

此外，程氏父子在桂州執政期間，也有許多文化建設和文化活動。現存《粵西金石略》即留下如建湘南樓、程公岩等石刻資料，其中有程氏父子興築工事，誇耀事功之舉，也有關於兩人與士人屬僚遊賞賦詩的記事活動，及稱頌兩人政績偉業的紀錄。這些文教記事，後來曾招致譏評，如南宋梁安世(1136-?)就有詩：「宣政喜邊功，隆兗築州縣，程公自名岩，刻石記所建，得既不償費，中興棄不繕，誕謾磨崖辭，當日妄誇衒」[81]，批評程氏父子浮誇事功之風。但從另一個角度看，這些活動卻也體現宋朝由軍事轉向政治統治，及落實文化活動的變化。

程鄰子承父業，繼承程節經略廣西的策略，除了以軍事和文化手段雙管齊下，更將蠻地納入版圖，新置州縣，雖然所費不貲，卻也是北宋經略廣西的顛峰。經過程節、程鄰父子的經營，廣西漸從化外之地轉變為西南門戶，為南宋政權的邊疆經營奠下基礎。無奈由於經營廣西實屬不易，除了必須妥善處理當地民族與漢人的問題，還必須投入大量的人力和物資，在施政先後與實際成效的計算下，保守派的舊黨往往寧願採取消極退縮的策略。在北宋晚期新舊黨輪替執政的政局中，邊疆政策的進取或消極，最終仍決定於朝廷執政的意志，令決於中，使程氏父子得以施展邊政長才，經略廣西取得一定的成果；然而黨爭輪替，卻也造成其政策曾有中斷，且未能延續，導致南宋朝廷在廣西的戰略位置上未能具有更大優勢，這對日後宋蒙戰爭的過程與結果發生一定的影響。

五、結論

中原王朝對邊疆的拓展有多種途徑，武力征服是其中之一，另外就是從風俗文化的改變著手。從現代的角度來看，這兩種途徑，都有其正、負面的影響與評價。從漢文化的發展與擴大的角度看，以武力征伐，不僅擴大疆域，開發新的地區，藉著教化的手段，更讓大漢文化得以深入異民族，擴大主流文化的影響力。不過，以武力為後盾，強勢推銷主流價值，對弱勢民族與文化則是一項摧殘與破

81　謝啟昆，《粵西金石略》卷9，〈梁安世詩〉，頁267。

壞。因此，我們在討論宋朝的開邊政策或程氏父子經略廣西的方式時，並不宜過度宣揚其價值。

宋朝中國對西南，尤其是廣西的拓展狀況和成績，顯然與其政策有密切關係。遼夏對宋的長期壓力，使宋廷窮於應付，只好對西南採取羈縻安撫的策略。但交趾的獨立與北向發展，以及移民所造成的民族衝突，對宋的南疆形成潛在的威脅，須設法遏止；於是，位處邊境的廣西，成爲宋廷推動經略政策的場域。在宋神宗與王安石君臣在廣西採取積極開邊政策下，宋廷加強對廣西的經略，其目的即在阻遏交趾獨立運動與北上發展，進而扭轉列之外番的消極禦邊政策，以達到統一交趾的目的。因此，此一時期的經營帶有濃厚的軍事統治色彩，引發了不同程度的衝突乃至戰爭。這種軍事性擴張的舉措，又引起朝臣的批評。其後隨著神宗和王安石的主導性消失、交趾的威脅減少，宋廷也打消統一交趾的企圖。爲了長期穩固邊疆，宋廷在廣西改行長期統治的策略，程節、程鄰父子躬逢其盛，爲宋廷在廣西執行拓邊任務。兩人任事，以武力爲後盾，積極開疆拓土，推動教化，謀由長久性的經營，穩固統治的基礎。不過兩人在廣西任職期間，正值新舊黨交替執政、政爭激烈、政策驟變的時期，不但使兩人的作爲時受批評，職務常遭調動，更使宋廷拓邊的政策難於落實，績效無法持續，一直到宋室南渡之後，才又有比較積極的經營。因此，從這一個角度看來，程氏父子在廣西經略的成效並不彰顯；不過，他們從軍事轉向民政的執行策略，卻爲南宋經營廣西以及廣西的開發，奠下基礎。

就程氏家族而言，程節、程鄰父子的墓誌銘透露了家族崛起興衰的重要訊息。程氏父子兩代在廣西經營前後達三十年，不僅是北宋經略廣西的極致，對兩人而言，也是仕途發展的最高峰。獲致這樣的榮耀，固然與程氏父子的卓越領導才能有關，但與兩人特殊的際遇更爲密切。程節考上進士後，因新黨黨人熊本的延攬而到廣西任職，更在新黨開邊的政策下出任帥臣，展現文人領兵的才能。這種由文臣領兵的現象，是宋代重文輕武國策的體現，自范仲淹以來，更成爲常例。然而，程鄰並非進士出身，以蔭補的身分，追隨其父經略廣西，而能以事功獲任高官，則是較特殊的例子。以恩蔭補官是宋代對高官優待的一種政策，不過，在承平時期，以恩蔭出仕者通常不易獲致高位。唯有像廣西此類偏遠邊區，

一般文官不願出任，才正好爲蔭補者締造崛起仕途的空間，也讓他們有發揮軍事領導才能的機會。從程節子孫輩在廣西任職及程鄰的傑出表現，都說明這種特殊的際遇，爲個人及家族創造興盛的機會；但由於時局的轉變，宋對廣西經略中輟，程氏族人失去表現的舞臺；加上在重文政策下，以蔭任官者在仕途發展上終難與科第出身者相比，遂使程氏家族日益消寂。程氏父子經略廣西的作爲，也在朝廷政策搖擺下，無以爲繼，甚至受到批評，加上《宋史》無傳，程氏父子生平與作爲，遂未留下紀錄。從這點看來，程氏父子兩代四人的墓誌銘雖不免有隱惡揚善、誇大失實之處，但可以透析人物的生平事蹟、人際關係、家族發展，乃至填補史籍記載不足或失誤，而成爲了解時局變動及社會發展很好的材料，正是研究歷史的重要資源。

第二章

庶無稽遲──宋、蒙廣西戰役的軍情蒐集與傳遞

　　信息傳遞是人類社會活動不可或缺的要事，對個人、社會、政治都帶來或大或小的影響。從個人的人際關係與對外在的聯繫，商業活動中的商情變化，政治活動中政令的上情下達，乃至外交、軍事的推動與執行，均須倚賴信息的取得、判斷與處理，方能作成決策而後執行。無論是掌握、處理、發布，乃至阻斷信息，也需要仰賴一套傳遞制度，以建立利於信息流通的管道、流程與運作機制。

　　以宋代研究而言，以往如朱傳譽之於宋代邸報、曹家齊之於漕運、趙效宣之於遞鋪、陶晉生之於宋、遼的雄州，及日本學者對入華僧人的研究等，都曾由不同的角度觸及信息流通及傳遞管道的議題，惟仍限於制度性或個別問題的討論。近年以來，在北京大學鄧小南教授倡議下，信息傳遞議題逐漸走向信息來源、管道構成和流通方式等，較具整體性與動態性的觀察[1]。本章則擬以訊息傳遞為視角，探討南宋理宗寶祐五年到景定元年，蒙古由大理、安南侵宋期間，宋廷如何透過對安南、大理、羈縻溪洞三方面蒐集情報，了解蒙古由西南邊境發動攻宋的過程，以及宋廷的因應之道，並討論軍情傳遞的管道、時間，軍事情報蒐集的管道、人物、重要內容的分析及政策取捨等問題，期待在政治史研究的觀察與思維下，對此議題有新的思考與貢獻。

1　鄧小南主編，《政績考察與信息渠道──以宋代為重心》（北京：北京大學出版社，2008）。

一、《可齋雜藳》與宋蒙廣西戰役

本章以南宋末曾領導廣西抗蒙的統帥李曾伯所撰著《可齋雜藳》為主要史料。李曾伯在理宗寶祐五年(1257)閏四月奉命調兵屯駐邕、宜間，以扼諸蠻之路。十一月五日，以荊湖南路安撫大使兼節制廣南；十二月一日，改任為廣南制置大使兼知靜江府[2]，直到景定元年(1260)七月方卸任北調。《可齋雜藳‧續藳後》卷五到卷九部分，記錄了從寶祐五年閏四月二十六日至景定元年三月近三年間，李曾伯在任內向理宗奏報的奏箚。

前輩學者陳智超教授曾利用該文集《續藳後》卷五到卷九，撰寫〈一二五八年前後宋、蒙、陳三朝間的關係〉一文，探討宋、蒙與越南三邊關係。該文不僅還原了這場重要但世人了解不足的宋、蒙戰役實況，更修正了學界若干觀點，是一篇高原創性的學術佳作[3]。李天鳴教授在《宋元戰史》一書中，也利用此資料，闡述蒙古在晚宋對廣西的攻掠[4]。陳、李兩文的側重點雖異，但對《可齋雜藳》的利用，均著眼於戰爭與外交。筆者往昔的研究，雖也曾對李曾伯《可齋雜藳》一書的內容與價值有所關注，但受限於研究議題，除偶有引用，並比勘文淵閣四庫全書本與四庫底本外，尚未充分利用《可齋雜藳》進行專題研究。

從信息傳遞的角度看，《可齋雜藳》一書有很高的研究價值。《可齋雜藳》中《續藳後》卷五到卷九的內容，除了涉及宋與蒙古、安南三國之間的關係變化與戰事發展外，更是現存宋代史料中最豐富、最完整的軍情資料。文集中，完整保留宋、蒙廣西戰役期間，在杭州的宋理宗與在桂州的李曾伯兩人，藉書信往返，討論情報蒐集、戰事發展等重要問題。透過這份史料，我們可以看到晚宋皇帝與前線指揮官之間信息傳遞與溝通、情報的蒐集與處理，以及決策形成的過

2　不著撰人，《宋史全文續資治通鑑長編》(台北：臺灣商務印書館，1983，景印文淵閣四庫全書本，以下簡稱《宋史全文》)卷35，頁43下。

3　陳智超，〈一二五八年前後宋、蒙、陳三朝間的關係〉，收入鄧廣銘、程應鏐編，《宋史研究論文集》(上海：上海古籍出版社，1982)，頁410-452。

4　李天鳴，《宋元戰史》(台北：食貨出版社，1988)，冊一，頁697-711；冊二，頁762-770。

程：包括兵糧供應、宋與少數民族的關係、築城與關隘維修，乃至人員調動、人事布局、軍力部署，特別是宋廷面對蒙古三邊作戰時感受的壓力、人心浮動等的真實情況，是研究晚宋政局與軍情的最佳史料之一。

在李曾伯出任湖南路安撫大使及廣南制置大使這段期間，蒙古兵有兩次入侵廣西。第一次是在寶祐六年(1258)八月，蒙古騎兵由特磨道出發，入宋境，攻破老鼠隘，過武緣，逼近邕州東門及崑崙關之後，擁兵回雲南，這是一次試探性的攻擊戰。第二次則是於開慶元年(1259)八月，由橫山寨渡來賓江，抵靜江府(桂林)城下；十月初，自小路入湖南。在近三年間，宋、蒙發生戰爭的時間不出六個月，而且規模不大[5]；但宋、蒙廣西戰役的情勢，卻和以往宋與金、蒙在四川、荊鄂、兩淮等主戰場，大不相同──蒙古這次除從四川、湖北、兩淮正面攻宋外，更推動宋人稱之為「斡腹之謀」的策略，從淳祐四年(1244)起犯大理，攻越南，謀從右翼突破宋西南防線，向長江腹心之地推進，結合四川、湖北戰場，對宋形成三面夾擊的態勢。這一來，便讓久無邊患的廣西地區，陷入新的緊張局勢之中。

此一新戰局的出現，對已疲於應付自淮北來敵的宋廷而言，更是雪上加霜。西南地區的民族與環境，比久處戰務的北方更為複雜。廣西地理環境特殊，丘陵發達，河流甚密，峰巒起伏，關隘重重，對外通道繁多，防守不易，而五嶺南麓的氣候，多雨悶熱，被視為瘴癘之地；加上米糧不足，官兵難以戍守駐防，邊防空虛，民族複雜，使廣西事務更為棘手。該地境內、外有無數少數民族所組成的溪洞，以及為數眾多如自杞、特磨道、羅殿國等半自治羈縻區，加上大理和安南兩個表面上奉宋正朔，實質獨立的王朝，民族與屬性各自不同。這些不同的勢力，長期與宋維持著若即若離的關係。雖然自宋仁宗平儂智高之後，宋廷也曾以恩威並濟的方式，羈縻少數民族，但執行上成效不大[6]。宋室南渡以後，宋廷更積極團結少數民族，但金、蒙對宋造成的壓力，更甚於遼、夏。宋廷全力鞏固北方邊防，猶有不足，對西南地區實難有效統合經略，只能透過羈縻、綏撫的政

5　陳智超，〈一二五八年前後宋、蒙、陳三朝間的關係〉，頁422-436。

6　黃寬重，〈北宋晚期對廣西的經略──以程節、程鄰父子為中心的討論〉，柯藍、谷嵐、李國強主編，《法國漢學》(北京：中華書局，2007·12)第十二輯，頁210。

策，消極地避免事端發生，難以發揮積極成效[7]。

廣西既驟然成為蒙古進犯的目標，宋廷只得採取緊急措施，以因應這一新的情勢。李曾伯曾擔任知靜江府，對廣西情況有相當的掌握，又曾先後擔任四川、荊湖的防禦重責，也曾與蒙古作戰、收復襄陽，對蒙古了解甚深，加上長期領兵，對戰略布置、兵將控御經驗老練，因此宋廷先任命他為湖南安撫大使，隨即授命節制廣西，企圖將湖南與廣西的軍事防禦連成一氣，以利於鞏固西南邊防。同時，為了提升前線將領在戰略應變上的靈活性，宋廷也恢復了南宋初期在江淮一帶建置的鎮撫使，任命曾任知壽春府的著名淮將劉雄飛，為廣南西路融宜欽鎮撫使，並知邕州，鎮守極邊，讓他擁有較一般將領更大的權力[8]。

蒙古由大理攻廣西的斡腹之謀，對宋廷是一大考驗，對理宗和李曾伯的壓力更大。在倉促備戰的情況下，在臨安的理宗需藉由使者的傳遞，掌握前線訊息並作出指示，將中央旨意傳達到前線，並要求貫徹執行；而如何掌握敵情與政情，向皇帝通報，爭取資源並獲得指示以遂行使命，則是李曾伯的重要任務。在近三年的備戰期間，坐鎮在桂林的李曾伯，其所涉及的內外事務繁雜，從戰備部署、探報、人員兵糧調度，以及大理、安南與蒙古的關係、地方與羈縻州輿情的掌握，情報的蒐集、分析與匯報、戰況進度，乃至戰後的善後檢討等，都要鉅細靡遺地向理宗報告。這些林林總總的訊息，都在《可齋雜藁‧續藁後》卷五至卷九中呈現，也構成這份資料最珍貴之處。

《可齋雜藁‧續藁後》既是理宗與李曾伯通訊的紀錄，文中所記人、事、時、地、物等資料，有相當程度的真實性和可靠性。不過，記錄者李曾伯是前線最高軍政長官，涉及自身利害有關事務，不免有主觀、隱瞞，乃至誇大之處；但晚宋史料十分零散，廣西戰役又非當時宋廷唯一要事，相關紀錄稀少，對李曾伯所述是否正確，難以查證，因此本文在討論中，對李曾伯所述文字有可印證處，

7　曾冠雄，〈從化外到門戶——論政權南移與廣西的發展〉（新竹：清華大學歷史研究所碩士論文，1996‧6），頁142-144。

8　劉雄飛曾於淳祐六年(1246)任知壽春府，見脫脫，《宋史‧理宗本紀》卷43，頁834。鎮撫使之設置及權限，見黃寬重，〈宋廷對民間自衛武力的利用與控制〉，《南宋地方武力：地方軍與民間自衛武力的探討》，頁187-188。

做必要查證外，均依其陳述[9]。

二、信息傳遞的時地問題

宋廷對信息傳遞一向重視，也建立了一套嚴謹的制度[10]，尤其在戰事緊急的晚宋，朝廷對各地戰情的掌握與傳遞管道的通暢與否，更爲在意。如寶祐五年(1257)八月庚戌，理宗在詔令中，「申嚴諸路、州、縣羈留敕書、奉行不謹及遞兵違慢之弊。」[11]十一月丁卯，又提出「邊烽未靖，恐郵遞稽遲，不可不申嚴之」[12]，可見理宗對迅速掌握前線戰情的速度與成效，非常重視。

寶祐五年十一月五日，李曾伯受命出任湖南安撫大使兼節制廣南軍務，此時他尚在潭州。十二月二日，李曾伯獲命兼任廣南制置大使，移司靜江府，次年二月六日抵達靜江。此後均在靜江府執行任務，因而有關廣西戰役，最重要的信息傳遞據點，是理宗所在的臨安與李曾伯主事的靜江府，其次是潭州與臨安之間。李曾伯既負責廣西戰務，便需要與境內各防禦重地維持密切的聯繫，而廣西諸州中，則尤以邕州最爲重要，資料也最明確。在李曾伯向理宗奏報的一百四十二份奏箚中，除十九份外，均自靜江府發出，因此本文分析與討論的重點，以臨安與靜江府之間所傳遞的信息爲主，其次則是潭州與臨安及邕州與靜江府之間。

據李曾伯在奏箚中所言，臨安至潭州最快需時八天，一般則爲十天左右[13]；

9　關於李曾伯在廣西經營邊防及防禦蒙古進犯戰策的檢討與批判，資料不多，目前所見比較直接批評的，見於劉克莊在景定三年(1262)七月六日進故事中。劉克莊說道：「幹腹之傳且二十載，於是建閫桂林，倚之爲萬里長城，羽檄調精兵良將，分布要害，又竭廣東楮積泉粟以餉廣西。寇未至則先抽外戍以自衛，寇至則堅閉四壁而不敢出。使蠻軬數千烏合之寇，殘昭、容、柳、象，破全、永、衡諸郡及潭之諸邑，桂閫爲之也。」見劉克莊，〈進故事〉，《後村先生大全集》(台北：臺灣商務印書館，1967，四部叢刊本)卷87，頁11下。

10　曹家齊，〈宋代文書傳遞制度述論〉，見鄧小南編《政績考察與信息渠道——以宋代爲重心》(北京：北京大學出版社，2008)，頁341-377。

11　不著撰人，《宋史全文》卷35，頁39上。

12　同上註，頁43上。

13　李曾伯，〈回宣諭手奏〉，《可齋雜藁·續藁後》卷5，頁5下-6下；〈回宣諭兼節制奏〉，《可齋雜藁·續藁後》卷5，頁11下。

若以潭州至靜江需四天爲計，則從臨安到靜江，透過軍遞需要十二、三天[14]。但是，由李曾伯奏箚所見，在李曾伯赴任之初，臨安與潭州、靜江等地信息往來傳遞的時間，理宗的聖旨有兩次從臨安傳送至潭州，需時十三天，信息自臨安傳送到靜江，也時常超出十二、三天的時程，有四次是十五天[15]，三次爲十六天[16]，有三次十七天[17]。由靜江發出，傳遞至臨安的信息，則由於資料不足，無法說明，但顯然不如朝廷發下順利。如在寶祐六年(1258)二月二十六日，李曾伯自靜江府送出奏狀，向理宗報告關於安南受敵的後續處理情況，如此重要的軍情，理宗竟遲至四月十四日才由尙書省的省箚中獲知[18]；二月間，甚至有四封奏狀未送達臨安，更顯示靜江與臨安之間的信息傳遞，時有延誤，甚至遺失的現象。

理宗對前線情報「連遞遲滯」，認爲「關係非小」，指示李曾伯「契勘究治」[19]。針對理宗連番詢問，李曾伯調查之後，向理宗說明：「臣自二月六日到靜江，至三月三日，凡共發八遞，並是一樣牌角，發入軍鋪，獨有十一日一遞，乞改邕守者，卻幸無差迭。前後凡七遞，中途俱爲轉入省鋪，致此稽誤。臣久已差人根刷。」[20]由於李曾伯受命出任廣西置制使時，尙未赴任，未與原經略使印應飛交接職務，以致遞兵延誤，甚至誤將原應透過軍遞鋪傳送的奏狀，納入一般

14　李曾伯，〈同洪漕乞修潭州城奏〉，《可齋雜藁・續藁後》卷5，頁9。

15　分別爲寶祐六年4月3日臨安發，18日晚至靜江府；4月21日臨安發，5月6日到靜江府；4月14日臨安發，28日至靜江府；6月1日臨安發，16日至靜江府。李曾伯，〈回奏宣諭安南事〉，《可齋雜藁・續藁後》卷6，頁9下；〈回宣諭奏〉，《可齋雜藁・續藁後》卷6，頁17上；〈回奏兩次宣諭〉，《可齋雜藁・續藁後》卷6，頁19；〈回奏宣諭〉，《可齋雜藁・續藁後》卷6，頁38上。

16　分別爲寶祐六年1月16日臨安發，2月2日至靜江府；3月6日臨安發，22日至靜江府；4月23日臨安發，5月9日至靜江府。李曾伯，〈戊午回宣諭不必候再辭回降啓行〉，《可齋雜藁・續藁後》卷5，頁25下-26上；〈條具廣南備禦事宜奏〉，《可齋雜藁・續藁後》卷5，頁47；〈回奏宣諭〉，《可齋雜藁・續藁後》卷6，頁22下。

17　分別爲寶祐六年1月21日臨安發，2月6日至靜江府；3月27日臨安發，4月14日至靜江府；3月27日臨安發，4月16日至靜江府。李曾伯，〈至靜江回宣諭〉，《可齋雜藁・續藁後》卷5，頁26下；〈回宣諭奏〉，《可齋雜藁・續藁後》卷6，頁1上；〈回奏宣諭〉，《可齋雜藁・續藁後》卷6，頁6下。

18　李曾伯，〈回宣諭奏〉，《可齋雜藁・續藁後》卷6，頁4上。

19　李曾伯，〈回奏兩次宣諭〉，《可齋雜藁・續藁後》卷6，頁19下。

20　李曾伯，〈回宣諭奏〉，《可齋雜藁・續藁後》卷6，頁17。

省鋪，影響傳遞時效。李曾伯承諾將懲處遞兵，並加以改進[21]。

不過，李曾伯赴任之後，信息傳遞仍有延遲情況。理宗要求李曾伯查明，李曾伯在答覆中指出，潭州到靜江府需時四天半，但湖南遞兵並非他職權管轄所及，難以有效改善從潭州到臨安傳遞延誤的情況。爲了加速傳遞，李曾伯依理宗指示，在廣西境內增加六個軍鋪，也希望朝廷督促湖南、江西改善，「庶無稽遲」[22]，「臣繼當一月駏磨一次時刻，違甚者重寘施行矣」。湖南也在隨後增置軍鋪[23]，相信此後信息從靜江到潭州僅需三天半，潭州傳送到臨安，也僅需七天；若無雨水阻礙，則從臨安到靜江，全程只需要十二天即可[24]。然而，從寶祐六年(1258)十一月到開慶元年(1259)三月間可見的傳遞紀錄中，最快的一次是八天[25]，其次爲十一天[26]，其餘均在十二天或以上，甚至有到十六天的紀錄[27]，顯示即使前線與中央的信息傳遞，仍有不能按時送達的情況；但這期間可能與戰事稍緩，或理宗關切的事轉移有關，並未見理宗要求改進傳遞的指示。開慶元年五月以後，蒙古對西南沿邊加強部署，戰況趨緊，重啓理宗對信息傳遞速度的關注。針對遞兵延宕的問題，李曾伯再次「行下本司所管鋪兵，遵照期限走傳」[28]，傳遞時程因此又加快爲十天[29]。

但是，在蒙古第二次侵入廣西後，臨安與靜江府之間信息傳遞便出現了嚴重的問題。蒙古軍於開慶元年八月八日進犯橫山寨，九月二十二日，蒙軍突至靜江

21　李曾伯，〈回奏宣諭〉，《可齋雜藁・續藁後》卷6，頁9上；〈回宣諭奏〉，《可齋雜藁・續藁後》卷6，頁17。

22　李曾伯，〈回奏宣諭〉，《可齋雜藁・續藁後》卷6，頁39下-40上。

23　同上註，頁44下-45上。

24　同上註，頁49。

25　寶祐六年11月3日臨安發，11日到靜江。李曾伯，〈回兩次宣諭及繳劉鎮撫書〉，《可齋雜藁・續藁後》卷7，頁60上。

26　寶祐六年8月6日臨安發，17日到靜江府。李曾伯，〈回奏宣諭〉，《可齋雜藁・續藁後》卷7，頁13上。

27　李曾伯，〈回奏宣諭〉，《可齋雜藁・續藁後》卷8，頁24上-28上。

28　李曾伯，〈(回)庚遞(宣諭奏)〉，《可齋雜藁・續藁後》卷9，頁5上。

29　開慶元年5月28日自臨安發，6月8日至靜江府。李曾伯，〈回庚遞宣諭奏〉，《可齋雜藁・續藁後》卷9，頁25下。開慶元年7月16日自臨安發，26日至靜江府。李曾伯，〈奏邊事已動〉，《可齋雜藁・續藁後》卷9，頁41上。

城下，逕犯南門團子。此後，兩軍便在靜江僵持二十多日。靜江府既被圍，對外聯絡中斷，與臨安聯繫的郵遞道路亦告梗塞。李曾伯分別於九月二十四、二十五、二十九日，及十月四日、六日，五次令遞兵從間道出發，試圖向樞密院呈報戰況，均無法如願。反在十月七日，接獲遞兵由清湘小路傳來理宗九月二十六日聖旨，指示曾伯不宜閉城自守，應派兵遏其鋒，以免蒙兵透出內地[30]。這道聖旨避開為蒙軍所占領正路，改由清湘小路，在十一天內即抵達靜江，可見宋廷很快掌握到蒙古進犯靜江府的消息，急於與李曾伯聯繫，以了解戰況，並作出指示。

李曾伯於十月八日回奏，並令遞兵五人從小路走傳，雖經半月抵達全州，但路途中，敵騎充斥，遞兵遭蒙軍殺害，僅有一人脫身傳回庚牌[31]。靜江到湖南的郵遞既受阻，李曾伯擔心廣西軍情無法傳抵臨安，便於十月二十二日再派官兵唐勝等五人，改道廣東，度梅嶺，出江浙，以向朝廷遞送奏狀[32]。十一月三日，有湖南遞兵自間道傳來十月二日理宗遣王仲珪所傳的聖旨，這份聖旨在戰亂中歷經險阻，耗時一個月才輾轉送達李曾伯手中[33]。郵遞不通，讓身在靜江的李曾伯，既無法與理宗聯繫，也無從得知蒙古兵在湖南活動的消息，更擔心他在開慶元年十二月三日，派遣陳伶向朝廷呈送的自劾狀，也未能上達中央[34]。此後，理宗乃至宋廷對李曾伯的指示，資料均未見於紀錄。

信息傳遞的遲速，反映著中央與地方、指揮中心與前線間的信息流通，信息傳遞的頻繁度，則與前線情勢的緩急關係密切。關於這點，陳智超教授曾對《可齋雜藁・續藁後》卷五到卷九，寶祐五年閏四月二十八日到景定元年三月間，李曾伯的一百四十二份奏章的時間進行整理與考訂，在日期可考的一百二十六份中，除了寶祐五年七、八、九三個月無奏報資料外，每個月或多或少均有奏報（參見下圖）[35]。自寶祐六年（1258）八月到十二月的五個月間，李曾伯共上奏四十

30　李曾伯，〈回庚遞宣諭奏〉，《可齋雜藁・續藁後》卷9，頁48。

31　李曾伯，〈奏邊事〉，《可齋雜藁・續藁後》卷9，頁50上。

32　同上註。

33　李曾伯，〈回庚遞宣諭奏〉，《可齋雜藁・續藁後》卷9，頁53上。

34　李曾伯，〈申省乞將男新命收回等事〉，《可齋雜藁・續藁後》卷9，頁63上。

35　陳智超，〈一二五八年前後宋、蒙、陳三朝間的關係〉，附表1〈李曾伯申奏〉，頁439-445。

二次，平均每月在八次以上，這是通信最頻繁的時期，也是宋理宗和李曾伯最積極討論邊防布置、人事調動及蒙古進犯戰況，乃至戰後整備報告的時期，顯示聯繫緊密度與前線實務的關係密切。

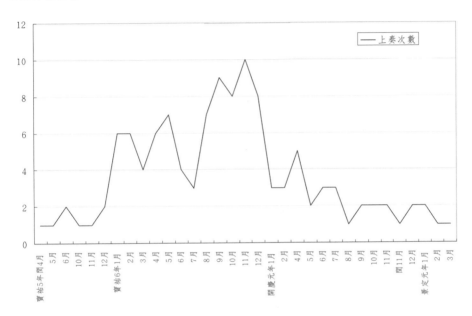

圖一　李曾伯上奏次數圖

　　除了臨安的理宗與靜江府李曾伯之間，需要隨時保持聯繫，以掌握情勢發展外，駐防在邕州的劉雄飛，更是宋廷直接面對蒙古的前線指揮官。邕州與大理、安南的距離，較靜江更近，是南宋向西南少數民族買馬的重要榷場，亦是宋廷執行羈縻政策、蒐集情報的核心地區；身為前線指揮官的劉雄飛，需要隨時將蒐集到的訊息，透過靜江的李曾伯上傳朝廷，因此此一聯絡管道與傳遞時程亦相當重要。不過，來自劉雄飛的信息，不像理宗所傳聖旨，有明確的發送與抵達時間，只能藉李曾伯的奏箚來理解。根據李曾伯向理宗的奏報，由邕州到靜江的傳遞時間，一般需要四天[36]，但從資料上看，五天尚屬正常時程[37]，五天以上的傳遞則

36　李曾伯，〈奏邊報及乞兵〉，《可齋雜藁・續藁後》卷7，頁64上。

已屬遲滯，見於李曾伯的紀錄中，如寶祐六年(1258)四月二十日，李曾伯在奏箚中曾提到，知邕州雲拱於四月十一日由邕州發的奏狀，竟至十九日才到靜江，前後耗時八天，延誤理由不詳，或許是抄寫有誤，但也可能是戰爭爆發，因而導致信息傳遞受阻[38]。

　　蒙古第一次對廣西發動攻擊時，邕州與靜江府間的聯繫，受到相當大的影響。兀良合台所率蒙軍，於寶祐六年九月十三日入宋境，在田州、橫山一帶與宋軍對峙。十一月十二日，邕州通判趙立在給李曾伯信中已提到邕州情勢緊急，而該信到十八日才抵靜江，費時六天。在此之前，由於李曾伯一直沒有接到邕州的消息，因此在十七日向理宗奏報時，便提到「連日俱未得雄飛箚狀」，「竊疑邕境哨隔，郵傳未通」[39]。二十一日，李曾伯在奏箚中說道，十三日蒙古軍到邕州東門，十四日邕州方面向靜江發信，「以敵犯，道路多梗，狼虎噬人，鋪兵艱於傳送」，因此尋常傳送信息僅需四天，這次卻是二十一日才到靜江，耗費七天[40]。此後十天未有邕州消息[41]，直到二十六日才連得劉雄飛十九、二十日所傳的兩份公狀，得知蒙古已在十八日由武緣撤兵，此次傳遞時程都在六、七天之間。

三、安南蒙情回報系統的建立、蒐集與處理

　　根據《可齋雜藁‧續藁後》記載，在宋蒙二次戰役中，李曾伯蒐集軍情的重點，前期以安南政情發展，及蒙古與安南關係爲主。蒙古第一次退兵後，隨著宋廷積極經營與羈縻部落的關係，加強對溪洞及蠻部的綏服團結工作，並關切蒙古與蠻部關係，因此透過蠻部偵察蒙軍入侵西南的信息，成爲重點。顯示宋對蒙古

(續)─────────────
37 寶祐六年10月27日自邕州發，11月2日到靜江；10月25日自邕州發，30日到靜江；李曾伯，〈回宣諭奏〉，《可齋雜藁‧續藁後》卷7，頁52下。10月13日自邕州發，18日到靜江；李曾伯，〈奏爲邊報及安南饋送事〉，《可齋雜藁‧續藁後》卷7，頁46上。
38 李曾伯，〈回奏宣諭安南事〉，《可齋雜藁‧續藁後》卷6，頁9下。
39 李曾伯，〈回宣諭奏〉，《可齋雜藁‧續藁後》卷7，頁63下-64上。
40 李曾伯，〈奏邊報及乞兵〉，《可齋雜藁‧續藁後》卷7，頁64上。
41 李曾伯，〈奏邊報乞催調兵〉，《可齋雜藁‧續藁後》卷7，頁65下

軍情的蒐集，是隨著戰情的發展，而將偵察重心由安南轉移到大理與羈縻諸蠻。

　　蒙古與安南的關係，及蒙軍在當地的活動，一直是宋廷最關注的焦點。安南北部與廣西接壤，境土相鄰，兩國之間既有唇齒相依之勢，安南對宋又有依違自立之變化，關係微妙。寶祐三年(1255)蒙古平定大理後，開始與安南的陳朝接觸，意圖經安南假道，對宋發動「斡腹之謀」。此事不僅出現在安南向宋廷所呈的表奏中，在廣右陵人間，也有「敵欲假道」的傳言[42]。這種傳言對宋而言，自然是一項警訊，而引起宋廷高度關切。宋理宗在寶祐五年(1257)十一月二十六日，指示人尚在潭州的李曾伯，選派在湖、廣任官的福建人到安南探聽消息[43]。李曾伯致書將離任的廣西經略使印應飛，依理宗指示派使人赴安南，應飛派出南劍人廖揚孫，「以書幣遣之入陵」。曾伯亦囑咐印應飛，一方面要求使者多方密覘情資，一方面利用經常往來於兩國之間的「邕欽峒丁商賈」來探查相關消息[44]，說明李曾伯在上任之前，不僅注意到蒙古在安南活動的情資，而且是通過多管道、多面向進行情報蒐集的。

　　蒙古的進犯，對安南造成震撼。十二月七日，蒙軍攻陷安南富令州，連下渭龍州、安定。這次戰爭的發展過程，在李曾伯綜合土官黃炳、李宗城所申，安南阮、陳兩位使人的公牒以及宋人王載的供狀，向理宗分別作了詳細的說明[45]。從印應飛送來安南尚書公牒、議事官李一撲提供的資料[46]，以及邕州守臣雲拱從緝探人錢興等錄到安南太師所供被兵的信息，則指出蒙古於攻占升龍，逼安南國王陳日暊登舟避鋒之後，即退回雲南[47]。雖然這次侵犯安南的蒙古兵不多，且意在試探，但不管如何，對安南而言，是一次極大的震撼，對尚在赴任途中的李曾伯而言，也意識到強敵來自後門，更當加意情報蒐集。

　　安南於蒙古進犯之後，急遣使人至廣西，尋求宋廷支援。李曾伯行經永州途

42　李曾伯，〈回宣諭令勉諭呂鎮撫及七甲兵等事〉，《可齋雜藁‧續藁後》卷5，頁13下。

43　李曾伯，〈繳印經略遣官往安南奏〉，《可齋雜藁‧續藁後》卷5，頁18下-19上。

44　同上註，頁19。

45　李曾伯，〈回宣諭令勇於戒途〉，《可齋雜藁‧續藁後》卷5，頁16下-17上。

46　李曾伯，〈備廣西經司報安南事〉，《可齋雜藁‧續藁後》卷5，頁23下-24上。

47　李曾伯，〈至靜江回宣諭〉，《可齋雜藁‧續藁後》卷5，頁27。

中，從溪洞中得到消息，並向理宗匯報，提到蒙古能順利攻安南，可能是陳氏篡國後，李氏後人在域外援引蒙古兵所致。此說雖然無法得到印證，卻已引起理宗關切，興起扶植安南陳朝，「以結其心」，與之共抗蒙古的念頭[48]，而提出「安南被兵，只得助之」的指示[49]。然而，李曾伯對理宗主動助兵的指示，並不贊同，他認為邕州與安南脣齒相依，救助安南是為了鞏固邊防，「必待其請乃可，不然，適召疑爾」[50]，建議待其到任後，「委官前去，將以幣帛至其國都，覘其虛實」，再決定如何採取行動[51]。

然而，安南與蒙古的關係，顯然超乎宋廷預期。李曾伯從知邕州雲拱傳來的消息得知，由安南返回的虞大友和黎明所提供的情報，顯示「陂情亦可疑」[52]。寶祐六年三月初，曾伯根據邕州傳來安南求兵援的公牒，及各地傳回蒙古常至安南境內，要求安南修路或索取俘虜的消息，判斷安南「似乎漸為敵誘」，認為「其所報分路，所請乞師，正以觀吾之所答，作為離附之機而已」[53]。安南既無力抗蒙，如果蒙古軍再攻，只有降服一途。基於現實的考量，曾伯主張與其救助安南或相與夾擊，不如積極經理邕、欽、宜、融四個與安南鄰近的州城，強固防禦能力[54]。同時，為了避免啓安南疑竇，應以「須聽從朝廷指示」回覆安南求援的公牒，並建議宋廷差撥兵船戍守欽州，以防蒙古經由海道進寇[55]。

寶祐六年四月以後，蒙古在安南的活動，更為頻繁，蒙古與安南的關係，更為明朗。蒙古退兵後，安南雖不斷透過邕州向宋廷報告受兵情況，請求支援，乞借弓、砲工匠。邕州承諾予以救助，並遣送安南使人陳邦彥，押著俘獲的李小哥，偕宋使廖揚孫到靜江，請朝廷援助。然而，李曾伯所獲情報卻不同，如彭高提供蒙古侵安南時，「婦女一無所取」，顯示蒙古「其志不在小，敵之狡於誘

48　李曾伯，〈至靜江回宣諭〉，《可齋雜薰・續薰後》卷5，頁26下。
49　李曾伯，〈辭免新除恩命並開陳五條奏〉，《可齋雜薰・續薰後》卷5，頁39下。
50　同上註，頁39上。
51　李曾伯，〈至靜江回宣諭〉，《可齋雜薰・續薰後》卷5，頁27下。
52　李曾伯，〈回奏宣諭呂鎮撫事〉，《可齋雜薰・續薰後》卷5，頁42上。
53　李曾伯，〈條具廣南備禦事宜奏〉，《可齋雜薰・續薰後》卷5，頁45下。
54　李曾伯，〈回宣諭印漕免入邕等事奏〉，《可齋雜薰・續薰後》卷5，頁42。
55　李曾伯，〈安南求援奏〉，《可齋雜薰・續薰後》卷5，頁45-46；〈條具廣南備諭事宜奏〉，《可齋雜薰・續薰後》卷5，頁53上。

結，忱恐安南漸隨其計」[56]。從宜州鄭里和邕州李材的探報，也分別指出南丹州和特磨道等諸蠻多已附降，蒙古「兵使所通，非止安南一途」。由於需防備的邊境加多，不能「因安南之求援，而只備安南一處」，因此認爲對邕州承諾救助安南一事，須愼重處理。

李曾伯爲有效掌握蒙古在安南的情資，建議進用曾在四川雲頂山協助他的蜀人楊慶成，以武翼大夫的頭銜，攜幣、帛百匹，到安南處理請援事宜，並要求慶成「自邕往，由欽而回，以歷水陸之兩道」，進一步確實掌握安南情況[57]。李曾伯綜合近兩個月內從安南所得各種情報研判，安南無力對付蒙古，「既求援於本朝，又遺禮於彼國」，頗有挾持兩端之勢，就像春秋時代的鄭國，介於晉楚之間，「待於二境，背附惟時是視，不足恃矣」[58]，因此主張宋廷派去安南的使臣，務必要「外示羈縻之義，中爲姦宄之防」[59]。

對此，理宗指示「安南之心，惟當固結，有警則亟遣應援，但須灼見安南之肺腑，果無貳志，則遣援撥無妨」，仍以遣援爲先。李曾伯以雲拱送到黎必昌、孔方殷、洪天賦三位安南漢人的消息，回覆理宗，說安南於二月十六日「遣物於敵，還其二俘」，三月初四，「又送還西尼多觝，侑以金帛，既有七月當令會合之約，又有僞臣初十親詣圖謀之言。」[60]三月二十七日，廖揚孫和陳邦彥回到靜江，他們所帶回安南表章及〈日紀〉，指出安南國王陳日煚雖心向宋朝，但權臣專政，動向不明，安南有險可恃，只是欠缺兵備。揚孫並提到，臨返宋前，安南的福建士人也向他反映：「若敵寇再至，則望遣兵以援；如奔命來歸，則望開關以延。」[61]曾伯認爲揚孫在安南停留時間短，消息不一定精確，所報蒙古兵數有誇大之嫌，在備蒙爲先的急危時刻，「援之固難，納之尤難，卻之則又難」[62]，只有賴強大的兵力才能應付危難，但廣西兵力不足，建議朝廷派「水陸萬人，命

56　李曾伯，〈回宣諭奏〉，《可齋雜薰‧續薰後》卷6，頁4上。
57　同上註，頁4下-5上。
58　李曾伯，〈回奏宣諭安南事〉，《可齋雜薰‧續薰後》卷6，頁10下-12上。
59　同上註，頁10下。
60　同上註，頁12下。
61　李曾伯，〈回宣諭奏〉，《可齋雜薰‧續薰後》卷6，頁18。
62　同上註，頁18下。

一、二經歷之將，雜以峒丁，相爲掎角，則敵人必不容輕犯，安南知我足恃，亦自不爲敵誣」，才能兼顧救援與防備之效，若只靠言辭敷衍，「實難保陂之不爲敵誘，敵之不爲南侵」[63]。五月甲戌，理宗與丞相丁大全曾對此事有所討論，丁大全表示同意，但派遣數量宜酌減[64]。

有了增兵的規劃後，宋廷對安南向蒙古順服的態度，改採趨於強硬的政策。寶祐六年五月，理宗指示李曾伯，「陂人不必問其向背，但當嚴我隄防，無事則極其羈縻，或可使之不專附敵，萬一爲敵向道，則例以敵待之，殄殲其眾。」[65]曾伯將理宗宣諭緘示劉雄飛與知欽州雲拱，要求兩人表面上「揚聲援鄰」，實際上「察其情僞」，以使「隨機應之矣」[66]，若安南與蒙古結合，「與其坐而待寇，孰若先以制人」，但認爲在採取強硬手段前，需要有確切情報，「否則，彼以信義而望我所不可」[67]，並要劉雄飛與雲拱「戒之勿泄事機」[68]。不過，到六月丁大全向理宗報告，「糧食未到，所調戍兵未行」，顯示朝廷援兵計畫無法實現[69]。出兵安南的計畫，只能完全由廣西單方面執行。

七月二十四日，楊慶成自安南返抵靜江，並轉達安南國王陳日煚請宋派兵援助之事。安南所請人數不多，曾伯建議命劉雄飛於屯駐永平寨的精兵中撥遣，以應其請[70]。對安南可能附蒙一事，劉雄飛認爲應先發制人，理宗同意，雄飛遂謀對安南發動攻擊[71]。李曾伯則擔心，劉雄飛出兵壓制與安南長期有密切關係的黃炳，可能打草驚蛇，使宋廷與安南關係生變，要雄飛「姑容炳過，卻要深察陂情，事果當爲，則擒賊擒王，炳特餘事」，並抄錄理宗所書「忠勇有謀，發之必中」的訓示給雄飛。劉雄飛的積極作風，與李曾伯的謹愼持重，形成對比，而此一事態發展，隱然透露理宗在宋廷無法增兵的情況下，想鼓勵前線戰將劉雄飛，

63　李曾伯，〈回奏兩次宣諭〉，《可齋雜藁‧續藁後》卷6，頁20上。
64　不著撰人，《宋史全文》卷35，頁46下。
65　李曾伯，〈回奏宣諭〉，《可齋雜藁‧續藁後》卷6，頁28下。
66　同上註，頁43下。
67　同上註，頁43。
68　同上註，頁50上。
69　不著撰人，《宋史全文》，卷35，頁46下。
70　李曾伯，〈條具邊事奏〉，《可齋雜藁‧續藁後》卷7，頁1下。
71　李曾伯，〈回奏宣諭〉，《可齋雜藁‧續藁後》卷7，頁10上。

對順逆無常的安南採取更爲強硬的手段[72]。

　　在理宗鼓勵下，劉雄飛的態度更爲積極，他在八月十七日給李曾伯的信中就說「敵人往來其國不絕」，「察其異嚮，便當先發，亦以養虎爲患」。曾伯雖支持，但要求他「更加精密，預作規模」[73]。其後，李德、黃奎回傳探報顯示，安南戰力不堪一擊，因此劉雄飛頗有實現理宗「一發必中」之意；同時，安南欲取回俘虜李小哥公牒等事，也證實安南與蒙古關係轉密。對雄飛積極主戰，李曾伯認爲「陋情固是有其可疑，陋力然亦未可輕視」，擔心雄飛籌慮未周，從邕州到安南邊境，既隔江水，又有十多日的路程，若要發動戰爭，勢必先有足夠的兵糧及完善的籌劃，否則「後慮亦自尙多，設一著稍差，邊患將恐立見」，因此要求雄飛，「更精密報來區處」[74]。

　　理宗對李曾伯不能配合劉雄飛襲擊安南，深表不滿。九月十八日，理宗要求曾伯與劉雄飛，應積極部署，大有一戰之意[75]。曾伯向理宗解釋，單憑安南與蒙古來往，無法證實安南眞爲敵用，若貿然出兵安南，「設或彼急而出挾寇之計，則是我速其爲假道之圖。舉而不中，患必致此」。他已透過在安南任官的福建士人陳可久，希望招誘更多人，探聽安南邊情，若眞要開戰，關鍵還是在能否有充裕的兵力[76]。對出兵安南一事，理宗一再肯定劉雄飛積極任事，反而責備李曾伯過於消極。此時的李曾伯只能表面上同意「乘其未固，掩所不備」，對安南出兵，先發制人，但仍試圖從各方面說服理宗，不要躁進。他舉廣西地區幕僚及百姓的意見，說明蒙古進犯的態勢與以往不同，目前廣西的兵力不足，城池不堅，希望朝廷增兵，以加強防護[77]。以目前「嶺表氣力，而欲支萬里幹腹之寇，不待智者，皆爲寒心」，面對安南與蒙古關係改變的事實，只能採取消極防禦的策

72　李曾伯，〈回奏宣諭〉，《可齋雜藁·續藁後》卷7，頁15上-16上。

73　李曾伯，〈奏備邊及漕司券錢事〉，《可齋雜藁·續藁後》卷7，頁24上。

74　李曾伯，〈回宣諭團結奏〉，《可齋雜藁·續藁後》卷7，頁27。

75　李曾伯，〈回宣諭奏〉，《可齋雜藁·續藁後》卷7，頁40下-41上。

76　同上註，頁40上。

77　李曾伯，〈奏爲邊報〉，《可齋雜藁·續藁後》卷7，頁42下。曾伯所說「幕府之士、郡邑之民」，不免有主觀的陳述部分。

略[78]。此後，更一再藉安南使者的表現、瓊州海賊陳應龍的觀察、自海上打聽所得的消息，及知欽州雲拱的來信，強調安南正與占城交兵，「此雖於中國無預，然亦足以分陵人之力，若其相為蚌鷸未已，固我利也。」[79]然而，安南使人不提蒙古兵在境內活動的情形，則是「以今年敵兵侵犯，不出安南，而出特磨，則安南遭略納款，此自可覘」。顯示安南迫於戰力不足，而臣服蒙古，但不是聯手攻宋。情勢如此，為了保境退敵，「只得用羈縻之策」，以應付外在的變局[80]。理宗也由於無法增援兵糧，不再持強硬態度。

自蒙古兵第一次進犯廣西後，宋與安南的關係趨於緩和。寶祐六年十一月，蒙古試探性襲擊邕州後，自武緣撤離。劉雄飛出兵襲擊，傳出捷報，安南為了了解宋蒙戰況，於十二月遣使臣段士佳到邕州，要求取回蒙古俘虜李小哥及宋所獲蒙古俘虜，「蓋其欲覘我禦敵之實」，曾伯擔心久居靜江府的李小哥會洩漏軍情，建議「且與存留」。為了體恤理宗「隱然結心之意」，建議在「邕州未解俘囚內，遣其一以往」[81]。此後，李曾伯與理宗專注廣西境內寨隘、城池修護，加強羈縻州團結等工作，而退回雲南的蒙軍亦籌劃下一次攻擊，相當長的時間不見與安南有關的訊息。直到開慶元年(1259)七月三日，李曾伯在奏報中，雖提到劉雄飛所獲安南公牒，有蒙古欲再起兵進犯之報，然而從李曾伯向理宗的奏報顯示，宋軍在廣西地區的情報偵搜方向，已轉朝蒙軍與西南羈縻州的關係發展上[82]。

四、大理蒙情的蒐集與處理

大理即今之雲南，在唐中葉以前是中國版圖。宋太祖劃江為界，大理乃成獨立之國，彼此關係疏淡，但宋在四川、貴州和廣西邊境多設榷場，透過邊境貿

78　李曾伯，〈回宣諭奏〉，《可齋雜薰‧續薰後》卷7，頁45下。

79　李曾伯，〈奏為邊報及安南饋送事〉，《可齋雜薰‧續薰後》卷7，頁47下；〈回兩次宣諭及繳劉鎮撫書〉，《可齋雜薰‧續薰後》卷7，頁60下。

80　李曾伯，〈回兩次宣諭及繳劉鎮撫書〉，《可齋雜薰‧續薰後》卷7，頁60下。

81　李曾伯，〈回宣諭奏〉，《可齋雜薰‧續薰後》卷8，頁15上。

82　李曾伯，〈回奏宣諭〉，《可齋雜薰‧續薰後》卷8，頁34上。參見陳智超，〈一二五八年前後宋、蒙、陳三朝間的關係〉，頁432-433。

易，雙方繼續維持政治經濟與文化上的交流。其中，邕州右江的橫山寨爲廣西榷場之要[83]。

　　嘉熙三年(1239)起，南宋四川制置司使陳隆之不斷接獲蒙古打算由川西吐蕃地區，經大渡河遠征大理等國，以遂行「斡腹入寇」的情報。宋廷下令廣西經略徐清叟預爲防備，清叟專程到大理、自杞等國進行偵察，繳回報告，但未見蒙古軍確切行動[84]。淳祐元年(1241)，宋廷偵知蒙古兵圖謀由交趾進犯廣西的邕、宜兩州，宋人再次聽聞「斡腹之謀」，但對此事抱持「將信將疑」的態度，對西南邊防始終是「若緩若急」，缺乏積極作爲[85]。四年(1244)，蒙古軍隊由川西吐蕃之地直下大理，對宋發動「斡腹之謀」。大理軍將高禾率兵拒敵於九和，高禾雖戰死，蒙軍亦被擊退，事後南宋遣使弔祭，以謝大理拒蒙之助。淳祐五年(1245)以後，蒙古軍隊加快斡腹之謀，各種探報陸續傳入宋廷。淳祐七年(1247)，蒙古軍捨棄九和熟路，改道青羌，偷擊大理，被西莫光諸番所阻。次年(1248)，蒙古又企圖經吐蕃直下大理，四川安撫使余玠遣俞興率兵狙擊，蒙軍北撤[86]。

　　此時由大理入犯四川的蒙古軍並非精銳，加以南宋四川防禦體系較完善，川西吐蕃地區未被征服，但蒙古對由川西直下大理的各條道路，已瞭若指掌。淳祐十二年(1252)，蒙古由忽必烈爲主帥，組成一支數達十萬之衆的精銳部隊，開始對大理進行大規模侵襲。自寶祐元年(1253)八月，蒙軍由臨洮分三路攻大理。二年七月，宋廷所得到的消息是雲南「尙可支吾」[87]。寶祐三年(1255)，兀良合台平定大理，至此「凡二年，平大理五城八府四郡，洎烏、白等蠻三十七部。兵威所加，無不欸附」[88]。此後，蒙古即以大理作爲「斡腹之謀」的據點，與大理相

83　黃寬重，〈南宋時代邕州的橫山寨〉，《漢學研究》3卷2期(1985・12)，頁518-523。

84　李鳴復，〈乞嚴廣西之備〉，《歷代名臣奏議》(上海：上海古籍出版社，1989・10，明永樂內府刊本)卷338，總頁4389-4390。又見李鳴復，〈乞嚴爲廣西之備疏〉，《全宋文》，冊309，卷7025，頁36-37。

85　劉克莊，〈跋趙倅與灝條具斡腹事宜狀〉，《後村先生大全集》卷108，頁6。

86　以上參考段玉明的研究成果，見段玉明，《大理國史》(昆明：雲南民族出版社，2003・3)，頁67。

87　不著撰人，《宋史全文》卷35，頁4下。

88　宋濂等修，《元史》卷121，〈兀良合台傳〉，頁2980。

鄰的安南及宋廣西地區，相繼成為蒙古攻擊的對象。

在此情勢下，李曾伯掌握敵情的管道，除了安南外，大理成為另一個情報蒐集的重點地區。不過，大理與廣西之間，要經過複雜的地形和各自盤據的眾多半獨立的羈縻州，通道既多，少數民族的情況又複雜，若蒙古慢慢經營滲透，對宋在廣西的邊防也是一個潛在的威脅來源。因此，宋廷在蒙古軍發動「斡腹之謀」時，就一直注意蒙古在大理情勢的發展和軍情動向。

宋廷掌握蒙古軍在大理發展的管道，除廣西之外，還有四川和湖南地區，播州就是其中一個。寶祐二年(1254)，蒙古攻大理時，曾侵犯思、播二州[89]，引起宋臣注意此地的防禦能力[90]，乃有於施、黔、珍、南平四郡，置一副帥屯兵守險[91]，及吳淵以萬兵備瀘、溆、思、播之議[92]。四年五月，羅氏鬼國遣人至思、播州，報蒙古兵屯大理國，擬取道西南入邊的消息[93]，宋廷遂有令播州以兵助羅鬼，由制司以兵助播州的指示。

先是，宋廷為加強西南邊防，於寶祐三年(1255)七月任命呂文德知鄂州，並節制鼎、澧、辰、沅、靖五州[94]。四年，思、播邊防告急[95]，以黃平有路通靖州，須對黃平作緊急處置[96]，丞相程元鳳議置呂文德於沅、靖[97]；五年四月，文德知靖州[98]。五年九月，播州乞兵[99]，呂文德奉命援播；次年七月，入播州[100]。

---

89 不著撰人，《宋史全文》卷35，頁4下。

90 同上註，頁17下。

91 同上註，頁18上。

92 同上註，頁25下。

93 脫脫等纂，《宋史》卷44，〈理宗本紀〉，頁857。不著撰人，《宋史全文》卷35，頁23上。

94 呂文德知鄂州，節制鼎、澧、辰、沅、靖五州，見《宋史》卷44，〈理宗本紀〉，頁855。不著撰人，《宋史全文》卷35，頁13上。

95 不著撰人，《宋史全文》卷35，頁23上。

96 不著撰人，《宋史全文》卷35，頁43上。按：靖州至黃平寨有八百里，靖州通判趙與𤁬曾於淳祐七年(1247)深入其地，對該區域了解甚深。見劉克莊，〈跋趙倅與𤁬條具斡腹事宜狀〉，《後村先生大全集》卷108，頁6上-8上。

97 不著撰人，《宋史全文》卷35，頁27上。

98 脫脫等纂，《宋史》卷44，〈理宗本紀〉，頁860。

99 不著撰人，《宋史全文》卷35，頁40下。

100 脫脫等纂，《宋史》卷44，〈理宗本紀〉，頁862-863。

呂文德是李曾伯以外掌握大理情勢的另一將領。李、呂兩人關係密切，早在淳祐三年(1243)，李曾伯守淮時，對文德十分賞識，曾遣呂文德出兵河南，與周嵒攖膠西，各領三千人，對蒙古發動襲擊獲勝[101]。此時兩人互有聯絡，因此本文除直接討論靜江能掌握的大理信息之外，在《可齋雜藁．續藁後》中凡與呂文德有關的大理情勢，也一併介紹。

寶祐五年(1257)十月，李曾伯奉理宗之命，率兵三千以備廣西時，就表示自九月末以來，即有傳聞蒙古犯羅氏國及播州。不久，又傳來蒙古攻特磨道、安南的警訊，說「敵人積年工夫，破大理、入善闡，降羅鬼，此皆蠻之強大者，皆已入掌握中，纔入省地，奚往不可。」[102]而從四川茶馬李遇龍的信中，擔心「敵徑趨黃平，則事勢緊急」，建議從四川派兵制其後，湖南在內防護，則「可以緩其入」[103]。顯示西南邊境情勢，另有一緊張之處。宋理宗於十一月末指示，加強於黃平等險要地區置屯。六年一月，宋廷派樞密院編修官呂逢年到四川制置使司，辦理關隘屯柵糧館，相度黃平、思、播諸處險要緩急事宜[104]。十一月，黃平城成，改名鎮遠州[105]。

宋廷派呂文德入播州，即有掌握大理蒙情的用意。寶祐五年十月，呂文德既入播州，除禦蒙外，也負有撫循諸蠻的任務[106]。六年一月初，李曾伯向理宗回奏安南消息，也報告呂文德的近況，「近傳(文德)已離播州，往會寧關，地屬葛閩，卻聞敵兵則已退出烏鎖。」[107]對理宗期待透過他轉知文德不可擾蠻人一事，表示「即遣專介，一一備示文德」，但長沙到會寧關，路途十分遙遠，「自長沙至靖州凡千里，自靖至黃平亦千里，又黃平至播州為程六日，自播至會寧

---

101 李曾伯，〈回宣諭關閣長二月六日兩次聖旨奏〉，《可齋雜藁．續藁後》卷5，頁37上。

102 李曾伯，〈繳印經略來箚手奏〉，《可齋雜藁．續藁後》卷5，頁7下。

103 同上註，頁8下。

104 脫脫等纂，《宋史》卷44，〈理宗本紀〉，頁861。不著撰人，《宋史全文》卷35，頁44下。

105 不著撰人，《宋史全文》卷35，頁49下。

106 同上註，頁43上。

107 李曾伯，〈繳印經略書遣官往安南奏〉，《可齋雜藁．續藁後》卷5，頁19下。

關，未詳里數」，沒有遞鋪，「書問須用遣，不能速達」[108]。二月二日曾伯向理宗奏報時，提到大理的情勢，也認為文德「其慮頗遠」[109]。此後，呂文德在播州的活動詳情，雖未見記載，但顯然成效頗著。次年，宋廷以文德參與築黃平城及撫輯蠻戎有功，進官三秩[110]。

寶祐六年二月二日，理宗給曾伯兩件聖旨中，一件與大理有關。理宗傳下播州人田應寅提出三路攻擊大理的意見：「欲得荊、蜀、思、播共出兵三萬」，與廣一齊夾擊大理，「雖曰欲各取某路而入，其實同取烏蒙一道而南」[111]。理宗認為：「田應寅所陳可行，以大理敵狡穴，併力驅之，名義甚正。」一方面派遣呂文德入播州，並點視四川隘寨，相度思、播隘要[112]。一方面任命馬光祖兼夔路策應使湖廣總領財賦並屯田事，積極布置[113]。同時，要求曾伯陳述意見。曾伯表示由荊、蜀出兵，即便有三萬兵糧，「勝負猶未可踰度」，但「此荊蜀事也，臣不敢妄議」。對理宗要求廣西配合「別遣兵一萬，戍廣西，陽為守備，陰圖夾擊，若荊、蜀進兵，亦令間道相應」的指示，則直接說「若欲責廣中事力，則未易辦也」。最主要的原因，其一是從廣西的邕州到大理，即使以謝濟對本區熟悉的經驗，也要六十個日程，一般人對此地的路途生疏，蠻猺又多，不利軍旅活動，況且派一萬人備兩個月的糧餉，需要一萬五千石，「兵卒既不可以自齎，夫運則未免於倍給」。其二是四川和廣西到大理接境的地方共六千里，很難策劃兩軍會師。曾伯雖表示自己是邊吏，一切均聽從朝廷指揮。但仍以「越數千里以攻人，兵法所戒，用寡猶可，用眾恐難」，期待理宗慎思[114]。此後對夾擊事，未見理宗有進一步指示，但理宗在三月的聖旨中，透過曾伯擬勉呂文德留意黃平

---

108 李曾伯，〈繳印經略書安南奏〉，《可齋雜藳‧續藳後》卷5，頁19下-20上。

109 李曾伯，〈戊午回宣諭不必候再辭回降啓行〉，《可齋雜藳‧續藳後》卷5，頁26下。

110 不著撰人，《宋史全文》卷36，頁1下。

111 李曾伯，〈回宣諭關閣長二月六日兩次聖旨奏〉，《可齋雜藳‧續藳後》卷5，頁36。

112 不著撰人，《宋史全文》卷35，頁44。

113 脫脫等纂，《宋史》卷44，〈理宗本紀〉，頁861。

114 李曾伯，〈回宣諭關閣長二月六日兩次聖旨奏〉，《可齋雜藳‧續藳後》卷5，頁36下-38上。

諸處關隘[115]。四月丁酉，更令「田應己(寅)爲思州駐箚御前忠勝軍副都統制，往播州共築關隘防禦」[116]。顯示宋廷關切播州的防禦工事，意在預防或攻擊在大理的蒙古軍。

　　寶祐六年五月一日，理宗在聖旨中提到大理的牒報，及朝廷從湖南制置使打聽到蒙哥汗所說「止隔重山條水，便是南家」的話，顯示蒙古在大理五年，對宋西南窺伺已久，情勢相當急迫[117]。六月中旬以來，天氣酷熱，蒙古戰騎多病死，反之，大理葛閩所產的馬具耐熱的優勢，讓宋廷重新檢視買廣馬，除了羈縻之外，也有利於地區性的戰爭[118]。六年八月，曾伯在報告中說，蒙古已修路到都泥江，卻也提到探報人吳以忠從特磨道傳來大理與諸蠻均遭饑荒，蒙古兵打算出交趾、自杞等地討糧的消息[119]。

　　大理饑荒的消息，再啓理宗發動攻擊的意圖。八月十二日後，曾伯舉吳以忠的探報說，蒙古侵犯大理、安南以來，「陀趾、大理諸蠻即有逃者」，目前諸蠻表面上雖順從蒙古，顯然出於迫脅，「其心亦非願附」[120]。這項消息，加上大理等地饑荒的消息，使理宗大爲振奮，他於九月一日的聖旨中，表示「大理既旱荒，乘兵不備，可以襲殺。今日之事當尋敵，不當待敵」，要求曾伯與將領劉雄飛、鄧進等籌劃對大理發動襲擊。曾伯一方面密令劉雄飛遣人入蠻，誘令攻敵，或派兵應接，卻也向理宗表示，蒙古欲討糧出特磨道的各種消息雖然吻合，但發動戰爭卻要慎重。他指出先前宋兵與蒙古在京湖、淮北對峙時，多次以偏師襲擊取勝，除參與的人數不多外，更由對地理環境熟悉的北人充任，而且來回路程也只有一、兩千里。如今廣西離大理六十日程，中間又隔著生熟諸蠻，道路阻隔，

115　李曾伯，〈回奏宣諭呂鎮撫事〉，《可齋雜藁・續藁後》卷5，頁41上。

116　脫脫等纂，《宋史》卷44，〈理宗本紀〉，頁862。田應寅乞屯瀘澂、援思播，及宋修築思播關隘，調兵防播州支徑，並差官相度，置黃平之事，亦見《宋季三朝政要》。見不著撰人，《宋季三朝政要》，收入《羅雪堂先生全集》（台北：大通書局，1989，景印陳氏慶餘堂刊本）初編冊19，卷2，頁17上。

117　李曾伯，〈回奏宣諭〉，《可齋雜藁・續藁後》卷6，頁30下。

118　同上註，頁44上。

119　李曾伯，〈奏節次調軍赴邕欽宜融捍禦〉，《可齋雜藁・續藁後》卷7，頁8。

120　李曾伯，〈回奏宣諭〉，《可齋雜藁・續藁後》卷7，頁10下。

糧食不繼，加上調戍諸兵苦於瘴癘，實無致勝的把握[121]。

　　理宗不滿曾伯的消極答覆，九月二十七日的聖旨中，要求李曾伯主動結約諸蠻，說：「大理今歲旱荒，幸而雄飛肯任事，天予不取，是自失機。敵出都泥江，非比大理遠，諸蠻怨敵，必從王師，俾令結約，以爲制勝之本。」[122]李曾伯對理宗的指示，提出兩點解釋，第一：諸蠻附蒙與往年買馬失其心有關，二是從蒙古兵入寇田州以來，整整一個月雖未深入，也未退去。因此，先前吳以忠所報旱荒一事，若與蒙人硬忔勒所供蒙古在大理有米有肉相印證，其言難信。劉雄飛雖然勤於任事，慮事卻頗欠精密，加上廣西兵力不足，「難以支萬里幹腹之寇」[123]。但這樣的解釋，仍不能說服理宗，他在十月十四日的指示中又說，「因大理旱荒，人疲馬倦，生兵不增，可乘此機一大治之」，再度命令曾伯與雄飛、鄧進、朱廣用、雲拱等將領「相與共圖」攻擊大理[124]。曾伯雖聲稱「自當布宣睿意，勉勵事功」，但仍以俘獲的酋首硬忔勒的話強調，大理並無凶荒[125]。經李曾伯多次反覆解釋，加上自十月以來，淮、蜀相繼告急[126]，宋廷無力提供足夠的兵力，理宗只得打消攻擊大理的念頭，轉而要求追查大理自有年號一事。曾伯於奏報中指出，在淳祐元年，大理使者何智淵的書稱「道隆八年」，後來該國翰學楊淵回給董槐的謝狀則稱「道隆十一年」，顯示大理早有年號；至於自何時立年號、已有幾個年號，卻無法稽考。不過，自寶祐元年(1253)被蒙古所破後，即不存在年號的問題[127]。

　　宋廷與大理距離遙遠，又隔著羈縻諸蠻，對蒙古在其境內的活動實情，無法充分掌握，容易與前線產生認知的落差，影響政策判斷。爲掌握蒙古兵在大理確實數量，理宗遂要求李曾伯派人赴現地了解。李曾伯指出依《靜江府圖志》記載，自橫山至自杞國要六十八程，自杞須一天到大理。但淳祐元年，謝濟從邕州

---

121 李曾伯，〈回奏宣諭〉，《可齋雜藁・續藁後》卷7，頁30下-31。
122 李曾伯，〈回宣諭奏〉，《可齋雜藁・續藁後》卷7，頁44。
123 同上註，頁44-45。
124 同上註，頁49。
125 同上註，頁50上。
126 脫脫等纂，《宋史》卷44，〈理宗本紀〉，頁863-864。
127 李曾伯，〈回宣諭奏〉，《可齋雜藁・續藁後》卷7，頁63。

到大理國都，只須六十程，即邕州至特磨道為二十五程，特磨至大理為三十五程，共三千九百二十里。以往因諸蠻隔絕，宋與大理不易通聞問，除了謝濟以外，吳以忠和梁材僅到特磨道，無法確知蒙古屯駐大理的數目。以當時的情況而言，只有派最了解蠻情的謝濟，前去探聽[128]。不過，謝濟的主要任務是團結羈縻溪洞，掌握蒙古軍情(詳見下節)，大理只是他任務的一部分。開慶元年(1259)四月，謝濟呈上蠻酋岑邈的公狀及探到大理事情，指出蒙古「新秋又欲辦糧來窺」[129]。六月十五日，李曾伯奏邊事時，相繼接到邕、宜、融、欽鎮撫司、知欽州雲拱及謝濟，由探報人黃成、馮龍、唐宗及田進等，從不同地區，送回蒙古在大理及諸蠻活動的消息，說去年侵邕州的七、八萬兵馬，斃死之餘大約還有三、四萬人，屯駐在大理的阿毗、善闡、楚魏、建水、阿麻地頭，耕畬種麥，及攻打並降服羅殿，擬分兵攻莫大王路；與由利州得到的情報一樣，都表示蒙古「決在秋間行兵之說」[130]。說明蒙古已出大理，謀由溪洞進犯廣西，唯無法得到確切消息。

就在李曾伯與邊將苦於追查蒙古行蹤之際，蒙軍已在兀良合台率領下，再次由大理出發，經特磨道沿右江而下，攻橫山、透賓關，侵迫象州境。開慶元年(1259)九月二十二日，兵臨靜江府城下。這次入侵的蒙古軍中，有不少諸蠻，顯示蒙古在這個地區經營已久，遠非南宋朝廷在倉促間對諸蠻所進行的安撫可比。這也顯示在廣西內外遼闊的羈縻溪洞，更是宋掌握蒙古活動情報的重要地區。

五、羈縻州蒙情的蒐集及處理

大理與宋之間，有一個區域遼闊的少數民族分布帶，其中與湖北、四川相鄰的少數民族，吳昌裔曾於其奏疏中有相當詳細的介紹[131]。在廣西與宋相鄰的少

---

128 李曾伯，〈回宣諭奏〉，《可齋雜藁‧續藁後》卷9，頁3上-5上；〈回奏庚遞宣諭〉，《可齋雜藁‧續藁後》卷9，頁8上。

129 李曾伯，〈回奏庚遞宣諭〉，《可齋雜藁‧續藁後》卷9，頁17上。

130 李曾伯，〈奏邊事及催調軍馬〉，《可齋雜藁‧續藁後》卷9，頁32-33。

131 吳昌裔，〈論湖北、蜀西具備奏〉，《歷代名臣奏議》卷339，頁26-28上，總頁4403。

數民族建立的半獨立國家，有自杞、羅殿、特磨道、謝蕃、羅孔及安化蠻、南丹蠻等眾多羈縻部落。這些少數民族在宋與大理之間，形成兩國邊界上的緩衝地帶，其關係的變化則視兩者力量的強弱而疏密[132]。這些少數民族，不論是境內的溪洞，或境外的羈縻州、半獨立國家，均對南宋西南邊境的安危有重要影響。因此，宋廷歷朝所推動團結溪洞及藉買馬的手段羈縻這些少數民族，主要在鞏固邊防，並藉以打探大理、安南情勢的發展[133]。淳祐十二年（1252），知福州李鳴復在〈乞嚴為廣西之備〉奏文中，即指出蒙古抽兵二十萬入雲南「自曲納族節節透入……已至渭節村、風節村，十八族均已投拜。若得此蠻，長驅而往，則大理危矣，豈可不警。」[134]其後吳昌裔也指出，從廣西經略司據岑遜及謝濟呈報所見，「蒙古已破大小雲南，雲南與廣西為鄰，則廣西事體直可寒心。」[135]

因此，當蒙古軍攻大理，並欲由安南侵犯宋西南邊境時，掌握這些少數民族的動向，以及透過他們打探蒙古動向，便顯得非常重要。寶祐五年（1257）正月，李曾伯在湖南安撫大使兼知潭州兼節制廣南所上〈禦邊五事〉的奏文中，就指出「邊防所急，間諜為先」，廣西與淮、蜀的最大差異在「為蠻徭所隔，種類不一、語言不通，一介欲前，寸步有礙。稽之前牘，類以為難。前者數年以來，屢下邕、宜諸郡，選差體探。邕州嘗遣周超往羅殿，唐良臣、潘住往自杞，宜州嘗遣吳世聰等往特磨道。其去大理路程尚賒，而況蜀羌以西，又在遙邈，其所刺探或傳賊犯烏毋國、賊攻赤里國，往往得之諸蠻所傳，韃之進退，實不得而知也。……以此見得自廣遣間探韃，實非易事。」[136]十月，李曾伯向理宗奏報中，也提到羅氏、播州、南邊特磨道與安南，受到蒙古侵擾的警訊[137]。顯示諸蠻是蒙古繼安南後，攻宋的重要路徑，也是宋廷偵察蒙古軍事活動的必要途徑。

不過，早期宋廷所關切的是，蒙古在安南的活動，要到寶祐六年（1258）八

---

132 段玉明，《大理國史》，頁293-312。

133 黃寬重，〈南宋時代邕州的橫山寨〉，頁529-530。

134 李鳴復，〈乞嚴廣西之備〉，《歷代名臣奏議》卷339，頁25，總頁4389。

135 吳昌裔，〈論湖北、蜀西具備奏〉，《歷代名臣奏議》卷339，頁26上，總頁4403。

136 李曾伯，〈湖南安撫大使兼知潭州兼節制廣南李曾伯上禦邊五事奏〉，《歷代名臣奏議》卷338，頁4下，總頁4379。

137 李曾伯，〈繳印經略來箚手奏〉，《可齋雜藁‧續藁後》卷5，頁7下。

月一日以後，宋理宗才轉重視與諸蠻的關係，說「安南之事寇，故不可不防，諸蠻亦不可不得其心」[138]，諸蠻的動向也就成為李曾伯與理宗討論的重點。八月六日，曾伯向理宗報告蒙古已修路至都泥江，並向安南、自杞國討糧的消息時[139]，即指出西南諸蠻蹊徑雜出，朝廷須及早防備[140]。隨後，則提到諸蠻請求恢復買馬，且以馬政的興廢作為彼此關係發展的重要考慮[141]。更在九月十四日據探報人梁材、特磨道酋農士貴，和安德州黃周南的報告，獲知蒙古軍已到離特磨道二程的箇邏，以及進犯特磨道、諸蠻之事。此後，不論李德、吳以忠、梁材、黃炳、黃琰的消息，都指出蒙古欲由特磨道、安南進犯廣西，請朝廷加強邕州諸隘寨的防禦及情報的蒐集[142]，並在十月十二日回覆理宗指示時，提到蠻酋許忠義、岑邈父子等部無力抗蒙，除實力不足外，宋廷停止買馬，對彼此的關係影響甚大，不利於情報的蒐集[143]。

　　因此，當李曾伯檢討蒙古第一次進犯的原因時，認為要重建邊防，當以團結諸蠻為要務，他說「議者正謂連年失諸蠻之心，懼其為敵用，不為我用。今此一番寇入，諸洞不能不為敵害，亦有能出力拒敵，以所獲人馬來解者，正當乘此結約，以羈縻之」[144]，建議朝廷派對蠻情甚為熟稔的謝濟擔任總管，與劉雄飛共同籌劃、探聽敵情、修葺關隘及團結峒丁等事[145]。由於買馬對維繫宋廷與羈縻諸蠻的關係，至關重要，李曾伯要求謝濟親諭岑邈等蠻酋，如果今冬無寇擾，則來春互市。除買馬外，也以任官賞賜的方式，厚結蠻酋[146]，開慶元年（1259）三月十日，在理宗積極招攬蠻酋任官，「未有官者，補以官資，許之世襲。已有官者，與之循轉，仍厚支鹽錦，以結其心」的指示下，曾伯對劉雄飛奏在蒙古入寇時，「應接有立到功績」的九位蠻酋人，均給予「使、宣、指揮」等官

---

138 不著撰人，《宋史全文》卷35，頁48上。

139 李曾伯，〈奏節次調軍赴邕欽宜融捍禦〉，《可齋雜藁‧續藁後》卷7，頁8上。

140 李曾伯，〈回奏宣諭〉，《可齋雜藁‧續藁後》卷7，頁10下。

141 李曾伯，〈奏邊面及南丹州事〉，《可齋雜藁‧續藁後》卷7，頁29下。

142 李曾伯，〈奏為邊事〉、〈奏為邊報〉，《可齋雜藁‧續藁後》卷7，頁31-32。

143 李曾伯，〈回奏宣諭〉，《可齋雜藁‧續藁後》卷7，頁44下-45上。

144 李曾伯，〈回宣諭奏〉，《可齋雜藁‧續藁後》卷8，頁17下-18上。

145 李曾伯，〈回奏宣諭〉，《可齋雜藁‧續藁後》卷8，頁24下。

146 李曾伯，〈回宣諭奏〉，《可齋雜藁‧續藁後》卷8，頁30下。

職，「填給眞命」，同時更要求謝濟與劉雄飛商議具體方案，「不靳賞費，務令結約」[147]。爲了兌現承諾，宋廷充分支持給謝濟的費用[148]，顯見宋廷對團結蠻酋的態度轉趨積極。

透過羈縻溪洞，打聽蒙古軍情是謝濟的重要任務。開慶元年二月二十三日謝濟到邕州後，即與劉雄飛討論團結蠻酋與措置關隘的方案。三月八日，過老鼠隘，執行呼集峒丁、修葺老鼠、慕化等隘的任務[149]。此時，理宗對蒙古退回大理以後，「間探不明，敵報不的」的情況感到憂心，曾伯表示已責成「知蠻地，識蠻情」的謝濟來執行[150]。謝濟出橫山寨，相繼約見蠻酋，申報岑邈公狀眞本及透過蠻人探聽到蒙古在大理活動的消息，說「新秋又欲爲辦糧來窺」。但由劉雄飛、趙立人出邊，點視修葺關隘，與謝濟、岑邈等人結連諸蠻同時並進，相信比上一年的準備，更爲周全[151]。五月二十一日，李曾伯由劉雄飛、謝濟送到田進的探報，得知蒙古兵將分路出與邕州、宜州接鄰的南丹州與小龍州。爲爭取蠻酋的向心力，他贊同理宗厚賞溪峒酋長的作法，表示「此曹……不爲我用，則爲彼用，非少加恩賞，無以係其心」[152]。

謝濟與劉雄飛兩人間，雖曾引發不和的傳言[153]，但他們在打聽蒙古進兵的消息上，卻頗有進展。開慶元年六月十五日，李曾伯從邕、宜、融、欽鎮撫司帶回特磨道知道農士貴所申，由岑從進等差人探伺蒙古兵退回大理後的人數及消息，與知欽州雲拱所派唐宗等人的消息相近，並說「意在今秋八月間分兩路前來犯邊」，而由謝濟所派間探人田進到路城州等地，則打聽到蒙古兵在攻打羅殿之後，要分一項出莫大王路(南丹)，隨後田進到利州，得知到蒙古兵自正月退回後，駐屯大理、自杞兩地。在自杞的部分，是在莫賈壚造方倉一百七十八座，以及修寬一丈的道路；羅殿已向蒙古投降。另據龍川州黃安宗差人探聽的消息與利

---

147 李曾伯，〈回宣諭奏〉，《可齋雜薰・續薰後》卷8，頁42。
148 李曾伯，〈回奏宣諭〉，《可齋雜薰・續薰後》卷8，頁44下。
149 李曾伯，〈回宣諭奏〉，《可齋雜薰・續薰後》卷9，頁3。
150 李曾伯，〈回奏宣諭〉，《可齋雜薰・續薰後》卷9，頁4上-5上。
151 李曾伯，〈回奏庚遞宣諭〉，《可齋雜薰・續薰後》卷9，頁17。
152 同上註，頁24下。
153 李曾伯，〈回奏宣諭〉，《可齋雜薰・續薰後》卷9，頁31。

州一致，均指出蒙古決在秋間行兵。從劉雄飛、雲拱和謝濟三人，分別從蠻人溪洞得到蒙古消息，與先前張三秀及播州楊父的情報，顯示蒙古兵俟新秋侵犯之說相當可信，李曾伯乃緊急建議理宗，命外廷「早與多數增調軍馬，前來防拓」[154]。隨後，謝濟從橫山送到探報人鄭里、謝全關於蒙古軍正在九和、慕素等地的消息，曾伯並為安撫蠻酋岑邈與自杞國王郍句等人的向宋之心，承諾實踐明春買馬之約[155]。七月二十日，謝濟又送來三份邊報，一是蔣方據峨州隘官探報，指出蒙古兵三千餘突至特磨道，擬於八、九月間出宜州。二是招馬官黃祐臣提報效用韋瓊於六月二十一日到蠻國虛羅，忽見群蠻趕牛畜入三沙山。據加兆阿籠說，蒙古已領兵到謨假的地方，要攻生黎；又說蒙古已差耿低、阿周領兵到羅殿，要攻鼠郎沙。三是蔣方得自杞國王傳來蒙擬渡都泥大江的消息。這三項突然來的情報，顯示情況緊急，「若一渡都泥江，即是路城州，未免迫近橫山之境」[156]。知宜州彭宋傑也差派將佐李質到播州，向蠻峒打聽蒙古進兵的情報[157]。不久，劉雄飛的報告也指蒙古兵欲渡都泥江[158]。這些從不同管道獲取大量蒙古在蠻部進展的情報，說明謝濟與劉雄飛兩人偵察蒙情十分積極。不過，這些消息真假相雜，也影響布防的判斷。如八月初，正當曾伯向理宗回報，蒙古兵欲渡都泥江，可能是自杞欲與生黎相攻所傳出來的假情報時，蒙古兵已悄然發動由橫山渡來賓江的軍事行動了，顯示短暫的偵察行動，或想依賴諸蠻蒐集情報，並不能作出有利的判斷，甚且影響防禦部署。

　　宋廷想從諸蠻洞探聽蒙古軍情，在執行上要比在安南、大理複雜。特別是眾多與宋、蒙似密似疏的蠻部，如何爭取、利用與控制，對宋廷與李曾伯等人，都是在蒐集蒙情、應付戰局之外，更具挑戰性的難題。南宋中期以來，向蠻洞買馬時斷時續，團結措施趨於消極，諸蠻與宋關係益加隔閡，但宋守邊的官員對少數蠻酋習於在宋、蒙古與安南之間逢迎搖擺，則深惡痛絕。如寶祐六年（1258）七

154　李曾伯，〈奏邊事及催調軍馬〉，《可齋雜藁·續藁後》卷9，頁32上-34上。

155　李曾伯，〈奏催調軍及辭免觀文殿學士〉，《可齋雜藁·續藁後》卷9，頁34。

156　李曾伯，〈奏邊事已動〉，《可齋雜藁·續藁後》卷9，頁39上-40上。

157　同上註，頁40下-41上。

158　李曾伯，〈回宣諭奏〉，《可齋雜藁·續藁後》卷9，頁41上。

月，知邕州劉雄飛即指出：「兩江諸峒，習於往時，南邊單弱，猶有負固強梗者，如近日李維藩之惡，不去之，必致通敵爲患，此不容一切姑息。」雲拱與劉雄飛也向李曾伯提到，蠻酋的行徑「此等姦宄，人面獸心，平時猶梗吾化，有急必爲敵用」[159]，並指出上安州許忠義爲惡多端，及思明州的黃炳與安南關係深厚，諸女皆嫁陂國，左右多受安南官，與安南的關係如此親密，對宋未必親近，擔心成爲左江之患，建議朝廷採行激烈的處置手段。劉雄飛在向理宗奏報安南情勢時，甚至建議劉除黃炳。李曾伯的態度較爲持重，認爲「炳特一峒，陂乃一國。炳附陂之情固久露，陂附敵之跡猶未明」，爲免打草驚蛇，建議姑容炳過，藉此深查安南與蒙古的關係，不必急於去炳[160]。由於李曾伯沒有採取激烈的行動，此後，讓蠻酋也向宋朝提供了蒙古兵活動的情資，如李曾伯在同年九月十日奏邊報中即指出，從八月以來，透過探報人及思明州黃炳、路城州黃琰的探報，及從邕州獲得安南的探報，都證實蒙古騎兵欲取道特磨道、安南入侵[161]，說明宋在蠻洞地區偵察蒙古軍情的策略，多樣靈活，即使是對宋挾持兩端的蠻酋，也是爭取的對象。

許忠義和黃炳的情況相似。寶祐六年(1258)七月，劉雄飛曾向李曾伯指出，李維藩與許忠義兩人都是邕州橫山右江地區「負固強梗」的蠻酋[162]，許忠義因前任經略使徐敏子拔擢，逐漸坐大，今既有通敵爲患的可能，應予以消滅[163]。李曾伯對劉雄飛的建議，仍持保留態度[164]。隨後的探報也懷疑許忠義是引導蒙古入寇的人[165]，遂引發劉雄飛派兵劉除許忠義的行動，但因消息走漏，加上蒙古兵已進犯宋境，以致無法如願[166]。

劉雄飛等人對許忠義的猜疑，與實情並不相符。李曾伯在同年十月二十一日

159　李曾伯，〈條具邊事奏〉，《可齋雜薰‧續薰後》卷7，頁3。
160　李曾伯，〈回奏宣諭〉，《可齋雜薰‧續薰後》卷7，頁15。
161　李曾伯，〈奏爲邊報〉，《可齋雜薰‧續薰後》卷7，頁32下。
162　李曾伯，〈條具邊事奏〉，《可齋雜薰‧續薰後》卷7，頁3上。
163　同上註，頁3下。
164　李曾伯，〈回奏宣諭〉，《可齋雜薰‧續薰後》卷7，頁15下。
165　李曾伯，〈奏爲邊報〉，《可齋雜薰‧續薰後》卷7，頁34上。
166　李曾伯，〈回奏宣諭〉，《可齋雜薰‧續薰後》卷7，頁44下-45上。

向理宗的報告中，即指出「然繼傳忠義巢穴亦爲敵所焚蕩」[167]，顯然對先前說法有所修正。後來的報告，也只說「自舉兵以來，人疑右江溪洞陰有附敵，不爲我用」，已不專指許忠義。蒙古第一次退兵之後，李曾伯爲強化邊防，對溪洞諸蠻改採積極招撫策略，要求劉雄飛派人開諭許忠義的黨羽，不要在意先前的恩怨，希望「使之邀擊敵人，以立功自見，相與要約，毋負國家」，並允許買馬。不久，劉雄飛上報許忠義解到蒙古人的首級與衣甲軍器，及蒙古騎兵二人、馬一百匹。爲了嘉勉忠義的忠誠，雄飛即給付元印並許補官賞，優行支犒。曾伯一度懷疑許忠義「久不相順，突有此舉」的用心[168]，但隨後邕州通判趙立的報告，指許忠義與李維藩一樣，似爲蒙古所殺[169]。劉雄飛建議朝廷「乞與旌勸」[170]。開慶元年(1259)二月九日之後，李曾伯向報理宗，指出宋廷處理許忠義的事情，對諸峒酋具有指標作用，他已責成謝濟呈報實情[171]。但此後李曾伯的奏報中，均未再提及許忠義的事，後續發展不得而知。不過，從整件事情發展看來，由於宋廷長期疏於經營與諸蠻的關係，彼此關係疏淡，缺乏互信，此時應付緊急危難，急於掌握蒙軍動向，須在短期內建立偵察網，但不論宋廷或李曾伯、劉雄飛，都因長期對蠻情不夠了解、互動不足，加上情勢急迫，既未能獲得蠻洞的信服，自然難於蒐集到蒙古軍事活動的完整情報。

　　宋廷爲穩定與羈縻蠻酋的關係，也採取尊重傳統、接納現實的做法。此一現象，在南丹蠻莫氏家族的爭奪領導權上，充分體現。南丹蠻以莫氏兄弟爲首，但莫異德、莫異俊及莫異常兄弟，長久以來相互仇殺。寶祐五年(1257)，廣西經略司曾派幹辦公事郭公著前去安撫，令其和解。當時異俊希望離蠻境出任省官，但經略司不允。李曾伯上任後，適異俊殺其兄，諸姪流落他鄉。由於南丹蠻與大理諸蠻接鄰，蒙古、安南均易趁虛而入，曾伯怕異俊有異志，也擔心異德諸子報復，引惹事端，對宋不利。異俊以異德服毒身死爲辭，透過宜州請求派兵彈壓及

167　李曾伯，〈回宣諭奏〉，《可齋雜藁・續藁後》卷7，頁48上。

168　李曾伯，〈奏邊報并繳劉鎮撫書〉，《可齋雜藁・續藁後》卷7，頁57-58上。

169　李曾伯，〈回宣諭奏〉，《可齋雜藁・續藁後》卷8，頁21下-22上。

170　同上註，頁27上。

171　李曾伯，〈回奏宣諭〉，《可齋雜藁・續藁後》卷8，頁33上。

承認他酋長的地位。曾伯認爲異俊尚能尊宋，不致背負，既有氣力且得眾心，因此一方面派郭公著給榜，行下撫諭，一方面向理宗報告，建議尊重傳統，承認現狀[172]。宜州派人到南丹州訪尋異德諸子，並解到南丹州印記暫存宜州，而任異俊權管幹南丹州事，負責撫循峒落及防駐諸隘[173]。

李曾伯根據宜州等地查訪所得，向理宗報告莫氏家族信息，指莫異德有七子，眷屬五十九人，其中大發、大盟二人在宜州，已獲得保護，大剛、大寧都是七、八歲的幼童，留在南丹州。至於另三子大榮、大秀、大逞，據留在宜州的大發推測是，大榮、大秀二人在右江，大逞仍在南丹；大榮是武隆州酋的女婿，先奉異德之命，到武隆州借兵。曾伯令劉雄飛等派人深入溪洞，查訪異德眷屬，招至邕州，厚加撫卹，又令郭公著到南丹州搜訪，並要求異俊善待異德留存的眷屬。由於南丹州的環境、人事複雜，理宗告誡李曾伯「安異俊易，處異德諸子難」，更擔心若宋廷收留逃到宜州的大發，將招致異俊的疑慮，不收留又怕大發轉而投靠蒙古。曾伯體認此一複雜情勢，認爲不只要撫輯大發，更要對奔竄在外地的異德諸子婿眷屬加以安撫，以免流落，因此在柳州與象州之間，撥荒田以處置大發兄弟[174]；同時積極查訪異德流落在外的三名兒子，但不宜延大發兄弟到內地安置，以免引起異俊疑慮[175]。八月下旬，曾伯根據宜州繳送各峒首領的推伏狀，向理宗報告異俊已符合孝宗朝張栻奏議所稱「彼境兄弟舊亦曾相讎殺，亦是以諸峒首領推伏定論」，請認可莫異俊承襲，並將正式授印[176]。

但此時莫氏家族互殘的情況又起，原來異德的長子大榮自武隆州借兵回南丹，殺死異俊，並向宋高峯寨遞送公文申報，曾伯認爲這是「出於子復父讎，乃經律之所亮，若俾之子襲父業，亦眾情之所安」。爲了安定情勢，已令郭公著給榜撫卹，並待人心安定之後，給予州印[177]，只是擔心異俊的黨羽或尚存諸子會

172 李曾伯，〈回奏宣諭〉，《可齋雜藁・續藁後》卷6，頁50-51。
173 李曾伯，〈條具邊事奏〉，《可齋雜藁・續藁後》卷7，頁2下。
174 李曾伯，〈回奏宣諭〉，《可齋雜藁・續藁後》卷7，頁13-14。
175 李曾伯，〈回宣諭奏〉，《可齋雜藁・續藁後》卷7，頁16。
176 李曾伯，〈回奏宣諭〉，《可齋雜藁・續藁後》卷7，頁24。
177 李曾伯，〈回宣諭奏〉，《可齋雜藁・續藁後》卷7，頁29。

有反抗動作，將對宋造成困擾[178]。

　　到了開慶元年(1259)八月初，南丹蠻的情勢又有新的發展。當莫大榮正申請世襲誥命時，又遭他的叔叔莫異常及異俊的兒子大佐攻殺。異常向宜州申報。曾伯認為這種兄弟相互仇殺的事，在南丹州既已習以為常，只得承認現狀，「因而撫之」，已令宜州開諭莫異常等安輯其眾。由於牽涉的人眾多，情況更趨複雜，曾伯怕引發事端，除了安撫外，更「量調兵於高峯寨陰制之」，俟情勢穩定後，再令宜州派官前去，「更與支撥鹽錦、措置關隘，彈壓之也」[179]。從這份奏狀顯示，曾伯在緊急應付宋蒙戰局的情勢下，對於南丹蠻的內爭，除了先前撫輯的做法外，也著手調兵防備，顯然與穩定邊防有關。

六、結論

　　為抵抗北方金、蒙長期以來的軍事壓力，南宋在鞏固川蜀、荊湖、兩淮邊防線上，用力最深，成效也相當顯著。然而，當蒙古選擇採取夾擊攻勢，開闢西南戰場，企圖由雲南進犯廣西時，迫使宋廷需採取緊急應變措施，來應付新的考驗，而廣西也從北宋時期的邊陲，變成為南宋朝廷的後門。

　　廣西、貴州等西南地區除地形複雜，更有如安南、大理等不隸宋廷版圖的獨立國家，或眾多的半獨立政權。宋廷自江南建政以來，雖然與他們保持著經濟、文化的交流，但政治、外交關係上，卻相對消極、保守。因此，當宋廷得知蒙古平定大理、進犯安南時，為了能在短時間之內，在廣西地區營造出得以抗禦蒙古的條件，緊急調派當時出任湖南安撫使的李曾伯，兼任節制廣南軍務，甚至賦予李曾伯廣南制置大使的職權，作為理宗乃至宋廷在西南戰線的聯絡窗口，並負有前線戰略部署和指揮調度之責。

　　然而，廣西地區的瘴癘氣候，久為嶺北人所懼，而當地兵糧不足，城牆關隘失修，又地處邊陲，如何在倉促又艱辛的處境下，克服人力、裝備、後勤支援上

178　同上註，頁30上。

179　李曾伯，〈回宣諭奏〉，《可齋雜藁·續藁後》卷9，頁43上。

的阻礙，有效掌握邊報，並建立軍前與中央間完善的聯繫系統，對前線的李曾伯與後方的宋廷，都有許多亟待解決的難題。

李曾伯到任之後，首先面臨的，是如何確保與遠在臨安的皇帝及朝廷間，聯絡管道暢通且迅速無誤。在理宗一再地關切、要求下，李曾伯和湖南安撫使史嚴之，分別對轄下自臨安經潭州到靜江的軍遞鋪系統，加以改進。雖然未必均能達成理宗的要求，但在一般情況下，軍情的傳遞都還能維持十三天以內完成，在緊急情況下，甚至能在十天內，將消息自臨安送達靜江府；而從靜江府到前線最重要的據點邕州，一般則需要四、五天的日程。一旦蒙軍發動攻擊，宋之遞鋪遭到破壞或遞兵被殺，軍情傳遞時程則大受延誤，甚至中央與前線信息傳遞的管道也遭阻斷。正常鋪遞既受破壞，信息的往來傳遞只能繞遠路進行。如蒙古第二次發動攻擊，包圍靜江府城，並由靜江往潭州，分兵四出期間，李曾伯只得派官兵由廣東、福建往臨安傳遞消息，臨安則透過湖南安撫使，間接傳達朝廷旨意。

在戰時，宋廷爲了充分掌握前線戰況的發展，有效調度指揮，除了循正常行政管道，讓丞相、樞密院、尚書省與戰區最高長官保持聯繫外，皇帝與最高指揮官個人之間更建立緊密的聯絡管道。透過軍遞鋪的傳遞，確保信息管道的暢通，隨時掌握戰況，下達指令。李曾伯所著《可齋雜藁・續藁後》卷五到卷九，正是提供我們了解晚宋宋、蒙戰爭時，廣西戰場信息傳遞最重要的史料。

就體制上而言，朝廷與地方官員，乃至戰地指揮官之間，都有正式聯繫與指揮的管道，這在李曾伯進呈理宗的奏箚中隨處可見。如寶祐六年(1258)四月二十日，李曾伯的報告中提到安南給邕州的公牒，說「臣已將眞本一宗繳申密院」[180]。五月二十五日以後，李曾伯也向理宗提到探報人梁材對蒙古侵犯安南報告的眞本，繳申樞密院[181]。對理宗追問傳遞延誤一事，李曾伯除向理宗報告外，也將理宗的指示申樞密院，轉牒江西、湖南兩位安撫使[182]，對於恐因築城浚壕，妨礙農事而停役民力的事，也「已申具樞密院」而合併向理宗奏報[183]。

---

180 李曾伯，〈回奏宣諭安南事〉，《可齋雜藁・續藁後》卷6，頁10上。
181 李曾伯，〈回奏宣諭〉，《可齋雜藁・續藁後》卷6，頁30上。
182 李曾伯，〈回奏宣諭安南事〉，《可齋雜藁・續藁後》卷6，頁9上。
183 李曾伯，〈回宣諭勉印帥往邕奏〉，《可齋雜藁・續藁後》卷5，頁35下。

至於與丞相有關的事，如六年五月十六日關於欽州、宜州關守臣一事，李曾伯曾向前任丞相程元鳳報告，請理宗告知新相丁大全[184]。程元鳳是於四月辛丑被罷，丁未由丁大全接任[185]，七月二十五日曾伯的報告中，也說知欽州雲拱提到蠻酋許忠義為患的信，已繳呈新丞相丁大全[186]；對於南丹蠻莫氏兄弟相仇殺一事，曾伯也分別向丞相稟告，並將相關公文申繳樞密院[187]。甚至理宗也向李曾伯提到，他已論令朝廷派五千人入廣防秋[188]。這類經由正式管道向朝廷各機關傳遞信息的資料，在《可齋雜藁‧續藁後》中，不勝枚舉。不過，本史料重要的部分，仍是理宗與李曾伯之間，透過文字所傳達戰爭與軍事布防、情報蒐集的問題，這正是本文探討的主軸所在。

　　在宋理宗與李曾伯所討論的諸多議題中，蒙古軍情的偵察，無疑是其中最重要的一環。由於宋廷實力薄弱，面對廣西新戰場，如何透過眾多複雜的羈縻州及半獨立國家，以掌握蒙古動向，鞏固邊防，成為宋廷一大考驗。蒙古平定大理多年，對西南地區地理形勢的掌握與少數民族的控御，均優於宋朝。在如此不利的條件下，期望能在短時間之內，透過安南、大理以及複雜的羈縻州等管道，了解蒙古軍情動向，乃至蒙古與這些地區之間的關係，李曾伯顯然需要多方布置、多管齊下，才能達成使命。

　　李曾伯是廣西戰地的最高指揮官，也是廣西地區向中央傳遞信息唯一的管道，理宗與宋廷所有的指令與意見，也均以李曾伯為基點，傳遞發布，因此李曾伯在文集中所留下的資料，最能完整見證當時軍情偵察活動。從現有的資料顯示，李曾伯為了有效掌握蒙古軍情，動員了大批人力，從多方面、多管道進行軍情偵察工作，遂使此次宋、蒙的廣西戰役，同時也是一場大規模的情報戰。動員的人力包括宋廷正式任命的使臣(廖揚孫、楊慶成)、安南使臣(陳邦彥)、羈縻州(自杞)的國王、南丹蠻莫氏、部落酋長、俘虜(安南俘李小哥、宋軍所俘蒙兵)、

184　李曾伯，〈回奏宣諭〉，《可齋雜藁‧續藁後》卷6，頁24下。
185　不著撰人，《宋史全文》卷35，頁45下。
186　李曾伯，〈條具邊事奏〉，《可齋雜藁‧續藁後》卷7，頁3上。
187　李曾伯，〈回奏宣諭〉，《可齋雜藁‧續藁後》卷6，頁50下-51上。
188　同上註，頁22下。

安南漢族士人與官員、海賊，以及邕、宜、欽、融鎮撫使劉雄飛所派探幹人，乃至欽州、宜州、象州等地也分別派人四出打聽偵察，可以說宋廷與李曾伯爲了有效掌握蒙古活動的情資，極盡可能地廣布偵察網，延伸掌握情資的觸角。

在諸多偵察環節中，以最前線的劉雄飛角色最爲繁重。劉雄飛除負責最前線的指揮、布防，執行宋廷對蒙戰略之外，由於邕州地近安南、大理等地，更是前線探報蒐集工作的重要執行者。其次，熟悉蠻情的謝濟，也是後期宋廷與李曾伯所倚重的官員。在蒙古第一次發動攻擊之後，宋廷與李曾伯深感對蒙古與羈縻溪洞的關係，掌握不足，因此特別指派曾到過大理的謝濟，到橫山寨外，團結少數民族，協助軍情偵防。此舉顯然稍微化解宋與蠻洞關係，並有助於掌握蒙軍的活動；但當時宋蒙戰力懸殊，即使宋全力備戰，亦難以抗蒙，況且宋廷並無法如李曾伯所請，增兵防禦，加上倉促間難以查證情資的準確性，當然難抵擋蒙古的進犯。

從李曾伯與理宗往來的信息內容中，也能觀察到身處不同的位置，對信息的判斷與戰略決策，有不同的考量。在這段期間，李曾伯將所獲情報彙整之後，向理宗及樞密院等相關機構呈報，並分別提出經其判斷認爲情資不盡可信，或前後一致的部分，供理宗與朝廷決策之參考。不過，由於情資來源多元而複雜，訊息亦是逐步傳遞。急於了解前線消息的理宗和宋廷，往往僅根據一時的資訊，即下達指示，未考量前線情況可能已有變化。這類指示，常爲身爲前線最高指揮官的李曾伯帶來困擾。其中最嚴重的，要屬宋廷擔憂安南與蒙古關係過密，亟欲採取軍事行動，以及理宗由探報得知大理饑荒消息，欲藉此時機，派軍進攻大理，發動牽制性戰爭二事。

理宗擬透過廣西對安南與大理，發動牽制性的戰爭，既可能出自理宗根據有利情報所做的主觀判斷，也出於他身爲君主，對蒙戰爭整體戰略布局的考慮。在廣西受敵的同時，四川、湖北，乃至兩淮的前線，一樣面對著來自蒙古主力軍強大攻擊。四川在蒙哥親率大兵進攻的情況下，戰況最烈，相較之下，廣西未見立即危險，且偶有有利情報回傳。理宗與宋廷所以謀劃從安南、大理發動較大規模的牽制性戰爭，也許是期望能藉此轉移蒙軍注意，以降低四川、湖北直接受敵的壓力。爲此，理宗曾多次鼓勵、獎賞主戰的劉雄飛，而且批判李曾伯過於消極，

難符他的期望。

　　著眼與整體戰略布局的理宗，與位居廣西第一線統籌指揮的李曾伯，因此出現認知上的落差。面對與理宗戰略認知的歧異，李曾伯除了批評劉雄飛有勇無謀，未精密籌劃，並向理宗委婉解釋，廣西地區兵糧不足、兵力寡弱；加上軍隊對安南、大理地形不熟，大軍遠征危險性極大之外，李曾伯也再三利用新獲得的情報，向理宗說明不宜出兵安南、大理的理由，才改變理宗與宋廷的決定。不過，宋的兵力與後勤資源不足，才是最後真正讓理宗與宋廷打消念頭的關鍵原因。畢竟即使宋廷謀由荊蜀、兩淮、廣西三方會兵，對蒙古作戰，但蜀荊及兩淮之兵無法外調，從中央到湖南、兩淮等路，既無法全力支援廣西所需人力、物力，也只能尊重李曾伯的建議，放棄發動安南、大理牽制性戰爭的計畫。

　　從情報蒐集成效的角度看，宋在安南、大理及羈縻溪洞三方面的蒙古軍情偵搜工作，與這三者和宋、蒙關係的發展，關係密切。大理最早亡於蒙古，是蒙古駐屯重兵，以及經由安南攻宋的重要據點，是宋人偵察蒙古動向的重點所在。不過，大理與宋相距遙遠，既無直接外交關係，又有少數民族的蠻部相隔，最不利情報蒐集與傳遞。宋所獲得有關大理，乃至蒙軍在大理的動向，始終都只能透過羈縻溪洞間接取得，成效最低。然而，由於大理與四川接鄰，是蒙古在廣西之外，最可能對宋發動攻擊的區域，也是宋廷謀劃集結四川、荊湖、廣西三方兵力，發動對蒙牽制性戰爭的地區，因此宋廷也一直關注大理的情勢。

　　安南與宋、蒙的關係，則相當複雜。安南表面上奉宋正朔，實際上卻是自立年號的獨立國家，長期以來與宋維持著疏密不一的關係。南宋末年，由於蒙古的侵犯，安南陷入存亡之秋，既想倚宋求存，卻又無力抗蒙，只能採取兩面應付的手法，依違在宋、蒙之間；在得知安南向蒙古降服時，宋廷甚至意圖對安南發動攻擊。因此，當安南面臨蒙軍的步步逼近，與安南境土相接的廣西，唇亡齒寒的危機感最為直接。基於宋與安南長期以來的關係，復以眾多漢人在安南任官或從事貿易活動，宋廷在安南的情報蒐集，最易施展。在蒙古進犯安南期間，李曾伯除透過雙方使臣，強固彼此關係外，更多方派遣間探，偵察蒙古、安南之間的關係發展及蒙軍在當地的動向，作為措置邊防的依據。因此，從情報偵搜的角度看，宋在安南方面的成效最大，不過，安南最終仍因無力抗拒蒙古而投降，成了

蒙古攻宋的前哨站。

　　羈縻溪洞介於宋與安南、大理之間，由眾多少數民族所構成，種族複雜、不相統屬，或為宋之羈縻州，或呈半獨立狀態，與宋關係相當多樣。南宋雖較北宋更重視團結羈縻州，但自孝宗以後，疏於耕耘結納，使彼此關係趨於疏離，尤其停止買馬，更影響諸溪洞對宋的向心力。蒙古平定大理後，夾其優勢，深入羈縻溪洞，這些半獨立勢力無力與之相抗，遂成為蒙古滲透入宋的管道。蒙古既藉這些鄰近宋境邊陲的溪洞，滲透入宋，宋也需要以此地區，作為探聽蒙古軍情的管道。

　　然而，各溪洞種族繁多、勢力分散，依違宋、蒙之間，對宋或順或叛。宋廷先曾謀劃以軍事手段，強力剷除在宋、蒙間挾持兩端者，但在蒙古第一次攻進之後，宋廷有感於對羈縻溪洞掌握不足，便改變策略，派熟悉蠻情的謝濟，積極招納、團結羈縻蠻酋，以強化抗蒙戰力。此外，也採取承認現狀的政策，不介入羈縻州內部的權力爭奪，以安輯循撫為主，以避免少數民族離心，影響邊防。在此策略下，宋廷在羈縻溪洞廣派間探，偵搜蒙古軍情的工作，頗有斬獲。就情報蒐集成效而言，宋在羈縻溪洞的成績，僅次於在安南。無奈信息多元，布防倉促，情勢急迫，終難擺脫戰敗命運。

結 論

　　本書從中央集權政制對基層權力結構的形塑出發，觀察宋代政治發展脈絡中基層武力與基層社會的面貌；進而探討地方勢力與菁英家族的政治抉擇，對其生存發展的影響；再由中央政局變動與訊息獲取的視角，追索決策形成的動態過程。在此之上，進一步嘗試分析政策由制訂到推動執行的過程中，爲因應內外環境不同的刺激與挑戰，必須有哪些的調整與因應；這些應對之策又造成什麼樣的轉變與影響。

　　各章討論以政治思維和政治運作爲主軸，貫串社會史、軍事史、地方史、家族史等領域，並從基層、動態的研究視角，進行跨領域的整合性觀察，藉以重新詮釋原本分屬不同領域的議題，期有助於豐富中國近世政治史研究。宋代政治史涉及範圍廣泛，本書僅藉各章所及議題，分別加以討論，本章則擬對各篇所論及的政治發展與運作過程，提出綜合性結論，冀能增益學界對宋代政治的理解與認識。以下分別從中央集權與基層權力結構、地方勢力與政治適應及政局變動與訊息流動三方面，加以說明。

一、中央與基層的權力互動

　　「強榦弱枝」是有宋一朝立國的基本政策，也是宋代政治發展的基調。宋廷透過集權中央、削弱地方的政策，改變了唐末五代割據自立的局面。此即趙普答太祖之言：「唐季以來，戰鬥不息，國家不安者，其故非他，節鎮太重，君弱臣強而已矣。今所以治之，無他奇巧也，惟稍奪其權，制其錢穀，收其精兵，則天

下自安矣。」[1]權力、財賦、武力三者由地方往中央移動，既是強幹弱枝政策的貫徹要點，也是中央集權政制賴以形塑基層權力結構的依據。以往宋代政治史研究多側重典章制度的闡述與上層結構的討論，較少貼近基層社會的政治面向。其實，若能由基層角度著眼，觀察各項地方制度的設計背景、地方社會的權力結構、中央與地方互動關係，以及各項制度爲適應不同時空衝擊下所作的調整與轉型，相信有助理解政治力與社會力的交會實況，也能對宋代政治與社會秩序的形成與轉變，有較豐富多元的認識。本書探討巡檢、弓手與基層社會，正是此意。

武力是國家政治體系的重要結構，也是展現統治力的具象形式，歷代治亂往往都與武力組織與流動關係密切，討論帝制中國下國家統治與社會秩序的連結互動，不能忽視相關課題。趙普所謂「節鎮太重」，需「稍奪其權、制其錢穀、收其精兵」，正顯示歷經了晚唐五代的政治變局，趙宋政權建立後的首要施政目標即是以唐五代爲鑑，藉由制度制訂，調整既有權力結構，建立新的政治秩序。宋廷規劃、調整基層武力型態與組織結構，並藉以重新塑造國家統治模式，向基層社會伸張政治力，達成社會控制、鞏固政權的目標。宋仁宗時期，范祖禹論宋初「分天下爲十八路，置轉運使、提點刑獄，收鄉長、鎮將之權悉歸於縣，收縣之權歸於州，州之權歸於監司，監司之權歸於朝廷」[2]，說明這種「上下相維、輕重相制」的權力結構，是中央統治得以深入基層的關鍵。巡檢與土兵、縣尉與弓手這兩組在唐末五代已出現的武力型態，到宋代成爲中央統治力深入地方基層的象徵，也是因應非常時期的社會失序常見的角色。

巡檢的沿革是觀察由唐至宋武力體系演變的適當題材。巡檢萌芽於晚唐代，屬於基層、低階武職，至五代本應進入制度化階段，卻因朝代祚短、政局混亂，反使巡檢職能與角色趨於多樣，明顯呈現制度過渡期的特徵。五代時期不僅存在晚唐的基層低階巡檢，又分化出帝王親信的上層、高階的巡檢，他們擁有雄厚的軍政實力，對五代政局的變化具有影響力。巡檢制度的分化，可視爲五代時期戰

1　李燾，《續資治通鑑長編》卷2，頁49。
2　《宋史》卷337，列傳96，〈范鎮／從孫祖禹〉，頁10796。

爭頻仍所導致的戰時性措置，在當時特殊的軍政環境中，連帶造就了若干權勢凌駕君王的高階巡檢，叛逆之事時有所聞。巡檢職能多樣的現象，一直延續到北宋初期。趙宋政權初建，宋廷基於強榦弱枝的立國政策，透過重建武力隸屬系統及運作模式，強化中央權威。日後隨著宋對遼、夏戰事漸趨平息，宋廷進一步將巡檢布置重點，由邊防轉向境內社會秩序不穩之處。是以，高階巡檢漸減，巡檢日漸轉爲維持地方治安的低階武職，統領土兵駐守鄉村險要之地，成爲此後中國王朝的基層治安武力之一[3]。

與巡檢相應的宋代基層武力，是縣尉所轄的弓手。唐末五代，地方弓手本由藩鎮所屬的鎮將領導，導致武力私人化，成爲五代的政治特色與亂象本源之一。趙宋政權建立後，重新設置縣尉，以削弱鎮將權力。宋廷將鎮將所轄下具私人武力性質的弓手，改歸中央派任的縣尉統率；日後更將弓手納入職役體系，由地方百姓充任，與巡檢、土兵共同構成宋代維護地方治安的常態武力。然而，維持地方治安的弓手改由地方人士承擔後，相對也因其身分同時代表政治力與社會力，不免在實際行使公權力時，拉鋸擺盪在中央統治與地方利益的不同考量間，顯現政策在地方社會落實的過程中，因時空變化自然而生的差異性對策。

除了武力隸屬的板塊移動與掌控機制的變化轉移外，宋代基層社會也隨著國策與政局的變化，形成相應的權力結構；其中，「縣」尤是觀察此權力結構與其運作的最佳基點。誠如范祖禹所言「鄉長、鎮將之權悉歸於縣」，宋代的縣承繼五代鄉長與鎮將所擁有的基層行政權力，是宋代行政運作的末梢，縣官則是王朝權威的象徵。趙宋透過行政體系設計，掌握地方社會，並在北宋中期以前得到貫徹，但在基層社會的政治場域中，卻也逐漸出現地方勢力的發展空間。

在有宋一朝的行政體系下，縣官固然代表中央權威，執行公權力，但卻多因官員輪調與避籍等規定，領命治理非本籍之地，且任期僅在二至三年之間，造成地方施政重點因人而異，延續性不足，建設難繼。縣官必須仰賴胥吏執行庶政、

3　苗書梅，〈宋代巡檢初探〉，《中國史研究》1989年3期（1989，北京），頁41-54；〈宋代基層社會管理體制的重要一環：巡檢問題再探〉，發表於「第三屆中國史學會：基調與變奏──七至二十世紀的中國國際學術研討會」（台北：國立台灣政治大學等，2007）。

催集賦稅，依仗弓手、土兵維繫治安，縣政方能順利運作。至宋徽宗時期，北方遼、金壓力不減反增，宋廷又推動各項耗費巨大的政務，對財賦倚賴更殷，財政中央化越趨明顯，苛擾急徵激起民變，外患內亂相繼，嚴重衝擊江南社會。當政治環境驟變、社會秩序解體之際，尤賴地方權勢之家出錢出力，協助平亂，並幫助推動在地建設及教化工作，以維繫基層社會的穩定運行。南宋強鄰壓境，國防軍事負擔加重，財政壓力遽增。宋廷雖加強鹽茶專賣以爲國庫開源，卻反造成走私貿易猖獗，武裝變亂紛起，地方治安與建設負擔愈形沉重，地方官員更加仰賴地方勢力協助，地方勢力對基層社會的影響力也因此大幅提升。

宋代和此前中國歷代王朝一樣，都存在代表國家政治力的中央政權與代表地方社會力的地方勢力，兩者的關係也隨政治環境變化而有不同的發展互動。不過，宋代特殊之處在於，以財力自雄的地方豪雄及以知識謀生的士人群體因社會經濟發達與科舉制度勃興，而有了在地方社會發揮影響力的空間。從北宋到南宋，不論基層武力或行政體系，都體現中央透過制度規劃，引導國家政策走向，向基層伸展統治力的意圖。然而，隨著內外環境變化，宋廷爲適應時勢、反映現實需求，也必須調整策略，適切修正各項政策、制度。在此過程中，反而爲地方勢力創造了發展空間，使縣政運作出現官府與民間、政治力與社會力既合作又競爭的互動現象。此一趨勢，是趙宋政權制訂規範、推動政策之初始料未及的。

在宋代，基層事務往往必須由代表朝廷執行公權力的官府，與由士人豪富之家組成的民間力量，協力合作，方能順利開展，顯示政治力與社會力包容共治是基層社會的主要型態。這種情況自南宋延續至明清各代，表現雖然強弱有別，卻構成了中國基層社會運作的基本樣貌，也成爲探索中國近世以降基層社會發展的重要線索。

二、地方勢力與政治適應

趙宋的立國政策不僅影響其政權性格，更關乎菁英群體與政權之間的關係。宋廷推動重文政策，以科舉取士，優容文人，也同時強化了士人的忠君觀念與社

會責任。士人因參與朝政，落實社會關懷，進而成為宋代的政治、社會主體，其春秋大義、夷夏之防等思維也逐漸擴散至整體社會，形成宋代文化的重要特質。然而，面對亂世危亡存續的挑戰，這些價值觀便不得不隨之調整，以維護地方利益，謀求生存。

宋金交戰後華北地方勢力的變化就是明顯的例證。宋金由和轉戰以來，女真人挾其騎戰優勢，迅即渡河破汴，以致徽欽北狩，宋室南遷。在此巨變下，華北遭受嚴重破壞，社會秩序崩解，抗金義軍等諸多民間自衛武力在淪陷區趁勢而起，各據一方。面對效忠遙不可及的南宋王朝和直接統御當地的新政權，他們或是始終如一，或是依違反覆，情況不一。迨金人扶持的劉豫齊政權建立後，華北政局逐漸趨於穩定，這些活動於華北的地方勢力為求生存發展，不得不在宋、金、齊之間，作出政治抉擇。其中，尤以洛陽一帶的地方勢力情況最為迫切。

洛陽是北宋西京，也是宋皇權象徵的皇陵所在。宋金交戰時期，洛陽雖迅速淪陷，但金尚無法全面實際統治，絕大部分地區仍為活躍於當地的多股地方勢力所盤據。這些擁眾自重的豪強成為各方政權拉攏的對象，而以擁護南宋王朝的翟氏「忠護軍」勢力最大，受宋廷之命保護皇陵。齊劉豫政權建立後，視翟氏為眼中釘，亟謀剷除之。原隸翟氏麾下負責護陵的豪強孟邦雄，則因冀求建功立名，改投金、齊，並助劉豫挖掘宋皇陵，以示效忠新政權。此舉激怒長期忠宋護陵的翟氏，其串聯山寨餘眾，圍攻洛陽城，擒殺孟邦雄家族等千餘人。翟、孟等人本是趙宋統治下的洛陽豪民，在亂世中以武而興，奉命護陵，甚受宋廷寵遇。宋室南渡後，無力馳援淪陷區，洛陽頻受內外衝擊，地方武力孤軍在外，對他們而言，新舊王朝更替意味著生死存亡的關鍵時刻，挑戰最直接，其政治抉擇與政權認同因而充分反映理想價值與現實情境的差距。

若以承平時期強調的春秋大義、夷夏之別等忠逆二分法，檢視混亂時代下渴望安身立命的人群，往往難以盡得其情；必須將他們在理想與現實間所面對的衝突納入考量，方得其實。生存問題對身處淪陷區的地方人士尤顯迫切，在存亡絕續的現實壓力下，承平時期所持守的國家認同和忠君觀念勢必需要因應政治環境有所改變，甚或賦予新的詮釋。南宋初年翟氏與孟氏為皇陵而戰，乃至宋元之際李全叛金投宋、叛宋投蒙，到其子李璮再度叛蒙投宋的反覆過程，都可作如是

觀[4]。這種面對生存所作的政治抉擇，正是社會力爲因應現實所採取的對策。

即使是看似寧靜無波的承平時期，各種地方勢力群體同樣也會因國內政治環境轉變而起落興衰。有別於過去對士人家族研究，從家族延續或社會流動面向，討論家族發展策略與安排，本書由「衰替」角度切入，觀察國家政策的轉變如何影響族內乃至族際團結，甚至導致地域士族整體的沒落。這樣的討論不僅有助平衡看待家族的實際發展，也可以從反面呈現維繫家族的關鍵因素。

南宋時期，四明地區的史氏、樓氏、袁氏、高氏、汪氏等士人家族，因科舉興家旺族。他們彼此援引，建立堅實的人際網絡，在朝廷與地方累積豐沛的人脈與社會資源，成爲影響中央政治與地方社會發展的要角。當地的講學辯論、詩社、鄉飲酒禮興復、學舍修建、造橋鋪路、施濟，乃至具有地域色彩的鄉曲義莊的推動，都是當地士人由個人出發，透過群體合作所累積的成果。在慶元黨禁之前，四明士族參與中央朝政者眾，一度壟斷政局，並協力推動學術文化活動，影響力達到顛峰。嘉定時期，史氏叔姪、袁氏父子及高氏家族，政壇表現尤勝其父祖，但卻旋因政見相左，由群體合作走向分化對立，整體凝聚力和向心力開始鬆動。

從寧宗到宋亡，四明地區士人家族先後受到四波政治浪潮衝擊，原本相互扶持發展的榮景逐漸消退，最終趨於沒落。其中，慶元黨禁與史彌遠當政時期朝政爭端所引發的政治風暴，多數四明士族都牽涉其中，不論政見歧異或利益衝突，均導致族內與族際人際關係疏離，甚至交惡，破壞地區一體共榮的認同感，造成士族間彼此競合乃至對立的局面。其後賈似道當政，極力排擠四明人士，顯示在政壇權力交替中，新執政者對四明士人往昔壟斷政局的反彈與壓制。此舉使原已存在家族內部與族際之間的矛盾與認同危機加深，既導致個別家族的衰敗，也影響整個地區的發展。

多次捲入政治風暴之後，部分族人基於政治理念的差異，逐漸淡出政壇，挾著原有富裕優渥的家境與人際關係，轉而追求藝文與精神生活，或關注醫療養

4　黃寬重，〈割據勢力、經濟利益與政治抉擇——宋、金、蒙政局變動下的李全、李壇父子〉，收入國立台灣大學歷史系編，《世變、群體與個人：第一屆全國歷史學學術討論會論文集》（台北：國立台灣大學歷史系，1996），頁87-106。

生、營造品味生活等面向。家族與個人發展目標與人際關係網絡既已轉變，四明
士族之間先前所塑造的共榮內涵與風貌也不復再現。蒙元政權建立後，由於對新
政權的認同歧異，更加速四明地區名門望族如史氏家族與西門袁氏家族的沒落。
相對地，後起的南袁氏一族因選擇歸順新政權，獲得元廷信任，轉趨興盛，卻也
肇致兩個袁氏家族的疏離與交惡。這個事例從另一側面體現政治理念與認同，乃
至因應環境變化所做的政治抉擇，既左右家族興衰發展的命運，也對地域社會的
整體發展有著深刻的影響。

　　豪富與士人是宋代地方社會的菁英群體，以其財富與人望為資源，參與日常
庶務與地方建設，協助排解糾紛，是維護基層社會秩序的重要角色，也是地方政
治優劣的衡量標的。他們參與地方政務運作甚深，從而因在地政治資源瘠富而有
大小久暫之別，也受國策走向與政治局勢左右而有興衰起落之變。洛陽豪雄與四
明士族分別是亂世與承平時期發展面貌各有不同的社會群體，將其興衰起落與現
實政治發展結合觀察，可以觀察到地方群體為適應現實環境所採取的對應性策
略。較之以往從春秋大義或婚姻網絡等通則性觀點，或許更能貼近現實環境，有
助於較真切地理解歷史的發展。

三、政局變動與訊息流動

　　從國家對外關係觀察，國內政策走向與政局變動既影響外交策略，也左右了
執行者的仕途，更直接關係著戰事成敗乃至國家命運。透過訊息傳遞與戰略取捨
等層面，探討中央與地方、中樞與前線、君與臣之間的互動，將對掌握執政者的
政治立場與戰略部署，以及資訊取得與帝國決策間的連動關係，有所助益。

　　北宋晚期，程節、程鄰父子經略廣西的變化，是觀察政策變動對個人與國家
影響的例證。在新黨執政期間，程氏父子配合朝廷開邊政策，以武力為後盾，經
略廣西，推動教化，深化宋廷統治廣西的力道，也為南宋對西南地區的開發與經
營奠定了基礎。此時，廣西漸由化外之地轉為趙宋的西南門戶，程氏父子個人與
家族發展也臻於顛峰。然而，當舊黨接續新黨執政，舊黨出於政治鬥爭及實質經
營效益，西南邊策幡然轉為消極退縮。此一轉變顯現宋廷的廣西經略政策因新舊

相互杯葛，而在積極拓邊與安撫羈縻之間，搖擺不定。身處在變動頻繁的政治環境中，程氏父子的經營成果無法獲得肯定，難以再展長才，甚至阻礙了往後的仕途發展。西南邊策退縮，也使宋廷失去經營西南邊地的大好先機，一旦外敵挾游騎優勢，由大理進犯南宋，便成爲宋廷的廣西經營與戰略部署的嚴峻考驗。這在南宋晚期的宋蒙戰役中，得到驗證。

　　宋室南渡以後，苦於應付來自北方的金蒙壓迫，只能傾力支撐江淮戰線，以維繫政權命脈，難以有效兼顧西南防務；反觀蒙古平定大理有年，對西南地區的掌握與對少數民族的控御均優於宋朝。南宋晚期，蒙哥汗發動三方攻宋戰役，李曾伯倉促受命負責廣西防務。由於宋廷實力薄弱，且已錯失西南經營先機，想在情勢複雜的廣西戰場扳回劣勢，必須仰仗眾多羈縻州和半獨立政權協助，大規模蒐集蒙古軍情動向情報，以爲因應。因此，李曾伯上任後，爲掌握蒙古在大理、安南等地的軍事部署與攻擊路線，動員大批人力，經由安南、大理及羈縻溪洞三方面，進行多管道的情報蒐集。李曾伯亦於宋廷所在的臨安與駐地靜江府之間，建立軍遞鋪作爲緊急聯繫系統，確保情報訊息來往迅速無誤，定時向朝廷匯報軍情發展與戰略建議，以利中央與前線間的指示與訊報的傳遞。

　　這時宋朝所面對的是一場史無前例、危及社稷生死存亡的戰役。在臨安的理宗與在前線的李曾伯由於立場不同，對訊息掌握以及戰略考量有別，因此在決策與執行之間歧異甚鉅。在《可齋雜藁》中，往往可見宋理宗根據一、二項線索，即下達指令，改變戰略方向，其指令或出於對蒙戰略的全面性思考與調整，卻形成前線指揮官李曾伯極大的壓力。李曾伯評估宋軍戰力與西南邊區經營成效，深知中央戰略指示難以執行，無法符合理宗期待，因而不斷以新獲情報爲佐證，上奏爲原訂戰略辯護，期盼獲得君主認可。這些作爲充分體現戰時體制下，宋廷動員與部署的實況，以及中樞與前線、君與臣之間複雜而多樣的關係，與對情報運用和判斷的差異。從君臣不斷往返的聖旨與奏摺中，既看到理宗時而奮勵、時而焦慮的心境變化，也看到前線李曾伯難以有效獲得支援，需獨立面對驟變的戰況，並承受君主指責的無力感；同時也呈現出，不同立場對訊息掌握與政策執行的差異，以及政策與對策之間的落差。

　　《可齋雜藁》更揭示出兩宋戰略布局的轉變。此時皇帝固然對臣僚多有指示

與責難，但中央與前線、君與臣之間反覆論辯溝通的分量大幅增加；雖然「將由中御」的基本方針不變，但相較於宋朝建立以來以陣圖指揮作戰等作法，差異甚大[5]；顯示到南宋晚期，在臨安的宋廷面對三面包夾的強大外患，對西線烽火已經鞭長莫及，無力持續貫徹直接指揮的傳統。此一決策權轉變的現象，與晚宋鎮撫使一職短暫再現的歷程、前線將領乃至統帥的指揮權的擴大，以及南宋地方武力發展，都說明南宋政權為因應時局的變化，在不悖離強幹弱枝的原則下，政策調整更為彈性而靈活。李曾伯與理宗的反覆溝通，除可理解政策指示與執行之間的落差外，更可以視為趙宋政權性格在南宋所出現的調整與轉變。

從宋蒙廣西戰役可以看到兩宋經略廣西的發展軌跡，與南宋經營西南門戶的最終結果的背景。儘管北宋晚期程節、程鄰父子經營廣西地區取得了一定的成果，但權威性強的中央政策反覆，以致西南經略不夠深入，難以持續；復以南宋疏於耕耘，與蒙古相較，顯然有所不足。因此，在李曾伯領導廣西抗蒙前後近三年間，雖多方蒐集情報，奏報過一百四十二份奏箚，無奈訊息多元，布防倉促，情勢急迫，加以戰力懸殊，宋廷最終難以擺脫戰敗的結局。

5　曾瑞龍，《經略幽燕：宋遼戰爭軍事災難的戰略分析》（香港：中文大學出版社，2003）；吳晗，〈陣圖和遼宋戰爭〉，收入氏撰《歷史的鏡子：吳晗講歷史》（北京：九州出版社，2008），頁92-101。黃繁光，〈論宋真宗對遼作戰與陣圖使用的關係〉，《淡江史學》17期，頁43-66。王曾瑜，《宋朝兵制初探》（北京：中華書局，1983）。

後記

　　經歷長時間的淬鍊，本書終於能在眾多師友的祝福與期盼下順利出版，內心的感慨與感激難以言喻。

　　我對歷史的興趣部分源自家庭基因，更多則來自成長經歷。少時生活看似平穩無波，實則在在湧現政治與社會的內外衝擊。少不更事的我身處其間，亟欲理解自身處境；隨著年歲漸長，我的渴望匯聚爲社會關懷，也引發了探尋時代變遷源頭的企圖心。我因緣際會走進了南宋，從此埋首於這個時代特有的風景，至今已逾四十年而不知老之將至。

　　我選擇以南宋爲學史志業，固然與寄現實關懷於歷史世界有關，但更重要的原因在這個時代是歷史研究中尙待開墾的園地；且不論數十年前的史學界，即便時至今日，南宋都是塊尙待拼補的歷史地圖。在學史之路上，我因個性與興趣使然，選擇了與前輩們不同的方向。我從文集入手，冀能以異於往昔的探討方式，了解更爲豐富多樣的歷史圖像，一方面從宋元交替的朝代更迭，漸及於兩宋之際的南渡伊始；另方面由邊緣人物與地方事務切入，從側面理解政治問題，進而討論社會性議題。

　　透過生活在遙遠過去人們的主觀眼光和隻字片語，去拼湊出一個完整的社會圖像與時代發展脈絡並不容易，多年來我只能藉著各類專題，一點一滴串聯這些歷史片段的輪廓。然而，研究議題多樣，我自己興趣多元，有時雖能抓住若干呈現時代特質的主題，卻時常淺嘗即止，未能深入；有時則限於個人學力，不敢輕率涉足經濟、思想等在南宋更具意義的領域，以致四十餘年來所拼織的南宋史圖像，至今還是一片片零散的碎花布，雖有模糊的輪廓，而無清晰且完整的樣貌。這種無法求全的窘困，固與研究取徑有關，另來也是受自身學養所限，臨老雖有

感悟，卻也無可如何。

本書雛形發想於我結束多年的宋代家族研究，將之編整為專書出版之際。當時我甫脫身心困境，人生再次充滿壯年旺志，自我期許能在新的研究階段中，嘗試從較大的問題框架出發，梳理、整合個別歷史課題，不再侷限於單一的個案研究。適巧余英時院士與鄧小南教授兩本宋史研究巨著相繼問世，兩書的政治文化討論對宋史學界和我個人都有不小的影響；而後承鄧小南教授之邀，加入信息渠道研究專項，遂觸發了我從基層結構、政治適應與訊息流動三個側面探討南宋社會，進而整合於政治觀察之下，匯集成專題性書冊的規劃。

此時，國外已不乏對既有政治史的檢討，或對社會史、文化史，乃至敘事書寫的反思，而國內學者也基於研究經驗與學術傳承之需，重新認識政治史研究的意義。是以書稿初規劃時，我自忖個人的歷史觀察與寫作型態，著重多視角關照，期望收攏各種社會圖樣，以回應當時的政治發展情況，或可為國內長期沉寂的政治史研究提供新的討論方式。為求在本書中更細緻說明自己的政治觀察構想，我在書稿修訂過程中，翻閱若干討論國內外歷史學發展的作品，方知自己學史歷程的土法煉鋼，無形中竟與國際間重啟政治史研究的氛圍相映成趣。

長年在行政與學術中兩頭燃燒，我的研究是攻錯他山少，埋首造車多。得知自己的理念與國內外學人的史學研究反思殊途同歸，一則喜於學問的探索總能四海同鳴，另則也開始苦思書中原有的「新政治史」新意何在，自己的研究理念又能否為學界增益。其間雖有亟欲出版之心，卻遲遲無法釐清思緒，竟致難以成稿，心情之困頓實難以筆墨形容；書名再三改易，正是我思緒幾度轉折盤桓的寫照。直至今春，我終於能為自己、為本書的政治史研究勾勒出妥適的定位——其新意不在改弦易轍，而在返約為博；既是回歸，也就毋須標舉為新視野、新途徑——遂決定在最後一次整理文稿後送交出版審查。審查過程相當順利，無奈此時健康再亮紅燈，我自知已無拖延本錢，乃在獲得審查意見之後全力修訂，終有今日的順利出版。

歷經無數的煎熬與困頓，本書有幸能獲學界賜正，要說的話和感謝的人很多很多。四年來，我既遭逢生涯重大轉折，也再一次面臨生命挑戰。2009年，有感於長年身兼繁瑣而沉重的行政工作，身心已無力應付，我選擇卸下公職。幸得時

中興大學蕭介夫校長、中央研究院歷史語言研究所王汎森所長諒解，以及長庚大學楊定一董事長與包家駒校長的接納，方能轉換跑道，暫時退而不休。兩年來，我在良好的醫療照顧下，既得化育英才之樂，又能有較充裕的時間回歸研究，讓暮年人生尚能發揮餘溫。

　　和前次出版《宋代的家族與社會》時情況類似，此次整理書稿我再逢生命交關的時刻。我與內人錦香原期盼退休後能頤養天年，然而近三年來卻相繼致病。雖在王惠暢與莊正鏗兩位名醫的悉心照顧下，得以重拾彩色人生，但對我們的後半生卻是一項冷酷的警訊。以往忙忙碌碌面對事務、想改變一切的雄心大志心態，勢須調整，放下重擔，尋找一個平穩的生活方式。目前一時未必能完全做到，但已逐步放慢步伐，調整態度，重新面對人生。慶幸的是，這三年來子女各已成家立業，奕霆與佳慧正展布新局，奕雯、柏戎為我帶來予寬、予方二孫，事業也穩定發展；子嗣有繼，煩惱不再，人生實可無憾。

　　本書文稿整理修訂頗費時日，幾至心力疲困。幸有昔日學生何晉勳先生費神重輯並提供修改意見，使全書主題逐漸聚焦，以之串聯本書收錄的每篇論文，且逐一調整、修訂。熊慧嵐小姐多年來擔任我的助理，全心全力協助我處理研究以及庶務行政等雜務。她心思細密，處事認真，以溫和而嚴肅的口氣與我討論問題，讓我對每篇文章、每段文字都得費心思量修正，重新梳理，助我最多。陳雯怡女士與雷之波先生協助本書英譯；曾美芳小姐和童永昌先生協助修訂表格與文字，檢核史料，減少失誤。兩位匿名審查人的修訂意見，俾使本書從概念、論點到細部文字都能有所提升，讓本書修訂獲得尚稱滿意的結果。李孝悌兄掌理中央研究院專書出版重責，除為本書提供補充意見，更能秉公處理，尋覓公正審查人，為學術把關，精神可感。本書承蒙陶晉生老師惠賜序文，嘉勉有加；陶老師不但是我的碩士、博士論文指導教授，長年來更對我的研究與健康關懷備至，尤為感謝。王德毅老師及眾長官師友的盛情照撫，難言謝於一一，謹藉本書表達永銘於心的感激之情。

　　我自知餘生不長，卻仍對畢生衷心致力的南宋史研究有些新的想法，希望持續以赴，對人文社會學界懷抱熱忱，希望協助改善。雖是老大帶病之身，但曾經徘徊於人生幽谷的經歷，更讓我萌生積極旺盛的意志，以面對未來的各種挑戰。

即便於今大小病痛不斷，得定期接受各種檢查，迫使我不得不放慢生活與工作的步伐，但我的腳步卻不會就此遏止。我仍將保持青年時期樂觀進取的心境，繼續耕耘人生、學術與我對社會的志業。

我的人生歷經艱澀，卻承載厚重關愛與照護，因此雖有曲折卻不掩精采，在在都讓我由衷感謝。錦香、子女與兄姐家人既擔心我的健康，又無力阻止我對工作的偏執，在雙重煎熬下，對我無止盡的付出，使我能直道而行，無後顧之憂。在我人生每一個階段，眾多師友與工作夥伴對我抱持寬容，予我扶持，在關心我的健康之餘，更在幕前幕後默默襄助，使我能克盡職責，不辱使命。廖運範院士與謝勝湖醫師十多年來一直為我的健康把關，讓我得以度過艱辛卻美麗的人生。

最後，更要藉此書衷心感念恩師林忠勝先生。我一生受惠於無數師長的恩澤，才得以成長，而林忠勝老師對我扶持尤鉅。林老師不但開啟我對中國歷史的宏觀視野，激發我投身學術的熱忱，在我服役期間資助經費，助我度過困境，更積極鼓勵我精進研究，讓我有信心與勇氣，在學術道途上繼續邁進。林老師深耕教育，畢生獻身歷史教學、民主政治與口述歷史，是熱愛鄉土、功在國家的教育家，成就足為當代知識分子標竿；老師雖然因病辭世，但學行將永為世人敬仰追思。我受教先生門下，蒙惠最多卻無以回報，如今痛失良師，深感哀慟，謹以本書獻給教我、助我的恩師。

黃寬重 敬識

100年9月11日中秋於宜蘭山水寨

參考書目

一、古代典籍

(一)史籍、方志

〔唐〕杜佑撰，王文錦點校，《通典》，北京：中華書局，1988。

〔後晉〕劉昫，《舊唐書》，北京：中華書局，1975。

〔宋〕王欽若等編，《冊府元龜》，北京：中華書局，1994。

〔宋〕王溥，《五代會要》，上海：上海古籍出版社，1978。

〔宋〕司馬光編撰，〔元〕胡三省音註，標點資治通鑑小組校點，《資治通鑑》，
　　　北平：古籍出版社，1956。

〔宋〕宇文懋昭撰，崔文印校證，《大金國志校證》，北京：中華書局，1986。

〔宋〕呂中，《宋大事記講義》，台北：臺灣商務印書館，1983，景印文淵閣四
　　　庫全書本。

〔宋〕宋綬、宋敏求編，《宋大詔令集》，台北：鼎文書局，1972。

〔宋〕李心傳，《建炎以來繫年要錄》，台北：臺灣商務印書館，1983，景印文
　　　淵閣四庫全書本。

〔宋〕李燾，《續資治通鑑長編》，北京：中華書局，1985，中華書局點校本。

〔宋〕范成大編，《吳郡志》，南京：江蘇古籍出版社，1997。

〔宋〕范坰、林禹撰，《吳越備史》，台北：臺灣商務印書館，1966，四部叢刊
　　　本。

〔宋〕徐夢莘，《三朝北盟會編》，上海：上海古籍出版社，1987，影印清許涵

度刻本。

〔宋〕馬令，《南唐書》，台北：臺灣商務印書館，1966，四部叢刊本。

〔宋〕梁克家纂修，《淳熙三山志》，收入中華書局編輯，《宋元方志叢刊》，
　　　北京：中華書局，1990。

〔宋〕陸游，《南唐書》，台北：臺灣商務印書館，1966，四部叢刊本。

〔宋〕歐陽修，《新五代史》，台北：鼎文書局，1980。

〔宋〕確庵、耐庵編，崔文印箋證，《靖康稗史箋證》，北京：中華書局，1988。

〔宋〕薛居正，《舊五代史》，台北：鼎文書局，1981。

〔宋〕謝深甫，《慶元條法事類》，台北：新文豐出版公司，1976。

〔元〕不著撰人，《宋史全文續資治通鑑長編》，台北：臺灣商務印書館，
　　　1983，景印文淵閣四庫全書本。

〔元〕王厚孫、徐亮纂，《至正四明續志》，收入中華書局編輯，《宋元方志叢
　　　刊》，北京：中華書局，1990。

〔元〕袁桷纂，《延祐四明志》，收入中華書局編輯，《宋元方志叢刊》，北
　　　京：中華書局，1990。

〔元〕馬端臨，《文獻通考》，台北：新興書局，1963，影印武英殿本。

〔元〕脫脫等撰，《宋史》，台北：鼎文書局，1980。

〔元〕脫脫等撰，《金史》，台北：鼎文書局，1980。

〔元〕脫脫等撰，《遼史》，台北：鼎文書局，1980。

〔元〕馮福京撰，郭薦纂，《大德昌國州圖經》，收入中華書局編，《宋元方志
　　　叢刊》，北京：中華書局，1990。

〔清〕吳任臣撰，徐敏霞、周瑩點校，《十國春秋》，北京：中華書局，1983。

〔清〕徐松輯，《宋會要輯稿》，台北：新文豐出版公司，1976。

〔清〕張道超修，馬九功纂，《伊陽縣志》，台北：成文出版社，1976。

〔清〕蔣廷錫等撰，《古今圖書集成》，上海：中華書局，1934。

劉蓮青、張仲友纂，《鞏縣志》，台北：成文出版社，1968。

（二）文集、筆記、雜著

〔宋〕勾延慶，《錦里耆舊傳》，台北：藝文書局，1968，影印清嘉慶顧修輯刊本。

〔宋〕王明清，《揮麈錄》，北京：中華書局點校本，1961。

〔宋〕王庭珪，《盧溪文集》，台北：臺灣商務印書館，1983，景印文淵閣四庫全書本。

〔宋〕司馬光，《溫國文正司馬公文集》，台北：臺灣商務印書館，1979，四部叢刊本。

〔宋〕司馬光撰，鄧廣銘、張希清點校，《涑水記聞》，北京：中華書局校本，1989。

〔宋〕朱熹撰，郭齊、尹波點校，《朱熹集》，成都：四川教育出版社，1996。

〔宋〕李元弼，《作邑自箴》，收入官箴書集成編纂委員會編，《官箴書集成》，合肥：黃山書社，1997。

〔宋〕李光，《莊簡集》，台北：臺灣商務印書館，1983，景印文淵閣四庫全書本。

〔宋〕李曾伯，《可齋雜藁》，台北：臺灣商務印書館，1983，景印文淵閣四庫全書本。

〔宋〕沈遼，《雲巢編》，台北：臺灣商務印書館，1983，景印文淵閣四庫全書本。

〔宋〕周密撰，吳企明點校，《癸辛雜識》，北京：中華書局，1988。

〔宋〕邵伯溫撰，李劍雄、劉德權點校，《邵氏聞見錄》，北京：中華書局，1983。

〔宋〕俞文豹，《吹劍四錄》，收入《宋人札記八種》，台北：世界書局，1963。

〔宋〕洪适，《盤洲文集》，台北：臺灣商務印書館，1965，四部叢刊本。

〔宋〕洪邁，《容齋隨筆》，上海：上海古籍出版社，1978。

〔宋〕胡太初，《晝簾緒論》，收入官箴書集成編纂委員會編，《官箴書集

成》，合肥：黃山書社，1997。

〔宋〕胡宿，《文恭集》，台北：臺灣商務印書館，1983，景印文淵閣四庫全書本。

〔宋〕范祖禹，《范太史集》，台北：臺灣商務印書館，1983，景印文淵閣四庫全書本。

〔宋〕眞德秀，《西山先生眞文忠公集》，台北：臺灣商務印書館，1979，四部叢刊本。

〔宋〕吳泳，《鶴林集》，台北：臺灣商務印書館，1983，景印文淵閣四庫全書本。

〔宋〕袁文，《甕牖閒評》，上海：上海古籍出版社，1985。

〔宋〕袁甫，《蒙齋集》，台北：臺灣商務印書館，1983，景印文淵閣四庫全書本。

〔宋〕袁采，《袁氏世範》，台北：臺灣商務印書館，1983，景印文淵閣四庫全書本。

〔宋〕袁燮，《絜齋集》，台北：新文豐出版公司，1985，叢書集成新編本。

〔宋〕張方平，《樂全集》，台北：臺灣商務印書館，1983，景印文淵閣四庫全書本。

〔宋〕張端義，《貴耳集》，台北：木鐸出版社，1982。

〔宋〕張綱，《華陽集》，台北：臺灣商務印書館，1983，景印文淵閣四庫全書本。

〔宋〕陳耆卿，《嘉定赤城志》，收入中華書局編輯，《宋元方志叢刊》，北京：中華書局，1990。

〔宋〕陳舜俞，《都官集》，台北：臺灣商務印書館，1983，景印文淵閣四庫全書本。

〔宋〕陸游撰，李劍雄、劉德權點校，《老學庵筆記》，北京：中華書局，1979。

〔宋〕彭龜年，《止堂集》，台北：臺灣商務印書館，1983，景印文淵閣四庫全書本。

〔宋〕曾鞏撰，陳杏珍、晁繼周點校，《曾鞏集》，北京：中華書局，1984。

〔宋〕程珌，《洺水集》，台北：臺灣商務印書館，1983，景印文淵閣四庫全書本。

〔宋〕舒璘，《舒文靖集》，台北：臺灣商務印書館，1983，景印文淵閣四庫全書本。

〔宋〕黃榦，《勉齋集》，台北：臺灣商務印書館，1983，景印文淵閣四庫全書本。

〔宋〕黃震，《黃氏日抄》，台北：大化書局，1984，影印乾隆三十三年刊本。

〔宋〕楊億，《武夷新集》，台北：臺灣商務印書館，1983，景印文淵閣四庫全書本。

〔宋〕葉夢得撰，侯忠義點校，《石林燕語》，北京：中華書局點校本，1984年。

〔宋〕葉適，《葉適集》，北京：中華書局，1961。

〔宋〕熊克，《中興小紀》，台北：藝文書局，1964，影印清光緒廣雅書局原刻本。

〔宋〕趙彥衛，《雲麓漫鈔》，台北：世界書局景印本，1959。

〔宋〕趙與褒，《辛巳泣蘄錄》，收入《筆記小說大觀》，台北：新興書局，1988。

〔宋〕劉克莊，《後村先生大全集》，台北：臺灣商務印書館，1967，四部叢刊本。

〔宋〕樓鑰，《攻媿集》，台北：臺灣商務印書館，1979，四部叢刊本。

〔宋〕蔡襄，《端明集》，台北：臺灣商務印書館，1983，景印文淵閣四庫全書本。

〔宋〕鄭剛中，《北山集》，台北：臺灣商務印書館，1983，景印文淵閣四庫全書本。

〔宋〕龍袞，《江南野史》，收入《筆記小說大觀》，台北：新興書局，1984。

〔宋〕韓淲，《澗泉日記》，台北：臺灣商務印書館，1983，景印文淵閣四庫全書本。

〔宋〕蘇轍著，曾棗莊等點校，《欒城集》，上海：上海古籍出版社，1987。

〔元〕袁桷，《清容居士集》，台北：臺灣商務印書館，1965，四部叢刊本。

〔元〕程端禮，《畏齋集》，台北：新文豐出版公司，1989，影印四明叢書本。

〔元〕戴良，《九靈山房集》，台北：臺灣商務印書館，1983，景印文淵閣四庫全書本。

〔元〕戴表元，《剡源戴先生文集》，台北：臺灣商務印書館，1979，四部叢刊本。

〔明〕何喬新，《椒邱文集》，台北：臺灣商務印書館，1983，景印文淵閣四庫全書本。

〔明〕黃淮、楊士奇編，《歷代名臣奏議》，上海：上海古籍出版社，1989，影印明永樂內府刊本。

〔清〕王言，《金石萃編補略》，南京：江蘇古籍出版社，1998。

〔清〕王梓材、馬雲濠，《宋元學案補遺》，台北：新文豐出版公司，1989，影印四明叢書本。

〔清〕全祖望，《鮚埼亭集外編》，台北：華世出版社，1977。

〔清〕汪森，《粵西文載》，台北：臺灣商務印書館，1983，景印文淵閣四庫全書本。

〔清〕黃宗羲，《宋元學案》，北京：中華書局，1989。

〔清〕端方，《匋齋臧石志》，香港：香港明石文化國際出版有限公司，2004。

〔清〕謝啓昆撰，《粵西金石略》，收入國家圖書館善本金石組編，《宋代石刻文獻全編》，北京：北京圖書館出版社，2003，清嘉慶六年銅鼓亭刊本影印。

〔清〕羅振玉，《羅雪堂先生全集》，台北：大通書局，1989，景印陳氏慶餘堂刊本。

(三)史料纂輯

中國社會科學院歷史研究所宋遼金元史研究室點校，《名公書判清明集》，北京：中華書局，1987。

吳剛主編，《全唐文補遺》，西安：三秦出版社，1994。

周紹良、趙超主編，《唐代墓誌彙編續集》，上海：上海古籍出版社，2001。

國家圖書館善本金石組編，《宋代石刻文獻全編》，北京：國家圖書館出版社，
　　　2003。

陳尚君，《舊五代史新輯會證》，上海：復旦大學出版社，2005。

陳柏泉編，《江西出土墓誌選編》，南昌：江西教育出版社，1991。

二、今人論著

王曾瑜，《宋朝兵制初探》，北京：中華書局，1983。

王曾瑜，《宋朝階級結構》，石家莊：河北教育出版社，1996。

包偉民，《宋代地方財政史研究》，上海：上海古籍出版社，2001。

包偉民，《宋代制度史研究百年(1990-2000)》，北京：商務印書館，2004。

包弼德(Peter K. Bol)著，劉寧譯，《斯文：唐宋思想的轉型》，南京：江蘇人民
　　　出版社，2001。

白綱主編、朱瑞熙著，《中國政治制度通史‧宋代卷》，北京：人民出版社，
　　　1996。

安國樓，《宋朝周邊民族政策研究》，台北，文津出版社，1997。

寺地遵著，劉靜貞、李今芸譯，《南宋初期政治史》，台北：稻禾出版社，
　　　1995。

朱迎平，《宋代刻書產業與文學》，上海：上海古籍出版社，2008。

朱開宇，《科舉社會、地域秩序與家族發展──宋明間的徽州》，台北：國立台
　　　灣大學出版委員會，2004。

何忠禮，《宋史選舉志補正》，杭州：浙江古籍出版社，1992。

余英時，《朱熹的歷史世界──宋代士大夫政治文化的研究》，台北：允晨文化
　　　出版公司，2003。

李天鳴，《宋元戰史》，台北：食貨出版社，1988。

李弘祺，《宋代官學教育與科舉》，台北：聯經出版公司，1994。

李弘祺，《宋代教育散論》，台北：東昇文化公司，1980。

李全德，《唐宋變革期樞密院研究》，北京：國家圖書館出版社，2009。

李昌憲，《宋代安撫使考》，濟南：齊魯書社，1997。

李錦綉，《唐代財政史稿》，北京：北京大學出版社，2001。

彼得‧柏克著，江政寬譯，《法國史學革命——年鑑學派1929-1989》，台北：
　　　麥田出版社，1997。

河南省文物考古研究所編，《北宋皇陵》，鄭州：中州古籍出版社，1997。

河原正博，《漢民族華南發展史研究》，東京：吉川弘文館，1984。

段玉明，《大理國史》，昆明：雲南民族出版社，2003。

梁天錫，《宋代祠祿制度考實》，香港，1978。

梁天錫，《宋宰相表新編》，台北：國立編譯館，1996。

梁天錫，《宋宰輔制度研究論集‧第一輯‧宋宰輔兼攝制度》，香港：中國佛教
　　　文化出版有限公司，1996。

梁天錫，《宋樞密院制度》，台北：黎明文化出版公司，1981。

梁庚堯，《南宋的農村經濟》，台北：聯經出版公司，1984。

郭正忠，《兩宋城鄉商品貨幣經濟考》，北京：經濟管理出版社，1997。

陳雯怡，《由官學到書院——從制度與理念的互動看宋代教育的演變》，台北：
　　　聯經出版公司，2004。

陶晉生，《宋遼關係史研究》，台北：聯經出版公司，1984。

斯波義信著，方健、何忠禮譯，《宋代江南經濟史研究》，南京：江蘇人民出版
　　　社，2001。

曾瑞龍，《經略幽燕：宋遼戰爭軍事災難的戰略分析》，香港：中文大學出版
　　　社，2003。

斯波義信著，莊景輝譯，《宋代商業史研究》，台北：稻鄉出版社，1997。

黃寬重，《宋代的家族與社會》，台北：東大圖書公司，2006。

黃寬重，《南宋地方武力：地方軍與民間自衛武力的探討》，台北：東大圖書公
　　　司，2002。

黃寬重，《南宋軍政與文獻探索》，台北：新文豐出版公司，1990。

黃寬重，《南宋時代抗金的義軍》，台北：聯經出版公司，1988。

黃寬重，《晚宋朝臣對國是的爭議──理宗時代的和戰、邊防與流民》，台北：國立台灣大學文學院，1978。

黃寬重，《漢學研究》27卷2期「宋代的信息傳遞與政令運行」專輯，台北：漢學研究中心，2009。

虞云國，《宋代臺諫制度研究》，上海：上海社會科學院出版社，2001。

賈志揚(John Chaffee)，《宋代科舉》，台北：東大圖書公司，1995。

趙冬梅，《文武之間：北宋武選官研究》，北京：北京大學出版社，2010。

劉子健，《兩宋史研究彙編》，台北：聯經出版公司，1987。

劉子健，《歐陽修的治學與從政》，香港：新亞研究所，1963。

鄭智鴻，《雅克‧勒高夫的法式新史學》，台北：唐山出版社，2007。

鄧小南，《宋代文官選任制度諸層面》，石家莊：河北教育出版社，1993。

鄧小南，《政績考察與信息渠道──以宋代為重心》，北京：北京大學出版社，2008。

鄧小南，《祖宗之法──北宋前期政治述略》，北京：生活‧讀書‧新知三聯書店，2006。

韓森(Valerie Hansen)著，包偉民譯，《變遷之神──南宋時期的民間信仰》，杭州：浙江人民出版社，1999。

聶崇岐，《宋史叢考》，台北：華世出版社，1986。

嚴耕望，《中國地方行政制度史》，《中央研究院歷史語言研究所專刊》45，台北：中央研究院歷史語言研究所，1963。

龔延明，《宋史職官志補正》，杭州：浙江古籍出版社，1991。

三、論文

刁培俊，〈分工與合作：兩宋鄉役職責的演變〉，《河北大學學報(哲學社會科學版)》2005年4期(2005，保定)，頁95-99。

刁培俊，〈宋代的富民與鄉村治理〉，《河北學刊》2005年2期(2005，石家

莊），頁149-153。

刁培俊，〈宋代鄉村精英與社會控制〉，《社會科學輯刊》2002年4期（2004，瀋
　　陽），頁91-96。

刁培俊，〈鄉村中國家制度的運作、互動與績效──試論兩宋戶等制的紊亂及其
　　對鄉役制的影響〉，《中國社會經濟史研究》2006年3期（2006，廈
　　門），頁10-20。

刁培俊，〈當代中國學者關於宋朝職役制度研究的回顧與展望〉，《漢學研究通
　　訊》22期3卷（2003，台北），頁15-26。

方誠峰，〈統會之地：縣學與宋元嘉定地方社會秩序〉，《新史學》16卷3期
　　（2005，台北），頁1-22。

方震華，〈文武糾結的困境──宋代的武舉與武學〉，《台大歷史學報》33期
　　（2004，台北），頁1-39。

方震華，〈軍務與儒業的矛盾──橫山趙氏與晚宋統兵文官家族〉，《新史學》
　　17卷2期（2006，台北），頁1-54。

方積六，〈關於唐代團結兵的探討〉，收入《文史》第二十五輯，北京：中華書
　　局，1985，頁95-108。

王曾瑜，〈宋朝的吏戶〉，《新史學》4卷1期（1993，台北），頁43-106。

王棣，〈宋代鄉司在賦稅徵收體制中的職權與運作〉，《中州學刊》1999年3期
　　（1999，鄭州），頁127-132。

王棣，〈宋代鄉里兩級制度質疑〉，《歷史研究》1999年4期（1999，北京），頁
　　99-112。

王棣，〈從鄉司地位變化看宋代鄉村管理體制的轉變〉，《中國史研究》2000年
　　1期（2000，北京），頁82-93。

王華豔、范立舟，〈南宋鄉村的非政府勢力初探〉，《浙江社會科學》2004年1
　　期（2004，杭州），頁134、193-198。

王德毅，〈南宋雜稅考〉，《宋史研究論集》第二輯，台北：鼎文書局，1972，
　　頁315-370。

王德毅，〈略論宋代國計上的重大難題〉，《宋史研究論集》第二輯，台北：鼎

文書局，1972，頁287-313。

王錦屏，〈20世紀60年代以來宋代民間信仰研究述評〉（待刊稿）。

包偉民，〈走向自覺：關於深入拓展中國古代制度史研究的幾個問題（代前言）〉，收入包偉民主編，《宋代制度史研究百年（1990-2000）》，北京：商務印書館，2004，頁1-9。

包偉民，〈論元初四明儒士的遺民心態〉，《中國史研究》2011年1期，頁158-168。

皮慶生，〈宋人的淫祀觀──宋代祠神信仰的合法性研究之一〉，《東岳論叢》26卷4期（2005，濟南），頁25-35。

石文濟，〈南宋初期軍力的建立〉，《史學彙刊》9期（1978，台北），頁75-79。

何晉勳，〈宋代士大夫家族勢力的構成──以鄱陽湖地區爲例〉，新竹：台灣清華大學歷史研究所碩士論文，1995。

吳永章，〈論宋代廣西羈縻州制〉，《廣西民族研究》1989年2期（1989，南寧），頁44-53。

吳晗，〈陣圖和遼宋戰爭〉，收入氏著《歷史的鏡子：吳晗講歷史》，北京：九州出版社，2008，頁92-101。

吳雅婷，〈回顧1980年以來宋代的基層社會研究──中文論著的討論〉，《中國史學》12期（2002，東京），頁65-93。

宋晞，〈宋代役法與戶等的關係〉，收入《宋史研究論叢》第三輯，台北：中國文化大學出版部，1988，頁1-26。

李如鈞，〈官民之間：宋元江南地方社會中的學田爭端〉，收入黃寬重主編，《基調與變奏：七至二十世紀的中國》（社會思想），台北：國立政治大學歷史學系等出版，2008，頁151-168。

李家豪，〈沒落或再生──論元代四明地區的士人與家族〉，台北：國立台灣大學歷史學研究所碩士論文，1998。

李華瑞，〈宋代婦女地位與宋代社會研究〉，收入鄧小南主編，《唐宋女性與社會》上海：上海辭書出版社，2003，頁905-916。

林煌達，〈唐宋州縣吏員之探討〉，收入黃寬重主編，《基調與變奏：七至二十

世紀的中國》（政治外交軍事），台北：國立政治大學歷史學系等出版，
2008，頁125-148。

金榮濟，〈財政集權化的推移與地方財政——從地方財政看唐宋變革〉，發表於
「日本第53回東方學會」，東京：東方學會，2003。

侯旭東，〈傳舍使用與漢帝國的日常統治〉，《中國史研究》2008年1期（2008，
北京），頁61-82。

柳立言，〈「杯酒釋兵權」新說質疑〉，收入《宋史研究集》第二十二輯，台
北：國立編譯館，1992，頁1-20。

柳立言，〈高宗陰影下的孝宗〉，《中央研究院歷史語言研究所集刊》57本3分
（1986，台北），頁533-584。

柳立言，〈從趙鼎「家訓筆錄」看南宋浙東的一個士大夫家族〉，第二屆國際華
學研究會議秘書處主編，《第二屆國際華學研究會議論文集》，台北：
中國文化大學出版社，1992，頁495-550。

洪業，〈高似孫史略箋正序之一〉，《史學年報》1卷5期（1933，北京），頁1-
9。

苗書梅，〈宋代巡檢初探〉，《中國史研究》1989年3期（1989，北京），頁41-
54。

苗書梅，〈宋代基層社會管理體制的重要一環：巡檢問題再探〉，發表於「第三
屆中國史學會：基調與變奏——七至二十世紀的中國國際學術研討
會」，台北：國立台灣政治大學等，2007。

高聰明，〈論南宋財政歲入及其與北宋歲入之差異〉，收入漆俠主編，《宋史研
究論叢》第三輯，保定：河北大學出版社，1999，頁214-225。

常建華，〈日本80年代以來的明清地域社會研究述評〉，《中國社會經濟史研
究》1998年2期（1998，廈門），頁72-83。

張玉範，〈《攻媿集》宋本、文淵閣四庫全本書、武英殿聚珍本之比較〉，《國
學研究》11期（2003，北京），頁351-364。

張谷源，〈宋代鄉書手的研究〉，台北：中國文化大學史學研究所碩士學位論
文，1998。

張邦煒，〈宋代避親籍制度述評〉，《宋代婚姻家族史論》，北京：人民出版
　　社，2003，頁360-375。

張國剛，〈唐代團結兵問題辨析〉，《歷史研究》1996年4期(1996，北京)，頁
　　37-49。

張雄，〈宋代廣西左江羈縻州概說〉，《中南民族大學學報(人文社會科學版)》
　　1990年3期(1990，武漢)，頁5-10

張蔭麟，〈北宋的外患與變法〉，《思想與時代》5期(1941，貴陽)，後收入
　　《張蔭麟文集》，台北：中華叢書委員會，1956，頁418-429。

曹家齊，〈宋代文書傳遞制度述論〉，收入鄧小南編《政績考察與信息傳遞——
　　以宋代為重心》，北京：北京大學出版社，2008，頁341-377。

梁庚堯，〈宋代財政的中央集權傾向〉，發表於「中華民國史專題論文集第五屆
　　討論會」，台北：國史館，2000。

梁庚堯，〈宋代福州士人的舉業〉，《東吳歷史學報》11期(2004，台北)，頁
　　175-213。

梁庚堯，〈南宋的社倉〉，《史學評論》4期(1982，台北)，頁1-33。又收入氏
　　著，《宋代社會經濟史論集》下冊，台北：允晨文化出版公司，1997，
　　頁427-473。

梁庚堯，〈南宋的貢院〉，《中國史學》1期(1992，東京)，頁35-61。

梁庚堯，〈南宋的貧士與貧官〉，《國立台灣大學歷史學系學報》16期(1991，
　　台北)，頁91-137。

梁庚堯，〈南宋廣南的鹽政〉，《大陸雜誌》88卷1期(1994，台北)，頁7-19；
　　88卷2期，頁14-17；88卷3期，頁15-27。

梁庚堯，〈家族合作、社會聲望與地方公益——宋元四明鄉曲義田的源起與演
　　變〉，《中國近世家族與社會學術研討會論文集》，台北：中央研究院
　　歷史語言研究所，1998，頁213-237。

梁庚堯，〈豪橫與長者：南宋官戶與士人居鄉的兩種形象〉，《新史學》4卷4期
　　(1993，台北)，頁45-93。

許建崑，〈孫克寬先生行誼考述〉，《東海中文學報》18期(2006，台北)，頁

79-112。

郭恩秀，〈80年代宋代宗族史中文論著研究回顧〉，《新史學》16卷1期（2005，
　　　台北），頁125-158。

陳冠文，〈宋代廣西漢壯民族間的文化交流〉，《廣西民族研究》1989年4期
　　　（1989，南寧），頁68-71。

陳振，〈宋代的縣尉與尉司〉，《中州學刊》1987年6期（1987，鄭州），頁113-
　　　116。

陳振，〈宋史研究中官制引起的幾個問題〉，收入中州書畫社編，《宋史論
　　　集》，鄭州：中州書畫社，1983，頁178-201。

陳振，〈論宋代的縣尉〉，收入鄧廣銘、徐規主編，《宋史研究論文集》，杭
　　　州：浙江人民出版社，1984，頁308-323。

陳偉明，〈宋代嶺南主糧與經濟作物的生產經營〉，《中國農史》1990年1期
　　　（1990，南京），頁20-31。

陳智超，〈一二五八年前後宋、蒙、陳三朝間的關係〉，收入鄧廣銘、程應鏐
　　　編，《宋史研究論文集》，上海：上海古籍出版社，1982，頁410-
　　　452。

陳智超，〈南宋二十戶豪橫的分析〉，收入鄧廣銘、徐規主編，《宋史研究論文
　　　集》，杭州：浙江人民出版社，1987，頁248-266。

曾冠雄，〈從化外到門戶──論政權南移與南宋廣西的發展〉，新竹：清華大學
　　　歷史研究所碩士論文，1996。

湯佩津，〈北宋的南進政策──以交趾為中心〉，嘉義，國立中正大學博士論
　　　文，2004年9月。

華山，〈南宋初年的宋金陝西之戰〉，《歷史教學》1955年6月號。

覃成號，〈宋代南丹蠻、撫水蠻、環州蠻之社會型態〉，《廣西民族研究》1991
　　　年1期（1991，南寧），頁87-91。

黃純豔，〈宋朝對交趾和占城的政策──以朝貢貿易為中心〉，發表於「第十屆
　　　海洋史國際學術研討會會議」，台北：中央研究院人文社會科學研究中
　　　心，2008。

黃清連，〈圓仁與唐代巡檢〉，《中央研究院歷史語言研究所集刊》68本4分
　　　（1997，台北），頁899-942。

黃寬重，〈北宋晚期對廣西的經略——以程節、程鄰父子爲中心的討論〉，收入
　　　柯藍、谷嵐、李國強主編，《法國漢學》第十二輯，北京：中華書局，
　　　2007，頁208-225

黃寬重，〈地方武力與國家認同：以兩宋之際洛陽地區的地方勢力爲例〉，發表
　　　於「十一至十三世紀中國文化的碰撞與融合暨赤峰第三屆中國古代北方
　　　文化國際學術研討會」，內蒙古赤峰，2004。

黃寬重，〈宋代四明士族人際網絡與社會文化活動——以樓氏家族爲中心的觀
　　　察〉，《中央研究院歷史語言研究所集刊》70本3分（1999，台北），頁
　　　627-669。

黃寬重，〈宋代四明袁氏家族研究〉，《宋史研究集》第二十三輯，台北：國立
　　　編譯館，1995，頁479-517。

黃寬重，〈宋代浮梁程氏家族的興替〉，收入《中國近世家族與社會學術研討會
　　　論文集》，台北：中央研究院歷史語言研究所，1998，頁195-212。

黃寬重，〈南宋時代邕州的橫山寨〉，《漢學研究》3卷2期（1985，台北），頁
　　　518-523。

黃寬重，〈唐宋基層武力與基層社會的轉變——以弓手爲中心的考察〉，《歷史
　　　研究》2004年1期（2004，北京），頁1-18。

黃寬重，〈秦檜與文字獄〉，收入岳飛研究會編，《岳飛研究・第四輯——岳飛
　　　暨宋史國際學術研討會論文集》，北京：中華書局，1996，頁152-
　　　172。

黃寬重，〈馬擴與兩宋之際的政局變動〉，《中央研究院歷史語言研究所集刊》
　　　61本4分（1990，台北），頁789-808。

黃寬重，〈從和戰到南北人：南宋時代的政治難題〉，《中國歷史上的分與合學
　　　術研討會論文集》，台北：聯合報系文化基金會，1995，頁169-189。

黃寬重，〈從害韓到殺岳：南宋收兵權的變奏〉，《國際宋史研討會論文集》，
　　　台北：中國文化大學史學研究所史學系，1988，頁517-534。

黃寬重，〈略論南宋時代的歸正人〉(上)(下)，《食貨月刊》7卷3期(1977，台北)，頁15-24；7卷4期(1977，台北)，頁22-33。

黃寬重，〈割據勢力、經濟利益與政治抉擇──宋、金、蒙政局變動下的李全、李璮父子〉，《世變、群體與個人：第一屆全國歷史學學術討論會論文集》，台北：台灣大學歷史系，1996，頁87-106。

黃寬重，〈賈涉事功述評──以南宋中期淮東防務為中心〉，《漢學研究》20卷2期(2002，台北)，頁165-188。

黃寬重，〈酈瓊兵變與南宋初期政局〉，《中央研究院歷史語言研究所集刊》60本1分(1990，台北)，頁93-121。收入氏著《南宋軍政與文獻探索》，台北：新文豐出版社，1990，頁51-104。

黃寬重，〈串建歷史記憶、形塑家族傳承──以樓鑰及其族人的書畫文物蒐藏與書籍刊刻為例〉，《故宮學術季刊》28卷3期(2011，台北)，頁39-60。

黃寬重，〈以藝會友──樓鑰的藝文涵養養成及書畫同好〉，《長庚人文社會學報》4卷1期(2011，台北)，頁55-92。

黃繁光，〈宋代民戶的職役負擔〉，台北：文化大學史學研究所博士論文，1980。

黃繁光，〈南宋中晚期役法實況──以《名公書判清明集》為考察中心〉，收入漆俠主編，《宋史研究論文集》，保定：河北大學出版社，2002，頁244-247。

黃繁光，〈論宋真宗對遼作戰與陣圖使用的關係〉，《淡江大學》17期(2006，台北)，頁43-66。

楊效曾，〈艱苦抗金的民族英雄李彥仙〉，《文史雜誌》2卷1期(1942，武昌)，頁55-62。

雷家宏，〈宋代弓手述論〉，《晉陽學刊》1993年7期(1993，太原)，頁65-71。

劉子健，〈劉宰和賑饑〉，《北京大學學報》3期(1979，北京)，頁53-61；收入《兩宋史研究彙編》，台北：聯經出版公司，1987，頁307-359。

劉琴麗，〈五代巡檢研究〉，《史學月刊》2003年6期(2003，開封)，頁34-41。

鄧廣銘，〈宋史刑法志考正〉，《中央研究院歷史語言研究所集刊》20本

（1948，北京），頁123-173。

鄧廣銘，〈宋史職官志考正〉，《中央研究院歷史語言研究所集刊》10本（1948，北京），頁433-593。

鄧廣銘，〈南宋對金鬥爭中的幾個問題〉，《歷史研究》1963年2期（1963，北京），收入《鄧廣銘治史叢稿》，北京：北京大學出版社，1997，頁144-162。

鄧小南，〈北宋蘇州的士人家族交遊圈——以朱長文之交遊爲核心的考察〉，《國學研究》3期（1995，北京），頁451-485。

鄧小南，〈龔明之與宋代蘇州的龔氏家族〉，《中國近世家族與社會學術研討會論文集》，台北：中央研究院歷史語言研究所，1998，頁81-83。

錢穆，〈論宋代相權〉，《中國文化研究彙刊》2卷（1942，上海），頁135-150。

戴建國，〈宋代的獄政制度〉，《宋代法制初探》，哈爾濱：黑龍江人民出版社，2000，頁264-280。

聶崇岐，〈宋代府州軍監之分析〉，《燕京學報》29期（1941，北京），頁1-56；《宋史叢考》上冊，台北：華世出版社，1986，頁70-126

聶崇岐，〈宋役法述〉，《燕京學報》33期（1947，北京）；《宋史叢考》上冊，台北：華世出版社，1986，頁1-69。

聶崇岐，〈論宋太祖收兵權〉，《燕京學報》34期（1948，北京），頁85-106；《宋史叢考》上冊，台北：華世出版社，1986，頁263-282。

蘇基朗，〈中國經濟史的空間與制度：宋元閩南個案的啓示〉，《歷史研究》2003年1期（2003，北京），頁35-43。

包弼德（Peter K. Bol），〈地方傳統的重建——以明代的金華府爲例〉，收入李伯重、周生春主編，《江南的城市工業與地方文化》，北京：清華大學出版社，2004，頁247-286。

山口智哉，〈宋代鄉飲酒禮考——儀禮空間としてみた人的結合の「場」〉，《史學研究》241期（2003，廣島），頁66-96。

日野開三郎，〈五代鎮將考〉，《東洋學報》25卷2號（1938，東京），頁216-247。亦收入劉俊文主編，《日本學者研究中國論著選譯》5卷，北京：

中華書局，1993，頁72-104。

日野開三郎，〈唐代藩鎮の跋扈と鎮將(二)〉，《東洋學報》27卷1號(1940，東京)，頁1-62。

日野開三郎，〈唐代藩鎮の跋扈と鎮將(三)〉，《東洋學報》27卷2號(1940，東京)，頁153-212。

日野開三郎，〈唐代藩鎮の跋扈と鎮將(四)〉，《東洋學報》27卷3號(1940，東京)，頁311-350。

平田茂樹，〈日本宋代政治史研究述評〉，收入包偉民主編，《宋代制度史研究百年(1990-2000)》，北京：商務印書館，2004，頁40-63。

石田肇，〈南宋明州の高氏一族について——高閌、高文虎、高似孫のこと〉，收入宋代史研究會編，《宋代の社會と宗教》，東京：汲古書院，1986，頁246-250。

佐竹靖彥，〈《作邑自箴》の研究——その基礎的再構成——〉，《人文学報(歴史学)》238期(1993，東京)，頁234-269。

佐竹靖彥，〈宋代福建地區的土豪型物資流通和庶民型物資流通〉，收入漆俠主編，《宋史研究論文集》，保定：河北大學出版社，2002，頁220-235。

佐竹靖彥，〈唐宋期間福建の家族と社會——閩王朝の形成から科舉體制の展開まで〉，中央研究院歷史語言研究所出版品編輯委員會主編，《中國近世家族與社會學術研討會論文集》，台北：中央研究院歷史語言研究所，1998，頁371-473。

岸本美緒著，何淑宜譯，〈明清地域社會論的反思〉，《近代中國史研究通訊》30期(2000，台北)，頁164-176，

岸本美緒講、朱慶薇紀錄整理，〈「秩序問題」與明清江南社會〉，《近代中國史研究通訊》32期(2001，台北)，頁50-58。

竺沙雅章，〈宋代官僚の寄居について〉，《東洋史研究》41卷1期(1982，京都)。

柳田節子，〈宋代の県尉——土地問題に関連して——〉，《宋元社會經濟史研究》，東京：創文社，1995，頁184-197。

曾我部靜雄，〈宋代の巡檢、縣尉と招安政策〉，《宋代政經史の研究》，東京：吉川弘文館，1974，頁145-248。

須江隆，〈從祠廟制度的新局面來觀察地域社會：唐宋變革論を考える〉，發表於「日本第53回東方學會議」，2003。

檀上寬，〈明清鄉紳論〉，收入劉俊文編，《日本學者研究中國史論著選譯》6卷，北京：中華書局，1993，頁453-481。

索引

1-1　沿唐變制──五代巡檢的轉型與特色

1-2　縣邑職役──宋代弓手體系的沿革考察

1-3 近民作縣──基層社會的權力結構與運作

2-1　洛陽豪雄──兩宋之際洛陽地方武力的國家認同

2-2　四明風騷——宋元時期四明士族的衰替

3-1　令決於中──北宋晚期程氏父子對廣西的經略

3-2　庶無稽遲──宋、蒙廣西戰役的軍情蒐集與傳遞

中央研究院叢書

政策・對策：宋代政治史探索

2012年5月初版　　　　　　　　　　　　　　　定價：新臺幣750元
2023年10月二版
有著作權・翻印必究
Printed in Taiwan.

著　　　者	黃	寬	重	
叢書主編	沙	淑	芬	
校　　　對	吳	淑	芳	
封面設計	蔡	婕	岑	

出　版　者　中　央　研　究　院	副總編輯　陳　逸　華
聯經出版事業股份有限公司	總　編　輯　涂　豐　恩
地　　　　址　新北市汐止區大同路一段369號1樓	總　經　理　陳　芝　宇
叢書主編電話　（02）86925588轉5310	社　　　長　羅　國　俊
台北聯經書房　台北市新生南路三段94號	發　行　人　林　載　爵
電　　　　話　（02）23620308	
郵政劃撥帳戶第0100559-3號	
郵撥電話（02）23620308	
印　刷　者　世和印製企業有限公司	
總　經　銷　聯合發行股份有限公司	
發　行　所　新北市新店區寶橋路235巷6弄6號2F	
電話（02）29178022	

行政院新聞局出版事業登記證局版臺業字第0130號

本書如有缺頁，破損，倒裝請寄回台北聯經書房更換。　　ISBN　978-626-7341-34-6 (精裝)
聯經網址 http://www.linkingbooks.com.tw
電子信箱 e-mail:linking@udngroup.com

國家圖書館出版品預行編目資料

政策‧對策：宋代政治史探索 / 黃寬重著 . 二版 . 新北市 .
聯經 . 2023.10 . 288面 . 17×23公分 .（中央研究院叢書）
ISBN　978-626-7341-34-6（精裝）
［2023年10月二版］

1. CST：中國政治制度　2. CST：宋史

573.151　　　　　　　　　　　　　　　　　112016245